REIMER
Kulturwissenschaften

Bettina E. Schmidt

Einführung in die Religionsethnologie

Ideen und Konzepte

Bibliografische Information der Deutschen Nationalbibliothek
Die Deutsche Nationalbibliothek verzeichnet diese Publikation in der Deutschen Nationalbibliografie; detaillierte bibliografische Daten sind im Internet über http://dnb.d-nb.de abrufbar.

www.reimer-verlag.de

Umschlaggestaltung: Nicola Willam, Berlin

Printed in Germany
Gedruckt auf alterungsbeständigem Papier

ISBN 978-3-496-02813-0

Inhalt

I Grundlagen der Religionsethnologie

Einleitung – Nachdenken über „Religion“

Meinen ersten Vortrag vor der Deutschen Gesellschaft für Völkerkunde hielt ich 1993 auf einer Tagung in Leipzig. Ich kam gerade frisch vom *Feld* und berichtete über erste Ergebnisse meiner Forschung in Puerto Rico. Mein Thema war der puertoricanische Spiritismus, und ich erläuterte, dass es möglich sei, ethnische Identität auf der Basis einer Religion zu entwickeln. Interessanterweise wurde in der anschließenden Diskussion dieser Zusammenhang zwischen Ethnizität und Religion kaum beachtet, sondern es wurde vielmehr die Frage diskutiert, warum ich den puertoricanischen Spiritismus als Religion behandle. Diese für mich unerwartete Resonanz verdeutlichte mir, dass ich mich – wie mein Betreuer bereits angedeutet hatte – in meiner Dissertation auch mit der Frage auseinandersetzen musste, was denn Religion sei. Bis dahin hatte ich diese Frage ignoriert. Ich war der Ansicht, dass ein Glaubenssystem mit Ritualen, Gemeinschaften, einem ausgearbeiteten Weltbild und ethischen Grundsätzen, d. h. ein Glaubenssystem mit Gläubigen, eine Religion sei, auch ohne institutionalisierten Glauben und zentrale Dogmen, und dass ich solch ein System auch „Religion“ nennen dürfe. Nun, ich hatte mich geirrt. Ich kam zu der Erkenntnis, dass ich meine Einordnung mit einer Definition begründen musste. Aber mit welcher?

Religion, abgeleitet vom lateinischen *religio* (übersetzt als „Gottesfurcht“), ist ein Begriff, der in europäischen Sprachen alltäglich verwendet wird. Die Herkunft ist allerdings ziemlich unklar. Nach Cicero stammt der Begriff von *relego* („wieder zusammennehmen“), er wird aber auch mit *religo* verknüpft („zurückbinden“, „anbinden“, „festbinden“). Erst im 16. Jahrhundert hält der Begriff „Religion“ Einzug in die europäischen Sprachen. Erste Bibelübersetzungen verwenden das Wort „Religion“ nicht und ebensowenig die Religionsgründer. Ihnen ging es um den rechten Pfad, die richtige Lehre oder den Weg zur Erlösung, nie um Religion. So gab es ursprünglich in nichteuropäischen Sprachen keine Äquivalenzbegriffe für „Religion“. Der Begriff wurde als Fremdwort aus einer europäischen Sprache (häufig der jeweiligen dominierenden Kolonial- oder Imperialsprache) entliehen: meistens für importierte Religionen wie beispielsweise in Japan für das Christentum, nicht aber für die einheimischen Systeme wie Shinto in Japan oder Konfuzianismus in China (siehe dazu auch Hock 2006).

Dagegen wird in Puerto Rico Spanisch gesprochen, eine europäische Sprache, die den Begriff „Religion" kennt. Aber auch hier wird er nur für bestimmte Glaubenssysteme angewendet, nicht für alle. Auf die Frage: „Was ist deine Religion?" folgt in Puerto Rico (wie fast überall in Lateinamerika) meistens die Antwort: „Ich bin katholisch" bzw. zunehmend häufig: „Ich gehöre zur Pfingstkirche". Religion wird von fast allen mit Kirche und mit Christentum verbunden. Auch wenn Katholizismus nicht praktiziert wird (außer für Taufen, Hochzeiten und Beerdigungen), gilt es als respektabel, sich als katholisch zu bezeichnen. Die Antwort auf die Frage: „Was praktizierst du?" würde allerdings anders lauten (sofern ein Vertrauensverhältnis vorliegen würde). Vergleichbares gilt für Vodou[1] in Haiti. Die Entscheidung der Regierung im Jahr 2003, zusätzlich zum Katholizismus Vodou zur offiziellen Religion zu ernennen, hat viele Vodou-Anhänger in Haiti erstaunt. Sie beantworten die Frage nach der Religionszugehörigkeit weiterhin mit katholisch, wenngleich sie „den Geistern dienen", wie Vodou in Haiti meistens umschrieben wird.

Mehr als zehn Jahre nach Abschluss meiner Dissertation über Puerto Rico kämpfe ich immer noch mit der Frage, was denn Religion sei. Ich vermittle nun seit vier Jahren Studierenden der Theologie und Religionswissenschaft die theoretischen Grundlagen der Religionsforschung, und ein Überblick über Definitionen ist Teil des Curriculums. Die Diskussionen mit den Studierenden zeigen mir immer wieder, wie wichtig es ist, nicht nur auf die Mängel der Theorien und Grenzen der Definitionen zu verweisen, sondern diese mit Erkenntnissen aus der Forschung zu verbinden, d. h. mit gelebten Glaubenssystemen. Einige Kollegen in der Religionswissenschaft lehnen den Begriff Religion völlig ab und plädieren dafür, ihn einfach nicht mehr zu verwenden.

Diese Forderung geht mir allerdings zu weit. Wir können einen Begriff, der in der Alltagssprache verwendet wird und der Eingang in internationales Recht, in die Menschenrechte und andere Verfassungen erhalten hat, nicht einfach ignorieren und uns damit vom Alltag der Menschen, deren Kultur wir erforschen, distanzieren. Ethnologie arbeitet schon lange nicht mehr nur im Elfenbeinturm der Wissenschaft. Wir setzen uns mit Menschen und ihren kulturellen Systemen auseinander und gerade der Dialog ist die Stärke der Ethnologie. Im Zentrum der Religionsethnologie steht die Beschäftigung mit fremden Glaubenssystemen, mit Weltbildern, Mythen, religiösen Praktiken, Heilsvorstellungen und vielem mehr, d. h. die Beschäftigung mit dem, woran Menschen glauben und was sie täglich praktizieren. Ist das alles nun „Religion"? Vielleicht nicht nach einigen ausgefeilten Definitionen, die im Verlauf der Wissenschaftsgeschichte entwickelt wurden, aber nach unserem heutigen Alltagsverständnis von Religion und Glauben.

Seit der Aufklärung trennen wir in Europa Religion von Wissenschaft; Religion gelangte dadurch in eine eigene „Schublade“, getrennt vom Rest der menschlichen Kultur. Religion gehört zum Arbeitsgebiet der Theologie und hat mit Kirche zu tun, mit Predigten und dem Papst. Ethnologie als die „Wissenschaft vom kulturell Fremden“ (Kohl) schaut auf die exotischen Religionen, auf Schamanen, Hexen und die Traumwege der Aborigines. Wo passt der puertoricanische Spiritismus hinein? In meiner Dissertation habe ich mich, mangels anderer Möglichkeiten, Tylors allgemeiner und inzwischen veralteter Definition angeschlossen und auf die Geister im Spiritismus verwiesen. In den 1990er Jahren hat kaum jemand über karibische Religionen oder gar über den lateinamerikanischen Spiritismus geforscht, so dass ich neue Wege in der wissenschaftlichen Einordnung der Religionen beschreiten musste. Das ist heute, zum Glück, anders.

Hier zeigt sich die Veränderung, die die Ethnologie seit dem Erfolg der postkolonialen Kritik durchlaufen hat. Ethnologie war lange ein Kind der Kolonialzeit und Produkt der Aufklärung. Den Gründervätern (leider gab es in der Gründungszeit keine „Mütter“) ging es darum, den Ursprung der Religion zu finden (Frazer), sie bei den scheinbar „Primitiven“ nachzuweisen (Tylor) oder ihre Funktion für die Gesellschaft zu erklären (Durkheim). Es wurden dabei bereits zahlreiche Definitionen von Religion erstellt und Religion von Magie und Aberglaube unterschieden; der Fokus war allerdings stets auf Religionen der kleinen „Stammesvölker“ gerichtet. Es ging somit um indigene Ethnien in, aus europäischer Sicht, abgelegenen Regionen der Welt und deren religiöse Vorstellungen, die häufig in einer evolutionären Abfolge unterhalb der so genannten europäischen Zivilisation verortet wurden. Diese bipolare Denkweise, nach der in Magie und Religion, Schrift und Oralität, Natur und Kultur, Europa und Außer-Europa unterschieden wurde, hat sich lange gehalten und die Entwicklung der Religionsethnologie behindert. Heute haben wir diese Sichtweise zum Glück überwunden. Die Ethnologie hat sich von der einsamen Insel befreit und beschäftigt sich mit „kulturell Fremden“, wo immer diese auch leben, ob in Berlin-Kreuzberg, New York City oder Gibraltar. Damit hat sich auch die Religionsethnologie verändert. Es geht keineswegs nur noch um Hexerei, Schamanismus oder andere indigene Glaubenssysteme, sondern auch um Muslime in Marokko, Hindus in Nepal, Anhänger neuer Religionen in Japan und damit auch um Vodou-Anhänger und Spiritisten in New York City, Paris oder Madrid.

Religionsethnologie untersucht fremde Glaubenssysteme und deren Bedeutung für die Angehörigen fremder Kulturen. Was glauben sie? Was praktizieren sie; und warum? Welche Bedeutung hat es für sie? Warum werden einige Aspekte beibehalten und andere nicht? Religion ist Teil der Kultur und Teil der Gesellschaft, keineswegs isoliert, sondern darin verwoben. Eine Untersuchung darüber, warum Frauen in Bangladesch sich mit einer Burqa verschleiern, betrifft die soziale Ordnung, das Verwandtschaftssytem, das politische System, die koloniale Vergangenheit – und auch die Glaubensvorstellung. Eine Beschränkung auf nur einen dieser Punkte würde mehr verhüllen als aufdecken. Das macht die Religionsethnologie so faszinierend und spannend, stellt aber auch eine hohe Anforderung an alle, die sich auf diesen Arbeitsbereich einlassen.

Mit diesem Buch versuche ich Studierenden, die sich in das exotische Feld der Religionsethnologie begeben wollen, den Einstieg zu erleichtern. Einige Teile basieren auf meinen Vorlesungen, die ich in Oxford und Bangor gehalten habe, und auf den Diskussionen mit den Studierenden, bei denen ich mich hiermit herzlich für all ihre kritischen Fragen bedanke. Ich habe den Text allerdings für die deutschsprachigen Interessenten neu geschrieben und wende mich stärker den kontinental-europäischen Traditionen zu.

Das Buch ist in zwei Teile untergliedert: Im ersten Teil stelle ich die Grundlagen der Religionsethnologie vor, im zweiten gehe ich auf ausgewählte Themen der Religionsethnologie ein. Der erste Teil umfasst neben der Einleitung vier Kapitel. Zuerst erkläre ich den Gegenstand der Religionsethnologie. Ich stelle Definitionen von Religion vor und präsentiere Beispiele aus der neueren religionsethnologischen Forschung, um zu verdeutlichen, wie stark sich der Gegenstand unseres Arbeitsfeldes verändert hat.

Das folgende Kapitel beinhaltet einen Überblick über die Geschichte der Religionsethnologie, d. h. der so genannten westlichen Religionsethnologie, wobei ich in jeder Phase die wichtigsten Vertreter und ihre Ansätze kurz vorstellen werde. Studierende reagieren oftmals abwehrend auf die Wissenschaftsgeschichte. Es ist aber wichtig, den Ursprung unserer Ansätze und Theorien zu kennen, da sie weiterhin unsere Gedanken beeinflussen.

Zentraler Punkt in allen ethnologischen Arbeitsfeldern ist die Methode der Feldforschung. Ich werde daher im dritten Kapitel die Bedeutung der Feldforschung für die Religionsethnologie erläutern. Es wird zudem ein Thema angesprochen, das sich in der postkolonialen Forschung als zunehmend wichtig erwiesen hat: das *going native* der Forschenden. Obwohl das Problem, dass bestimmte Informationen geheim und daher für Außenseiter nicht zugänglich sind, die Religionsethnologen bereits von Anfang an beschäftigt hat (beispielsweise Evans-Pritchards Methodik beim Studium der Hexerei bei den Zande), zeigt sich, dass mehr und mehr Ethnologen so stark von ihrem Arbeitsfeld fasziniert sind, dass sie sich initiieren lassen. In diesem Kapitel werde ich die Auswirkung, die dieser Schritt auf die Forschung hat, herausarbeiten.

Im vierten Kapitel diskutiere ich dann die Relevanz der Religionsethnologie für die globalisierte Gegenwart und zeige anhand von Beispielen, wie unverzichtbar es nach wie vor ist, religionsethnologisch zu arbeiten.

Der zweite Teil des Buches stellt zentrale Themen der Religionsethnologie vor. Er ist in drei Kapitel unterteilt, wobei jedes Kapitel theoretische Diskurse sowie Beispiele aus der Forschung vorstellt. In dieser Dreiteilung habe ich mich von der erweiterten aristotelischen Aufteilung von Lambeks Textsammlung (2002) inspirieren lassen und ordne die Themen in die Kapitel *poiesis* und *praxis* sowie den zusätzlichen Bereich Gesellschaft. Im Kapitel zur Schaffung der Welt (*poiesis*) geht es um Symbolinterpretation und Mythentheorie, aber auch um Kosmologien, Umwelt und Klimawandel, Moral und Hexerei. Im Kapitel zur Religionsausübung (*praxis*) liegt der Schwerpunkt auf der Ritualforschung, aber auch Schamanismus, Besessenheit und Identität werden behandelt. Im dritten Kapitel wird Religion dann im gesellschaftlichen Kontext betrachtet, d. h. es werden Themen zur politischen Dimension vorgestellt, wie beispielsweise Kolonialismus, Identität, Gewalt und Migration. Auf diese Weise verbinde ich im zweiten Teil des Buches klassische Themen der Religionsethnologie mit neuen Arbeitsbereichen. Damit möchte ich Anstöße für neue Forschungsideen geben und illustrieren, in welche neuen Felder sich die Religionsethnologie bereits begeben hat. Es ist unmöglich, alle Themen der Religionsethnologie aufzuzeigen. So habe ich mich beispielsweise entschieden, Geschlechterbeziehung nicht als gesondertes Thema zu behandeln, sondern ich werde in allen drei Kapiteln des zweiten Teils auf Frauen und die Interpretation ihrer Rolle in Religionen eingehen. Ich möchte damit zeigen, dass die Beziehung zwischen den Geschlechtern ein Bestandteil der ethnologischen Forschung sein sollte und keineswegs in eine gesonderte Ecke gehört. Meine Auswahl ist somit sehr persönlich, geleitet von meiner eigenen Forschung und Aspekten, die ich aufgrund meiner Lehrerfahrung als wichtig erachte. Die Liste kann nicht als vollständig angesehen werden. Es fehlt mir der Platz, näher auf die Religionsgeografie oder die kognitive Religionsethnologie einzugehen. Diese beiden neuen Arbeitsbereiche werden dennoch im Text kurz skizziert.

Ich habe beim Schreiben vor allem Studierende der neuen Studiengänge im Blick gehabt, die sich heute immer stärker interdisziplinär ausrichten. Traditionelles Zielfach ist zwar weiterhin die Ethnologie, aber ich richte mich auch an die Religionswissenschaft, die Kulturwissenschaften, die Sozialwissenschaften und die zahlreichen anderen neu entstandenen Fachverbindungen. Studierende der neuen Bachelorprogramme werden zwar stärker angeleitet als frühere Studierende, ihr Selbststudium wird aber auch stärker überprüft. Ich stelle deshalb am Ende eines jeden Kapitels zentrale Werke vor und nenne

Literaturhinweise zum weiteren Selbststudium. Im Anhang des Buches folgt ein Register mit Schlüsselbegriffen der Religionsethnologie. Das Buch eignet sich zum Nachschlagen, es soll aber auch zum Weiterlesen und vor allem zum Nachdenken anregen.

Anmerkung

1 An dieser Stelle ein kleiner Hinweis zur Schreibweise: ich habe mich zur Verwendung der kreolischen Schreibweise (Vodou) entschieden, die von den Anhängern der Religion bevorzugt wird. „Voodoo" gilt heute allgemein als diskriminierend und wird in der Regel abgelehnt. Die Bezeichnung „Wodu" ist unter Fachleuten unüblich.

Liste aktueller Einführungswerke

Bowie, Fiona. 2006. *The Anthropology of Religion.* (2nd edition) Oxford: Blackwell.
Dieses Buch ist derzeit eine der besten Einführungen in die Religionsethnologie. Es richtet sich zwar ausschließlich an einen britischen Leserkreis und präsentiert hauptsächlich die britische Religionsethnologie, dennoch ist die Einführung auch für Studierende deutscher Studiengänge geeignet. Hilfreich ist vor allem ihre Liste von Filmen und Videos im Anhang der zweiten Auflage.

Braun, Willi und Russell T. McCutcheon (Hrsg.). 2000. *Guide to the Study of Religion.* London: Cassell.
Hinnells, John (Hrsg.). 2005. *The Routledge Companion to the Study of Religion.* Oxford: Routledge.
Segal, Robert A. (Hrsg.). 2006. *The Blackwell Companion to the Study of Religion.* Oxford: Blackwell.
Diese Werke sind vor allem zum Nachschlagen geeignet, da sie gute Abhandlungen, beispielsweise zu Einzelthemen wie Ritual und Mythen und zu bestimmten Bereichen der Forschung wie Gender anbieten. Da die Trennung von Religionsethnologie und Religionswissenschaft außerhalb der deutschsprachigen Wissenschaft nicht strikt vollzogen wird, befinden sich unter den Autoren der Sammelwerke auch ethnologisch arbeitende Wissenschaftler.

Eller, Jack David. 2007. *Introducing Anthropology of Religion: Culture to the Ultimate.* New York/London: Routledge.
Dieses neueste Werk auf dem Markt basiert auf Vorlesungen und richtet sich vor allem an einen US-amerikanischen Leserkreis, wie gerade der Überblick über die Theorien zeigt. Dennoch ist diese Einführung auch für deutsche Studierende interessant, vor allem die Bezüge auf seine Feldforschungserfahrungen sowie die späteren Kapitel, in denen sich Eller von der traditionellen Ethnologie löst und neue Themen der Religionsethnologie, wie z. B. Religion in den USA, religiöse Gewalt und vieles mehr, behandelt.

Firth, Raymond. 2004 (1996). *Religion: A Humanist Interpretation.* London/New York: Routledge.
Das Buch beinhaltet eine Sammlung von Aufsätzen zu unterschiedlichen Themen im Bereich der Religionsethnologie, beispielsweise zum Problem der methodischen Annäherung an das

Forschungsfeld, zu Opfer, Monotheismus/Polytheismus, Ritual, Geisterbesessenheit und mehr. Firth befürwortet dabei einen humanistischen Zugang zu Religion (er betrachtet Religion als menschliches Kunstwerk). Das Buch präsentiert eine sehr persönliche Einführung in die Religionsethnologie, die vor allem für fortgeschrittene Studierende sehr zu empfehlen ist.

Hock, Klaus. 2006 (2002). *Einführung in die Religionswissenschaft*. Darmstadt: Wissenschaftliche Buchgesellschaft.
Dieses Buch präsentiert einen guten Überblick über die verschiedenen Ansätze in der Religionsforschung. Die Kapitel sind nach Disziplinen unterteilt, wobei vor allem Religionsgeschichte und -phänomenologie ausführlich vorgestellt werden, die Religionsethnologie dagegen etwas weniger. Insgesamt bietet diese Einführung einen guten Einblick in die deutsche Religionsforschung.

James, Wendy. 2005 (2003). *The Ceremonial Animal: A New Portrait of Anthropology*. Oxford: Oxford University Press.
Dieses Buch ist aufgrund seiner inhaltlichen Dichte und dem vorausgesetzten Wissensbestand eher für Doktoranden geeignet, die bereits einen Einblick in die Ethnologie gewonnen haben und nun mehr über die Religionsforschung erfahren möchten. Interessanterweise verwendet die Autorin den Begriff Religionsethnologie nicht, beschreibt aber die ethnologische Forschung zu Ritualen und Religionen.

Kippenberg, Hans G. und Kocku von Stuckrad. 2003. *Einführung in die Religionswissenschaft: Gegenstände und Begriffe*. München: Beck.
Dieses Buch stellt die Religionsforschung im weiten Sinne vor, da die Autoren die Religionswissenschaft nachdrücklich im kulturwissenschaftlichen Bereich verorten, der „quer" zu den etablierten Fächern steht. Ihr Schwerpunkt liegt auf den Gegenständen der Forschung. Interessant ist auch ihre Einbeziehung der Religionsforschung im öffentlichen Raum (unter dem Stichwort Zivilreligion) sowie der Forschung über religiöse Gewalt. Die Religionsethnologie wird nicht gesondert behandelt, ist aber mit zahlreichen Bezügen zur ethnologischen Religionsforschung im theoretischen Überblick enthalten.

Lambek, Michael (Hrsg.). 2002. *A Reader in the Anthropology of Religion*. Malden/Oxford: Blackwell Publishing.
Bei diesem Buch handelt es sich nicht um eine Einführung im eigentlichen Sinn, sondern um eine Zusammenstellung wichtiger Texte (bzw. Auszügen aus Texten), die einen sehr guten Überblick über die Religionsethnologie liefern. Das Buch ist für den Unterricht und zum Selbststudium sehr geeignet. Ich warne allerdings davor, dem Trend zu folgen und die Originalquellen zu ignorieren. Ein Reader soll lediglich Neugierde zum Weiterlesen hervorrufen und keinesfalls das Studium der klassischen Werke etwa von Geertz, Turner und Evans-Pritchard ersetzen.

Morris, Brian. 1987. *Anthropological Studies of Religion: An Introductory Text*. Cambridge: Cambridge University Press.
Morris, Brian. 2006. *Religion and Anthropology: A Critical Introduction*. Cambridge: Cambridge University Press.
Diese beiden Bücher ergänzen sich gut. Im ersten Buch gibt der Autor eine Einführung in die Theorie der Religionsethnologie (und repräsentiert dabei den Diskussionsstand der 1980er Jahre), in seinem neuesten Buch konzentriert er sich auf einen Überblick über Religionen. Diese Zweiteilung macht den Gebrauch der Bücher nicht einfach. Dennoch sind sie als zusätzliche Informationsquelle zu einzelnen Themen zu empfehlen.

Thiel, Josef Franz. *Religionsethnologie: Grundbegriffe der Religionen schriftloser Völker.* Berlin: Reimer, 1984.
Weiss, Gabriele. *Elementarreligionen: Eine Einführung in die Religionsethnologie.* Wien/New York: Springer Verlag, 1987.
Diese beiden Bücher sind zwar mittlerweile im theoretischen Überblick etwas veraltet. Dennoch bieten sie interessante Einblicke in die religionsethnologischen Debatten der 1980er Jahre und illustrieren dadurch eindrucksvoll die Veränderungen der heutigen Religionsethnologie.

Der Gegenstand der Religionsethnologie

Religionsethnologen müssen sich noch vor Beginn jeglicher Forschung die problematische Natur des Konzepts, das im Zentrum unseres Arbeitsgebietes steht, vergegenwärtigen, d. h. die Natur von Religion. „Religion" ist ein Schlüsselwort in der modernen Gesellschaft, das „by millions of Western people as routinely as they use the words ‚politics' or ‚sex', and with an apparently effortless sense of its self-evident meaning" verwendet wird (Braun 2000: 4). Aber „Religion" ist ein Produkt europäischer Wissenschaften, das nicht in außereuropäische Sprachen übersetzt werden kann. Wenn wir uns die Quellentexte ansehen, erkennen wir, dass keiner der Religionsgründer gesagt hat, dass er oder sie eine „Religion" gründet. Wie Max Charlesworth schreibt, „they spoke of a ‚revelation' or disclosure of the divine, or of a ‚Way' of belief and living, or of a ‚Law', or of the ‚spiritual life', or of a life of ‚perfection'" – aber nie von der Gründung einer Religion (1997: 1). Der Begriff „Religion" enthält die irreführende Idee, dass „all the multifarious beliefs and practices and [...] ‚phenomena' that we now call ‚religious', have something in common by reference to which we can define religion and clearly demarcate it from other areas of human life such as the realms of ethics, or art, or science" (1997: 1). Leider verwenden wir nicht nur im Alltag den Begriff „Religion" in vielfältiger Bedeutung, oftmals basierend auf einer sehr oberflächlichen Vorstellung von dem, was Religion sein kann. Wie Jonathan Z. Smith schreibt, ist es nicht das Problem, dass Religion nicht definiert werden könnte, sondern, dass sie mehr oder weniger erfolgreich öfter als fünfzig Mal definiert wurde (Smith 1982: 281). Religion ist daher für Jonathan Z. Smith lediglich eine Erfindung von Wissenschaftlern und hat keine unabhängige Existenz außerhalb der Wissenschaft (Smith 1982: XI). Willi Braun folgt dieser Kritik und argumentiert für eine Verwendung des Begriffs Religion als Konzept im technischen Sinne und „not as a substance that floats ‚out there', a something that might invade and enlighten us if we should only be fortunate as to have the right kind of receiving apparatus" (Braun 2000: 9). Ausgehend von diesen Überlegungen muss eine Einführung in die Religionsethnologie mit der Entstehungsgeschichte des Religionsdiskurses an europäischen Universitäten beginnen.

Die Religionsethnologie entstand Mitte des 19. Jahrhunderts, zu einer Zeit, in der das Interesse an fremden Kulturen und Religionen in Europa wuchs. Bis ins 19. Jahrhundert wurden lediglich die drei monotheistischen Religionen in der Tradition Abrahams, d. h. Judentum, Christentum und Islam, als Religion bezeichnet. Alle anderen Vorstellungen galten als Aberglaube oder Magie, bis sich dann im 19. Jahrhundert die Denkweisen veränderten.

Die ersten Wissenschaftler waren stark von der Aufklärung beeinflusst, die vor allem auf den scheinbaren Fortschritt der menschlichen Zivilisation blickte. Wie Fiona Bowie betont, waren es die Philosophen der Aufklärung, die bereit waren, Traditionen abzulegen und existierende Autoritäten in Frage zu stellen (2000: 3). Jean-Jacques Rousseau (1712–1778), die führende Gestalt der Aufklärung, konstruiert das Modell des „noblen Wilden", das die Ethnologie über Jahrhunderte inspirierte. Der französische Philosoph bewertete die „noblen Wilden" höher als die Vertreter der „europäischen Zivilisation", die er als degeneriert gegenüber dem ursprünglichen harmonischen kollektiven sozialen Leben betrachtet. Rousseau glaubte an die Erziehung als einzigen Weg im Kampf gegen soziale Ungleichheit, die er als Zeichen der Degeneration der europäischen Gesellschaften verurteilte. Beeinflusst von Rousseau widersprachen Ethnologen des ausgehenden 19. und beginnenden 20. Jahrhunderts, wie z. B. der Brite Sir Edward Burnett Tylor (1832–1917), den vorherrschenden Ideen ihrer Zeit. Zu Tylors Zeit glaubten die meisten Wissenschaftler, dass die menschliche Kultur auf einem relativ hohen Niveau entstanden sei, einige Kulturen degenerierten, während andere sich auf ein noch höheres Niveau entwickelten. In Bezug auf Religion wurde davon ausgegangen, dass die so genannten Wilden keine Religion hätten. Evans-Pritchard verweist beispielsweise auf Sir Samuel Baker, einen berühmten Entdecker der Viktorianischen Zeit, der in einem Vortrag vor der ethnologischen Gesellschaft in London 1866 behauptete, dass die Völker, die er in Afrika traf, keine Religion hätten, weder einen Glauben an einen Schöpfergott noch eine andere Form der Verehrung. Ihre Vorstellungswelt sei noch nicht einmal vom Aberglauben erhellt (Evans-Pritchard 1981: 38). Dieses Missverständnis lässt sich heute erklären mit der Unkenntnis von Sprache und Kultur der Völker. Die damaligen europäischen Reisenden suchten nach Bezugspunkten zu ihrer eigenen Kultur und verkannten daher alles, was fremdartig war. Und sogar wenn eine Kommunikation mittels einer Pidgin-Sprache zustande kam, war dies, wie Bowie betont, noch keine Garantie, dass die Bedeutung der Begriffe auch verständlich war (2000: 21). Evans-Pritchard warnte deshalb in seiner Vorlesung zur Religionsethnologie vor Behauptungen über Glaubensvorstellungen anderer Menschen und schrieb, dass sie nur mit Vorsicht aufgestellt werden sollten, da man es mit etwas zu tun habe, das nicht direkt beobachtet werden kann. Begriffe für Konzepte, Ideen und Vorstellungen von Religionen setzen eine große Sprachkompetenz sowie ein großes Verständnis der gesamten Ideensysteme, deren Bestandteil Religion ist, voraus und entzögen sich daher meist dem Verständnis (Evans-Pritchard 1981: 39). Das ist der Beginn der Religionsethnologie.

Gegenstand der Religionsethnologie waren ursprünglich fremdartige Glaubensvorstellungen. Es ging den ersten Religionsethnologen nicht um die Erforschung der eigenen Religion, sondern um die anderer Völker außerhalb Europas, die allerdings auf ein bestimmtes Ziel hin untersucht wurden. Die außereuropäischen Kulturen, z. B. in Afrika und Australien, wurden aus europäischer Sicht auf einer niedrigeren Stufe der Entwicklung der menschlichen Kultur eingeordnet. Im Unterschied zu Vertretern dieser Richtung, den so genannten Degeneristen, sahen Evolutionisten eine progressive Entwicklungslinie von den Kulturen auf der niedrigsten Stufe hin zu denen auf der höchsten. Evolutionisten wie Tylor und Spencer vertraten die Ansicht, dass sich alle Kulturen in die gleiche Richtung weiterentwickelten. Um etwa zu untersuchen, wie die früheren Stufen der europäischen Kultur funktioniert hatten, müsse man die Kulturen betrachten, die sich gegenwärtig auf einer niedrigeren Stufe befänden. Religionsethnologen dieser Zeit konstruierten ihren Gegenstand mit der Absicht, die Urgeschichte der eigenen Kultur zu untersuchen, allerdings nicht mit historischen, sondern mit ethnologischen Methoden. Tylor betonte immer wieder die Notwendigkeit, dass Ethnologen die Kulturen in den entlegensten Regionen erforschen sollten. Damit kritisierte er keineswegs die Unterdrückung der Völker, sondern verwies lediglich auf die Anpassung an die dominante europäische Kultur, die zum Verlust aller niedrigeren Kulturen führen werde. Seine Kritik richtete sich vor allem gegen Missionare, denen er vorwarf, mit den Schriften über ihre Missionsarbeit und über die Kulturen, bei denen sie meistens jahrelang lebten, ein verfälschendes Bild zu verbreiten.[1] Mit seiner Anklage gegen die Missionsschriften versuchte Tylor, den Weg für eine institutionalisierte Ethnologie zu ebnen, da er darauf bestand, dass nur ausgebildete Ethnologen die wirklichen Glaubensvorstellungen ermitteln könnten. Für Tylor war der Gegenstand der Religionsethnologie somit klar umrissen: Es ging um die Erforschung der Glaubensvorstellungen tribaler Völker, die sich auf einer niedrigen Entwicklungsstufe (erkennbar an ihrer materiellen Entwicklung) befanden. Tylor definierte Religion als den Glauben an spirituelle Wesen. Wenngleich er Religion lediglich als Survival früherer Entwicklungen betrachtete, als etwas das angesichts wissenschaftlicher Entdeckungen verschwinden würde, war es seiner Meinung nach dennoch wichtig, die Glaubensvorstellungen zu erforschen. Animismus, für Tylor die Religion auf der untersten Stufe der menschlichen Entwicklung, sei die erste bedeutende

Theorie, die Menschen entwickelt hätten, und bis heute würden Reste davon in Europa verbreitet sein.[2] Auch wenn auf dem europäischen Kontinent die Ethnologie anfangs einen anderen Weg beschritten hat, wie ich im nächsten Kapitel ausführen werde, wurde auch hier der Gegenstand der Religionsethnologie ähnlich definiert. Religionsethnologen grenzten sich von Anfang an von Nachbardisziplinen ab, die sich auch mit Glaubenssystemen beschäftigen (vor allem von der Theologie) und plädierten für einen nachdrücklich „wissenschaftlichen" (d. h. naturwissenschaftlichen) Ansatz. Sogar Wilhelm Schmidt (1868–1954), Priester des Missionsordens Societas Verbi Divini, betonte als Ethnologe stets die empirische Ausrichtung des Faches. Er widersprach der Übertragung des Evolutionismus auf menschliche Kulturen und versuchte mittels einer kulturhistorischen Methode, den Urmonotheismus empirisch nachzuweisen. Religion war für Schmidt in erster Linie Gottesglaube, den er als „Anerkennung eines oder mehrerer persönlicher über die irdischen und zeitlichen Verhältnisse herausragender Wesen" beschrieb (Schmidt 1926: 5). Wie Tylor ging es auch Schmidt in der Forschung darum, die Vorstellungen der so genannten Wildbeuter- und Erntevölker, der Sammler und Jäger und der einfachen Bauern, die außerhalb Europas lebten, zu erkunden. Diese Ausgangshaltung kennzeichnete die Ethnologie jahrzehntelang. Obwohl sich die Definitionen änderten, und Religion anhand anderer Kennzeichen definiert wurde, blieb der Gegenstand ähnlich fernab der eigenen Lebenswelt. Claude Lévi-Strauss beschrieb in seinem berühmten Buch *Traurige Tropen* sehr deutlich den Schmerz angesichts des Verlusts der „kleinen" Kulturen im Amazonasgebiet, ein Gefühl, das viele Religionsethnologen teilten.

Im Bestreben, den Gegenstand der Forschung eindeutig zu definieren, wurden verschiedene Wege beschritten. Viele Definitionen – wie auch Tylors Version – enthielten dabei eine unlogische Verkettung, denn eine Definition kann nicht auf einer Kategorie basieren, die ebenfalls eine Definition benötigt. In Tylors Fall bleibt die Definition von Religion ohne eine vorherige Definition von spirituellen Wesen unverständlich. Bei der Definition von Émile Durkheim (1858–1917) und auch anderen Kollegen ist das Adjektiv sakral bzw. heilig das entscheidende Wort, das eine eigene Definition benötigt. So ist Religion nach Durkheim ein vereinigendes Glaubenssystem von Praktiken, die in einem Verhältnis zu sakralen Dingen stehen, zu Dingen, die abgesondert sind. Spätere Studien haben aber deutlich gezeigt, dass in vielen Kulturen Religion keineswegs abgesondert ist, und dass damit eine Trennung in sakral und profan ebenfalls ein Konstrukt der europäischen Denkweisen ist. Obgleich Durkheim Tylors Vorgehensweise kritisierte und dessen substantielle Definition (eine Definition mit Bezug auf die Substanz des Glaubens) ablehnte, verschob er mit seiner Definition das Problem lediglich auf eine andere begriffliche Ebene:

er ersetzte Religion durch sakral. Dennoch brachte Durkheim eine wichtige Neuerung in die Debatte, indem er Religion als soziales Faktum betrachtete, das Menschen zu einer Gemeinschaft verbindet. Er sah somit in der Funktion von Religion den zentralen Gegenstand unserer Forschung und verschob damit die Perspektive von substantiell zu funktional (siehe auch Hock 2006: 14, 16). Auch wenn seine Definition aufgrund des Verweises auf sakral Religion *sui generis* definiert, d. h. Religion für sich genommen betrachtet, gehören seine Arbeiten doch zu der anderen Kategorie von Definitionen, die Religion als Kennzeichen eines differenzierten Sets eines Phänomens (mit Ideen, Ritualen, Erfahrungen, Praktiken etc.) betrachten.

Als Meisterleistung in dieser Kategorie gilt bis heute die Definition von Clifford Geertz (1926–2006), der Religion als kulturelles System fest in der Ethnologie verankerte. Geertz definiert Religion in einem 1966 erstmals erschienenen Aufsatz als

> „(1) ein Symbolsystem, das darauf zielt, (2) starke, umfassende und dauerhafte Stimmungen und Motivationen in den Menschen zu schaffen, (3) indem es Vorstellungen einer allgemeinen Seinsordnung formuliert, und (4) diese Vorstellungen mit einer solchen Aura von Faktizität umgibt, dass (5) die Stimmungen und Motivationen völlig der Wirklichkeit zu entsprechen scheinen" (Geertz 1991: 48).

Geertz folgt somit einem symbolistischen Ansatz, der das untersucht, was Religion repräsentiert. Er definiert den Begriff in Beziehung auf zwei seiner Aspekte: Ethos und Weltauffassung, was auch seine Arbeit über den Islam (*Islam Observed*, 1968) verdeutlicht. Er zeigt darin, wie religiöses Verhalten (ausgedrückt im Ethos) mit religiösen Glaubensvorstellungen (ausgedrückt in der Weltauffassung) zusammenkommt. Hier liegt, wie Dan Merkur schreibt, ein besonderer Bereich der Religionsforschung vor, da jede religiöse Person im Spannungsbereich zwischen Ethos und Weltbild lebt, d. h. im Spannungsbereich zwischen dem, wie jemand lebt, und dem, wie jemand nach den religiösen Vorstellungen leben sollte. Jede Beschreibung einer lebenden Religion muss diese Spannung einfangen (Merkur 1998: 81).

Talal Asad, Vertreter der postkolonialen Religionsethnologie, geht einen anderen Weg in seiner Kritik an Geertz und dessen Definition und beanstandet vor allem dessen Methode. Geertz beschreibt beispielsweise das Vorgehen der Religionsethnologie anhand zweier Stufen: „erstens eine Erforschung der Bedeutungssysteme, wie sie sich in den Symbolen materialisieren, die die eigentliche Religion ausmachen; und zweitens das Inbeziehungsetzen dieser Systeme mit soziokulturellen und psychologischen Prozessen" (1991: 94). Wie Asad kritisiert, können wir aber religiöse Symbole nicht von nichtreligiösen Symbolen trennen, weil religiöse Symbole gar nicht unabhängig von ihren historischen Beziehungen zu nichtreligiösen Symbolen oder zu anderen Artikulationen des sozialen Lebens verstehbar sind; religiöse Symbole können somit nicht von Machtfragen abgelöst verstanden werden (Asad 1993: 53). Obwohl Asad an dieser Stelle Geertz kritisiert, weist seine Kritik auf einen zentralen Aspekt aller Definitionen von Religion hin. Asad fragt beispielsweise: Wenn religiöse Symbole als Träger von Bedeutung betrachtet werden, kann dann solch eine Bedeutung unabhängig von der Lebensweise etabliert werden? Oder einfacher formuliert: Ist es möglich, religiöse Symbole zu verstehen, ohne sie in Bezug zum Alltag der Gläubigen zu setzen? Religion ist, wie Asad in seinem Buch deutlich darstellt, eine historische Kategorie, die im Westen entstand, nun aber als universelle Kategorie verwendet wurde und wird. Ethnologen wie Geertz, die Religion als abstraktes und universelles System betrachten, vergessen laut Asad, dass Religion mit der christlich-europäischen Geschichte verbunden ist und daher übertragen auf andere Kontexte keine Bedeutung hat.[3]

Definition an sich ist ein historisches Produkt bestimmter diskursiver Prozesse (Asad 1993: 29) und deshalb nur bedingt auf andere Kontexte übertragbar, wie sich in der Religionsethnologie immer wieder zeigt. Nicht nur bei der Definition von Religion, sondern auch bei speziellen Phänomenen werden wir mit diesem Problem der diskursiven Machtposition konfrontiert. Totemismus oder Schamanismus sind beispielsweise Konzepte bestimmter Kulturen, die im Verlauf der Wissenschaftsentwicklung abstrahiert, generalisiert und dann auf andere Kulturen übertragen wurden. Sie wurden dadurch mit bestimmten Bedeutungen versehen, die nicht in allen Kontexten einen Sinn haben, aber dennoch weiterhin verwendet werden, da ihre Bedeutung normativ wurde. Religionen und religiöse Phänomene sollten aber stets im historischen und kulturellen Kontext untersucht und behandelt werden und nicht als normative Kategorie.

Was ist also der Gegenstand der Religionsethnologie heute, wenn wir Religion nicht als westliche Kategorie auffassen sollen? Viele Definitionen wurden kritisiert, weil sie zu weit gefasst seien und sogar profane Weltanschauungen wie Marxismus und Kapitalismus einbeziehen würden. Andere wurden kritisiert, weil sie sich zu eng an den monotheistischen Religionen orientieren und nicht-theistische Systeme ausschließen. Es ist nicht möglich, eine Religionsdefinition zu finden, die von allen akzeptiert wird. Und das ist in der Religionsethnologie auch gar nicht notwendig. Außerhalb der Wissenschaft verlangen bestimmte gesellschaftliche Notwendigkeiten, dass Religion eine normative Kategorie wird. Wenn beispielsweise ein Gesetz einer Landesverfassung das Wort Religion enthält, muss dieses auch klar definiert sein. Das sind aber lediglich Zweckdefinitionen, die in einem bestimmten Kontext ihre Bedeutung erhalten. Die religionsethnologische Forschung arbeitet anders.

Karen McCarthy Brown veröffentlichte 1991 die Biografie einer haitianischen Vodou-Priesterin in Brooklyn, der sie den Namen Mama Lola gab (auch gleichzeitig der Titel des Buches).[4] Ich habe beide Frauen 1999 in New York kennengelernt und war von ihnen sehr beeindruckt. Brown beschreibt in dieser Monografie wie auch in ihren weiteren zahlreichen Veröffentlichungen ein System von Glaubensvorstellungen und Praktiken, so wie es ihr von einer bestimmten Priesterin erklärt, gelehrt und auch gezeigt wurde. Mama Lola (ich verwende weiterhin ihr Pseudonym, obgleich ihr richtiger Name in New York seit langem allseits bekannt ist) bezeichnet sich allerdings als Katholikin, denn es ist für sie kein Widerspruch, etwas zu sein und etwas anderes zu praktizieren. Der Katholizismus ist in Haiti ein Teil von Vodou, wenngleich das Hotel in Benin von einem katholischen Priester exorziert wurde, nachdem Mama Lola sich dort während eines Kongresses einige Tage aufgehalten hatte (so wurde mir berichtet). Das Buch basiert auf der Beziehung zwischen den beiden Frauen und auf der Offenheit, die zwischen ihnen herrscht. Brown beschreibt einfühlsam eine faszinierende Frau, kein schier übernatürliches Wesen wie eine Heilige, sondern eine lebendige Person mit einer ambivalenten Vergangenheit und Charakterfehlern. Vodou wird dadurch zu einem sehr persönlichen Glaubenssystem. Indem Brown die diversen Aufgaben und Praktiken der Priesterin beschreibt und sie auf ihren Reisen nach Haiti begleitet, wird gleichzeitig deutlich, dass es sich hierbei auch um eine Migrationsgeschichte und somit um ein Porträt der haitianischen Diaspora handelt. James Clifford bezeichnet die Arbeit als Paradebeispiel der neuen ethnologischen Methode. Er beschreibt diese Forschung als *multiply located*, vielfach verortet, da die ethnografische Arbeit nicht allein an einem Ort, sondern vielmehr innerhalb einer zwischenmenschlichen Beziehung lokalisiert ist. Browns Feldforschung umfasste Beobachtungen, Gespräche und Unterweisungen, aber vor allem entstand sie auf der Basis der Freundschaft zu der Priesterin (Clifford 1997: 189). Bei dieser Form von Forschung ist die Frage, was denn nun Religion sei, bedeutungslos. Gegenstand der neuen Religionsethnologie sind Systeme von Glaubensvorstellungen und Praktiken, die eine Bedeutung für eine bestimmte Gruppe, in einem bestimmten historischen und kulturellen Kontext haben.

Folglich schließt die Religionsethnologie heute keine Glaubensvorstellungen mehr aus. Evans-Pritchard hatte 1965 noch geklagt, dass Kollegen einiger Nachbardisziplinen – er führte Theologen, Klassische Altertumswissenschaftler, Judaistiker und Religionswissenschaftler an – die so genannten Naturreligionen als unwichtig erachten und auf Ethnologen herabsehen, da „wir keine schriftlichen Überlieferungen haben" (1981: 34). Er begrenzte somit die Religionsethnologie auf das Studium schriftloser Völker, während so genannte Offenbarungsreligionen in das Aufgabengebiet anderer Fächer fielen, wobei er allerdings festhielt, dass „die Voraussetzung zum Verständnis des Wesens der Offenbarungsreligionen das Verständnis der sogenannten Naturreligionen ist“ (1981: 33). Dieser Gegensatz gilt nicht mehr, lediglich der Ansatz ist unterschiedlich. Richard Gombrich beispielsweise, Professor Emeritus für Sanskrit an der University of Oxford, bezeichnet sich mitunter auch als Ethnologe, vor allem wenn er über den sri-lankischen Buddhismus spricht, denn dann analysiert er nicht mehr Sanskrit-Texte, sondern spricht über die Praktiken in einem Kloster in Sri Lanka, die er beobachten und studieren konnte. Während er als Indologe Texte studiert und textkritisch arbeitet, wendet er als Ethnologe ethnografische Methoden an, vor allem Interviews und teilnehmende Beobachtung unter den Gläubigen in Sri Lanka. Ein anderes Buch, das die Religionsethnologie ebenfalls sehr bereichert hat, ist die Publikation von Lynn Bennett über Hindu-Frauen in Nepal (1983). Es ist, wie David Gellner in einem Review-Artikel lobt, ein bereits klassisches Buch über den Göttin-Kult und dessen Bedeutung für Frauen, das mit einer ethnografischen Methode Hinduismus darstellt (Gellner 2004). Wie in *Islam Observed* von Geertz geht es in diesem Buch von Bennett nicht um die Darstellung der zentralen Dogmen des Hinduismus oder der Religionsgeschichte. Vielmehr stehen die Bewohner eines Dorfes, in dem sie gelebt hat, im Mittelpunkt. Es geht im weiteren Verlauf des Buches um individuelle Frauen dieses Dorfes und ihre sozialen Rollen. Bennett beschreibt sehr deutlich, dass es nicht möglich ist, die Frauen abgelöst von der Hindu-Kultur zu verstehen, so dass sie in den ersten Kapiteln zuerst den Rahmen behandelt und die Hindu-Kultur vorstellt. Ausgangspunkt ist ihre eigene Position in Nepal, denn sie schrieb ihre Monografie auf der Basis einer zehn Jahre langen Vertrautheit mit den Dorfbewohnern. Obgleich das Buch noch nicht von den postkolonialen Studien späterer Jahre beeinflusst ist, deutet sich hier bereits ein Wechsel in der religionsethnologischen Forschung an, auf den ich später, im Kapitel über die Bedeutung der Feldforschung, noch genauer eingehen werde. Bennett präsentiert den Hinduismus durch die Perspektive der Frauen und verdeutlicht, wie stark ihre sozialen Rollen durch den Hinduismus geprägt sind und wie stark der Kult einer Göttin sie beeinflusst.

Heute ist eine solche Verfahrensweise zwar noch nicht Standard, wird aber doch immer üblicher.[5] Ethnologen untersuchen Glaubenssysteme und deren Praktiken, um etwas über die Kultur und die sozialen Rollen der Kulturträger zu lernen. Das ist das Besondere an religionsethnologischer Forschung: die Untersuchung von Einzelfällen und von Beziehungen innerhalb neuer, globaler Zusammenhänge. Der Gegenstand der Religionsethnologie sind heute somit schon lange nicht mehr ausschließlich indigene oder autochthone Religionen (Kohl 1988). Heute geht es um religiöse Praktiken und Glaubenssysteme und die Art und Weise, wie sie Kulturen und Menschen prägen und verändern, sei es in Hermannsburg in Australien, in Yogyakarta in Indonesien oder in Brooklyn in New York. Eine Frage allerdings sollte nicht in der Religionsethnologie beantwortet werden: Die Frage nach der Wahrheit. Raymond Firth weist uns in diesem Punkt den Weg:

"To a humanist such as myself, religion is not a set of truths about the divine or transcendent. The idea of revelation from on high is an illusion – every religion has its own different revelation. But to me as an anthropologist, each religion, even that which may appear to be intellectually not very sophisticated, contains some explanatory ideas about the world, some rituals as guides to conduct, serving as patterns for human relationships. Therefore I would argue that there is a truth in every religion" (Firth 2004: 215).

Anmerkungen

1 Der Einfluss von Tylor wird vor allem in der frühen Erforschung der Aborigines in Australien deutlich, z. B. im Disput zwischen Baldwin Spencer und Carl Strehlow (siehe u. a. John Strehlow 2004).

2 Obgleich Tylor Animismus sowohl als Entwicklungsstufe als auch als Essenz von Religion betrachtete, wurde Animismus nachfolgend hauptsächlich als Entwicklungsstufe angesehen, d. h. als Kennzeichen „ungebildeter" Völker. Graham Harvey hat einen guten Überblick über die Forschungsgeschichte des Animismus veröffentlicht, in dem er auch auf die heutige Verwendung des Begriffs eingeht (Harvey 2005).

3 Asad war natürlich nicht der erste, der die Definition von Religion ablehnte. Wilfred Cantwell Smith hat bereits 1963 die Auffassung vertreten, dass der Begriff Religion unnötig sei und besser nicht verwendet werden sollte. Als Ersatz schlug er Glaube und kumulative Tradition vor, die seiner Ansicht nach auch dem Wandel innerhalb einzelner Religionen gerecht würden. Im Anschluss daran stellt sich allerdings die Frage nach der Definition von „Glaube".

4 2000 erschien die deutsche Übersetzung, 2001 dann eine aktualisierte Neuauflage in den USA.

5 Judith Schlehe schreibt beispielsweise: „Selbstreflexion und Offenlegung der Interaktion zwischen Forscherin und Erforschten gehören zu den Standardforderungen an die Darstellungsweise (post)moderner Untersuchungen." (1998: 23) Leider erfüllen noch immer nicht alle diese Forderung.

Empfehlenswerte religionsethnologische Monografien

Es handelt sich bei dieser Liste erneut um eine sehr persönliche Auswahl. Es ist heute nicht mehr möglich, einen Überblick über alle Neuerscheinungen zu bewahren. Die Liste enthält daher neben einigen klassischen religionsethnologischen Werken neue Studien, auf die ich in den letzten Jahren aufmerksam wurde oder auf die ich von Kollegen und Freunden aufmerksam gemacht wurde.

Allen, Catherine J. 2003 (1988). *The Hold Life Has: Coca and Cultural identity in an Andean Community.* Washington/London: Smithsonian Institution.
Es handelt sich hierbei um eine ethnografisch sehr detailgenaue Studie eines Dorfes im Hochland Perus, die deutlich die Verbindung zwischen Ritualen und Identität und Dorfzusammenhalt illustriert. Religion wird hier nicht als abstraktes System vorgestellt, vielmehr beschreibt die Autorin Rituale, die eine zentrale Bedeutung für die Runa-Identität in Peru haben.

Behrend, Heike. 1993. *Alice und die Geister. Krieg im Norden Ugandas.* München: Trickster.
Im Mittelpunkt steht eine religiöse Bewegung, die 1986 in Uganda aktiv in den Bürgerkrieg eingriff. Auslöser war eine junge Frau, die auf Befehl des christlichen Heiligen Geistes zu agieren vorgab. In dem Buch werden neben der Vorstellung der Bewegung vor allem deren Verwobenheit mit dem Krieg besprochen. Es ist somit insgesamt eine ungewöhnliche und gleichzeitig überaus aktuelle religionsethnologische Studie.

Bennett, Lynn. 1983. *Dangerous Wives and Sacred Sisters. Social and Symbolic Roles of High-Caste Women in Nepal.* New York: Columbia University Press.
Diese ethnografisch sehr detaillierte Studie über Hindu-Frauen in einem Dorf in Nepal beinhaltet eine interessante Mythen- und Symbolanalyse sowie eine verwandtschaftsethnologische Studie, und ist somit für verschiedene ethnologische Bereiche geeignet.

Brown, Karen McCarthy. 2001 (1991). *Mama Lola: A Vodou Priestess in Brooklyn.* Updates and Expanded Edition. (Comparative Studies in Religion and Society; 4) Berkeley/Los Angeles: University of California Press [2000 bei der Europäischen Verlagsanstalt auf Deutsch erschienen].
Diese Biografie einer Vodou-Priesterin bietet einen interessanten und überaus persönlichen Einblick in den haitianischen Vodou. Obwohl nicht die Religion an sich dargestellt wird und andere Bücher zu Vodou hinzugezogen werden sollten, ist dies ein sehr gutes Beispiel einer religionsethnologischen Studie und sehr zu empfehlen.

Capone, Stefania. 1999. *La quête de l'Afrique dans le candomblé. Pouvoir et tradition au Brésil.* Paris: Karthala [erscheint 2009 auf Englisch unter dem Titel: *Searching for Africa in Brazil. Power and tradition in Candomblé*].
Capone, Stefania. 2005. *Les Yoruba du Nouveau Monde. Religion, ethnicité et nationalisme noir aux États-Unis.* Paris: Karthala.
Die Autorin präsentiert in ihrem ersten Buch eine eindrucksvolle Beschreibung der afrobrasilianischen Religion Nagô-Candomblé und diskutiert darin u. a. die Frage nach Authentizität und Originalität. In ihrem zweiten Buch folgt sie dann der Religion und beschäftigt sich mit der Ausbreitung der von Yoruba abstammenden Religion in den USA. Beide Bücher bieten eine eindrucksvolle Einsicht in die Dynamik afroamerikanischer Religionen.

Geertz, Clifford. 1960. *The Religion of Java.* Illinois: The Free Press of Glencoe.
Geertz, Clifford. 1968. *Islam observed: Religious Development in Morocco and Indonesia.* New Haven/London: Yale University Press, [auf Deutsch 1988 unter dem Titel *Religiöse Entwicklungen im Islam. Beobachtet in Marokko und Indonesien* erschienen].
Wenngleich Geertz vor allem mit seinen theoretischen Werken berühmt wurde, sollten seine religionsethnologischen Monografien nicht ganz ignoriert werden, da sich hier einige seiner theoretischen Konzepte andeuten, allerdings auch einige der Schwachstellen. Im Unterschied zu vielen seiner Zeitgenossen beschrieb Geertz bereits in den 1960er Jahren die Vielfalt religiöser Erscheinungen, beispielsweise in seiner Monografie über Java.

Khan, Aisha. 2004. *Callaloo Nation: Metaphors of Race and Religious Identity among South Asians in Trinidad.* Durham/London: Duke University Press.
Auch dieses Buch ist keine übliche Religionsstudie, d. h. es bietet keine Einführung in den Hinduismus an. Dennoch ist es eine faszinierende Untersuchung, die die Verwobenheit von Religion, Kultur und Identität zeigt. Fallbeispiel sind Hindus in Trinidad. Das Buch bietet daneben auch einen guten Einblick in die angloamerikanische kulturtheoretische Debatte.

Kohl, Karl-Heinz. 1998. *Der Tod der Reisjungfrau: Mythen, Kulte und Allianzen in einer ostindonesischen Lokalkultur.* (Religionsethnologische Studien des Frobenius-Instituts Frankfurt am Main, 1) Stuttgart: Kohlhammer.
Es handelt sich bei dieser religionsethnologischen Monografie um eine klassische Mythenanalyse, welche die Vielfalt der individuellen Sichtweisen auf Mythen widerspiegelt. Gleichzeitig wird auch die Veränderung in Mytheninterpretationen deutlich, indem die Arbeit die Wandelbarkeit indigener Religionen illustriert.

Rodriguez Toulis, Nicole. 1997. *Believing Identity: Pentecostalism and the Mediation of Jamaican Ethnicity and Gender in England.* Oxford: Berg.
Ausgehend von der These, dass vor allem Frauen von der Pfingstbewegung angezogen werden, untersucht die Autorin die Beziehung zwischen Pfingstbewegung und Identitätskonstruktionen bei jamaikanischen Einwanderinnen in Birmingham. Es ist eine interessante und sehr detailliert beschreibende Studie, die die Pfingstbewegung als einflussreiches Forum für die Ausbildung von Identität darstellt.

Schlehe, Judith. 1998. *Die Meereskönigin des Südens, Ratu Kidul. Geisterpolitik im javanischen Alltag.* Berlin: Dietrich Reimer Verlag.
Diese Monografie bietet eine detaillierte Einführung in den Kult der indonesischen Meeresgöttin. Das Buch folgt zum einen den klassischen ethnologischen Traditionen einer Ethnografie und beschreibt Java anhand der üblichen Details. Daneben werden allerdings auch verschiedene Querverbindungen und Interpretation angeboten, die religionsethnologisch überaus spannend und wegweisend sind.

Turner, Victor W. 1996 (1957). *Schism and Continuity in an African Society. A Study of Ndembu Village Life.* (Classic Reprints in Anthropology) Oxford/Washington: Berg.
Turner, Victor W. 1968. *The Drums of Affliction: A Study of Religious Processes among the Ndembu of Zambia.* Oxford: Clarendon Press.
Turner, Victor W. 1982 (1970). *The Forest of Symbols: Aspects of Ndembu Ritual.* Ithaca: Cornell University Press.
Obgleich heute hauptsächlich seine ritualtheoretischen Werke gelesen werden, sind auch seine klassischen Monografien zu den Ndembu wichtige religionsethnologische Werke, die einen interessanten Einblick in die britische Religionsforschung bieten.

Geschichte der Religionsethnologie

Wie bereits in dem vorherigen Kapitel deutlich wurde, ist es wichtig zu wissen, wie unsere Paradigmen entwickelt wurden, wer das Fach geprägt und verändert hat. In diesem Kapitel werde ich aus diesem Grund einen Überblick über die Wissenschaftsgeschichte der Religionsethnologie geben und die Veränderungen des Faches erläutern. Ich habe mich für eine Unterteilung in historische Phasen entschieden, obwohl die Zuordnung bestimmter Autoren mitunter sehr schwierig war.[1] Bevor ich beginne, möchte ich noch eine Randbemerkung einfügen: In den ersten Abschnitten werden ausschließlich Männer vorgestellt. Erst in der zweiten Hälfte des 20. Jahrhunderts treten Frauen als Vertreterinnen einer neuen Religionsethnologie in Erscheinung. Ein bekanntes Beispiel ist Jane Harrison, deren Werke zur griechischen Religion (siehe z. B. *Prolegomena to the Study of Greek Religion,* 1903) wegweisend waren, leider aber nur geringen Einfluss auf die institutionelle Entwicklung der Religionsethnologie hatten. Frauen wurde die universitäre Erziehung lange untersagt, und sie wurden oft nur am Rand der Wissenschaften geduldet. Daher fehlen sie in den meisten wissenschaftshistorischen Überblicken, leider auch in meinem. Erst im zweiten Teil des Buches, in dem ich Themen der Religionsethnologie vorstelle, wird dieses Manko behoben. Die heutige ethnologische Forschung wird von Ethnologen und Ethnologinnen gleichermaßen bereichert.

Die Anfänge der Religionsethnologie

Wenngleich die Ethnologie stolz auf ältere Vorläufer aus der Philosophie, Geschichtswissenschaft, Theologie und Linguistik verweisen kann, beginnt mein Überblick Ende des 19. Jahrhunderts, d. h. mit der Zeit, in der die Ethnologie ihre universitären Weihen erhielt und ein Studienfach wurde. Bereits in dieser frühen Phase bildeten sich erste Differenzen zwischen einer kulturwissenschaftlichen und einer sozialwissenschaftlichen Ausrichtung heraus, die allerdings keineswegs nationale Schulen charakterisierten. Sowohl an angelsächsischen als auch an kontinental-europäischen Universitäten war die

Ausrichtung, in die sich die Ethnologie einmal entwickeln sollte, keineswegs vorbestimmt; vielmehr wurden sehr unterschiedliche Ansätze diskutiert, umworben und zurückgewiesen. Auch wenn wir heute die britische Schule als sozialanthropologisch kennzeichnen, kann der erste Lehrstuhlinhaber an einer britischen Universität, Edward Burnett Tylor, eher zur kulturanthropologischen Tradition gezählt werden. Ebenso gehörten einige einflussreiche deutsche Vertreter, wie beispielsweise Fritz Gräbner, zu Beginn der Ethnologie einer sozialanthropologischen Tradition an. Gerade in der ersten Phase war die Ethnologie ein überaus interdisziplinäres Arbeitsfeld, in der die unterschiedlichsten Ansätze aus den verschiedensten Disziplinen diskutiert wurden. Das lag vor allem an den unterschiedlichen Ausbildungen, mit denen die ersten hauptberuflichen Ethnologen an die Ethnologie herankamen. So waren Ansätze aus den Sprachwissenschaften, Geschichtswissenschaften und der Theologie vertreten bis hin zu Wirtschaftswissenschaften und Rechtswissenschaften. Diese Vielfalt bereicherte auch die Erforschung der Religion innerhalb der Ethnologie. Die ersten Ethnologen an den europäischen Universitäten hatten alle etwas gemeinsam. Sie kämpften mit unterschiedlichen Ansätzen um die Anerkennung des neuen Faches als Wissenschaft. Dabei wurde Wissenschaft in der Tradition der Aufklärung verstanden. Es ging um Vernunft, Regelwerke und objektiv-distanzierte Methoden. Meistens galten die Naturwissenschaften als Paradebeispiel, dem sich die Ethnologie annähern sollte.[2] Obwohl einige Ethnologen eher für eine historische Richtung plädierten, befürworteten auch sie eine sachliche Ausrichtung und sammelten mehr Materielles als Ideelles. Objekte wurden als vermessbar und daher vergleichbar angesehen, während Ideen schwer zu fassen waren, vor allem religiöse Ideen. Spekulation wurde zum Schimpfwort, denn Ethnologie sollte ja gerade aus dem „Bereich der Spekulation" (Evans-Pritchard) befreit und in den Bereich der logischen Wissenschaft überführt werden. Dass Bedarf an der Ethnologie bestand, war keine Frage, denn es war die Zeit einer veränderten Kolonialpolitik. Statt Eroberung stand nun Kontrolle und Inbesitznahme im Mittelpunkt, und folglich wurde korrektes Wissen über die fremden Kulturen wichtig. Reisende, Kolonialbeamte und Missionare begannen im 18. Jahrhundert mit wachsendem Erfolg, ihre Beobachtungen zu veröffentlichen. Nun benötigte man Spezialisten, um diese Informationen zu interpretieren. Gleichzeitig setzte sich der Darwinismus nicht nur in den Naturwissenschaften, sondern auch in den Humanwissenschaften als zentrale Ideologie durch. Nachdem europäische Intellektuelle lange davon überzeugt waren, dass es keine Verbindung zwischen den europäischen Kulturen und den nichteuropäischen gab, und dass letztere degeneriert waren und keinerlei Religion besaßen, wurden sie durch den Sozialevolutionismus plötzlich zu den Ahnen europäischer Kulturen erhoben.

Herbert Spencer (1820–1903) war einer der ersten, der die Idee der menschlichen Evolution, die Charles Darwin (1809–1882) in seinem Buch *The Descent of Man* (1871) verkündete, zu einer Theorie der sozialen Evolution (bzw. Sozialdarwinismus) ausbaute. In seinem mehrbändigen Werk *The Principles of Sociology* (1876–1896) vertrat Spencer die Idee einer einheitlichen, universellen Evolution aller Menschen, getragen von der Vorstellung, dass nur der Beste überlebt (survival of the fittest). Er schrieb, dass alle Dinge, beseelte und unbeseelte, sich von einfachen Formen hin zu komplexeren entwickelten, von homogen zu heterogen. Im Unterschied zu den meisten seiner Zeitgenossen sah Spencer alle Menschen mit Vernunft ausgestattet, lediglich ihre Technologien seien unterschiedlich gut entwickelt. Da somit alle Kulturen die gleiche Entwicklung durchlaufen, sei es auch möglich, den Ursprung der Religion zu ermitteln – nach Spencer war der Ahnenkult die erste religiöse Idee überhaupt, d. h. der Ursprung von Religion. Er sah den Beginn im Geisterglauben: Träume von Verstorbenen suggerieren zwar eine Seele, die unabhängig vom Körper nach dessen Tod existiert, dennoch entwickelte sich der Glaube an übernatürliche Wesen erst auf der Basis der weltweit verbreiteten Vorstellung eines Geistes. Aus der Vorstellung von Geistern entstand dann die Vorstellung von Göttern, d. h. die Geister wichtiger Ahnen werden zu Gottheiten.

Edward Burnett Tylor (1832–1917), der sich dem Sozialevolutionismus begeistert anschloss, widersprach der Idee vom Ahnenkult als Ursprung der Religion. Stattdessen sah er die Vorstellung von Seelen, den Animismus als Ursprung von Religion an. Analog zu Darwins Entwicklungsstadien entwickelte Tylor ein Schema von der Evolution der Religion, in der dem Animismus der Polytheismus und diesem der Monotheismus folgte. Tylor gilt als einer der wichtigsten Gründerväter der Ethnologie, wobei vor allem auf seine grundlegenden Werke, *Researches into the Early History of Mankind and the Development of Civilization* (1865) und *Primitive Culture* (1871, in zwei Bänden, auf Deutsch 1873), verwiesen wird. 1884 erhielt er dafür den ersten Lehrstuhl für Ethnologie an einer britischen Universität (in Oxford). Tylor hat selbst keinerlei universitäre Ausbildung genossen, da er als Quäker von jeglicher Universität ausgeschlossen war (Bowie 2006: 13). Aus gesundheitlichen Gründen reiste er nach Mexiko und in die USA und kam, wie Bowie schreibt, fasziniert vom Leben der indigenen Bevölkerung zurück. Daraufhin begann er, seine Beobachtungen und die anderer Reisender zu systematisieren und seine Theorien zu entwickeln. Angeregt durch seine Arbeiten stieg die Zahl ethnologischer Studien vor allem im britischen Kolonialreich, aber auch in anderen Regionen, in die europäische Kolonialmächte vordrangen. Wie Spencer vertrat Tylor die Theorie einer einheitlichen progressiven Entwicklung menschlicher Kulturen. Die heutigen „Hochkulturen“ entsprangen nach seiner Ansicht einem Stadium, das den heutigen Kulturen entspricht, die in einem unteren Stadium der Entwicklung verblieben seien (von Tylor mit dem heute nicht mehr verwendeten Begriff „primitive Kulturen“ bezeichnet). Folglich sei es möglich, den Ursprung der europäischen Hochkultur anhand der unentwickelten, niedrigen Kulturen außerhalb Europas zu studieren. Er widersprach rigoros den Degeneristen und wollte, wie Benson Saler betont, deren diskriminierende Ansicht durch eine evolutionäre, progressive Perspektive auf die Entwicklung menschlicher Religiosität ersetzen (Saler 1997: 1). Sein Ziel war daher nicht, wie Tylor selbst schreibt, Religion in allen Einzelheiten zu beschreiben, sondern er wollte die große Lehre des Animismus, die er in den frühsten Stadien der menschlichen Entwicklung fand, aufzeigen und dabei nachweisen, wie sich der Animismus in den religiösen Ideen weiterentwickelte (Tylor 1871, Vol. 2: 445). Er konzentrierte sich dazu auf den Animismus und dessen Survivals in anderen, weiter entwickelten Kulturen. Der Animismus war für Tylor die erste große Theorie der menschlichen Geschichte, die so einflussreich und mächtig war, dass Teile des Animismus (als *survivals*) weiterbestünden, sogar innerhalb des Christentums. Wenngleich seine Idee einer psychischen Einheit der Menschheit heute allgemein abgelehnt wird, und seine Methodik sehr zweifelhaft ist (siehe Evans-Pritchards Vorwurf eines Ammenmärchens, 1981: 59), hat sein intellektualistischer Blick auf Religion als eine Methode, mit der Menschen ihre Welt mit einem Sinn versehen, die Religionsethnologie bereichert. Er vertrat die Meinung, dass Religionen, welche die Jäger und Sammler aufgrund ihrer Beobachtungen entwickelten, unzureichend bzw. sogar falsch seien, sie aber dennoch auf rationalen Überlegungen beruhten.

Von Anfang an waren die Religionsethnologen von den australischen Religionen fasziniert. Die damaligen Forscher suchten nach der einfachsten Form von Religion, um so etwas über den Ursprung aller Religionen, auch der europäischen, zu entdecken. In den ersten Jahrzehnten der Religionsethnologie galten die Religionen der australischen Aborigines als kulturelle Erscheinungen, die auf einer frühen Stufe der menschlichen Entwicklung verblieben waren. Max Charlesworth vermerkt, dass die australischen Aborigines in der Auffassung der frühen Ethnologen zu paradigmatischen „Primitiven“ wurden, die in einer vor-religiösen Stufe der Magie statisch fixiert seien (1997: 58). Neben Tylor war James George Frazer (1854–1941) der einflussreichste Vertreter dieser Debatte. Er schrieb beispielsweise in seinem berühmten mehrbändigen Werk *The Golden Bough* (1890) über die Aborigines in Australien, dass sie die krudesten Wilden seien, über die wir „akkurate Informationen“ hätten. Sie würden Magie praktizieren, denn Religion sei ihnen noch unbekannt.

Religion verbindet Frazer in diesem Zusammenhang mit der Vorstellung von höheren Mächten. Frazer war ein in Cambridge ausgebildeter Klassizist mit einer Vorliebe für die Ansammlung von Informationen über andere Kulturen, wie Bowie ihn beschreibt (2006: 13). Wie andere seiner Zeitgenossen auch durchforstete Frazer die stetig zunehmende ethnologische Literatur nach Beispielen, um seine Theorien zu illustrieren. Wie Evans-Pritchard schreibt, waren die Ethnologen dieser Zeit, obwohl sie auf Empirie beim Studium sozialer Institutionen bestanden, doch „nicht weniger dialektisch, spekulativ und dogmatisch als die Moralphilosophen des 18. Jahrhunderts" (1981: 11). Der einzige methodische Unterschied war, dass sie ihre theoretischen Konstruktionen, wie beispielsweise die progressive Entwicklung von Religion in Stufen, mit Faktenmaterial zu belegen versuchten. Dafür sichteten sie eine schier unglaubliche Menge an Literatur, trugen so einen „großen Schatz an ethnologischen Details" zusammen und systematisierten die Informationen. *The Golden Bough* ist solch ein „Lagerhaus" der Informationen (Evans-Pritchard), die Frazer aus klassischen Texten, vor allem griechischen Dramen, und den Schriften von Missionaren, Reisenden und den ersten Ethnologen zusammentrug. Sein Ziel war die Konstruktion einer universellen Theorie über Magie, Religion und Gesellschaft. Er glaubte fest daran, dass Magie der Vorläufer von Religion sei. Als Menschen erkannten, dass Magie falsch und lediglich eine Illusion sei, schauten sie sich nach anderen Formen der psychologischen Unterstützung um und entdeckten die Religion. Als sie allerdings erkannten, dass die spirituellen Wesen auch nur Schwindel waren und Religion nicht half, wandten sie sich an die Wissenschaft. Frazer stellte Magie und Wissenschaft in Opposition zur Religion, denn beide basierten auf dem Glauben, dass es möglich sei, die Naturgesetze zu manipulieren, Religion hingegen auf dem Glauben an Geister gründe. Wissenschaftler und Magier führten ihre Zeremonien daher mit Selbstvertrauen und Zuversicht durch, so Bowie, während der Priester den Göttern seine Gaben in Furcht und Angst anbot (Bowie 2006: 14). Frazer vergleicht hier Techniken aus verschiedenen kulturellen Kontexten (Magie bei so genannten Naturvölkern und Wissenschaft in Europa) und übersieht dabei, wie später u. a. sein Schüler Bronislaw Malinowski kritisierte, dass beide Techniken zusammen mit Religion in der gleichen Kultur zu finden sind. *The Golden Bough* hat weniger theoretischen Einfluss als Tylors Veröffentlichungen, und seine „schmetterlingssammelnde Methode" (ebenfalls ein Wortbild von Evans-Pritchard), mit der er Informationen aus ihrem kulturellen Kontext heraus verglich, erlaubte Frazer praktisch alles zu belegen, was er wollte. Heute ist sein Drei-Stufen-Modell überholt und wird von keinem Wissenschaftler mehr vertreten. Dennoch ist nicht alles wertlos, wie sogar Evans-Pritchard schreibt (1981: 63), beispielsweise die

Kategorisierung der Magie in homöopathische (nachahmende) und ansteckende Magie.[3]

Interessant ist bei Frazer auch seine Wirkung auf die Forschung seiner Zeit, vor allem sein Einfluss auf die Erforschung der australischen Religionen. Charlesworth beschreibt, wie die Beobachter australischer Zeremonien pflichtbewusst nur das sahen, was Frazer ihnen auftrug (1997: 58). Charlesworth hebt dabei besonders Baldwin Spencer hervor, einen der ersten Ethnologen, die über australische Aborigines-Kulturen arbeiteten. Baldwin Spencer ist auch für die Entwicklung der deutschen Religionsethnologie interessant, da er den damaligen deutschen Forschern in Australien vor allem Carl Friedrich Theodor Strehlow, völlig widersprach und sogar soweit ging, deren wissenschaftlichen Ruf zu zerstören. Der Streit zwischen Strehlow und Spencer illustriert die beginnende Debatte zwischen Sozialanthropologie und Kulturanthropologie, wie etwa Walter Veit schreibt (Veit 2004: 92).

Baldwin Spencer (1860–1929) studierte Biologie in Manchester, bevor er nach Oxford wechselte und dort unter Tylors Führung ein radikaler Anhänger des Evolutionismus wurde. 1887 wurde er Professor für Biologie in Melbourne, Australien, und übernahm nach einiger Zeit außerdem die Leitung des National Museum of Victoria, wo er sich – geprägt durch seine Erfahrung mit dem Pitt Rivers Museum in Oxford – vor allem um die ethnografische Sammlung kümmerte (1901 veröffentlichte er einen Führer durch diese Sammlung). In diesen ersten Jahren in Australien begann er, sich immer stärker für Zentral- und Nordaustralien zu begeistern und nahm 1894 zum ersten Mal an einer Expedition nach Zentralaustralien teil (als Zoologe), bei der er Francis James Gillen kennenlernte. Aus dieser Kooperation entstanden in den nächsten Jahren zahlreiche Publikationen über die Kulturen Zentralaustraliens, die in Europa wiederum Theoretiker wie beispielsweise Durkheim beeinflussten. Gillen war Telegrafist und arbeitete überwiegend im Postamt von Alice Springs, in der Mitte des australischen Kontinents. Im Unterschied zu Spencer lernte er einige der Aborigines-Sprachen, obwohl heute der hohe Grad seines Eintauchens in die Kulturen (und der seiner Sprachkompetenz, vor allem angesichts der schwer zu verstehenden religiösen Konzepte) angezweifelt wird (siehe dazu Veit 2004: 97). Vor allem Spencer, aber auch Gillen wurden von Frazer stark gefördert, während Andrew Lang, ein anderer Ethnologe dieser Zeit und ein Schüler Tylors in Oxford, ihre Arbeit kritisierte und sich dagegen auf Strehlow stützte.

Strehlow (1871–1922) kam aus einer lutherischen Tradition und erhielt keine universitäre Ausbildung (vermutlich aus religiösen Gründen auf Drängen des Vaters), sondern ließ sich im Lutherischen Missionsseminar in Neundettelsau (bei Nürnberg) zum Missionar ausbilden. 1892 wurde er Missionar bei der

Hermannsburger Mission, die eine gewaltige Fläche in Zentralaustralien versorgte. Strehlows erster Posten war die Missionsstation in Bethesda / Killalpanninna im Süden des Lake Eyre, wo er die Sprache der Dieri lernte (zwecks Übersetzung des Neuen Testaments). 1894 wurde Strehlow an die Station in Hermannsburg versetzt, wo er bis auf wenige Unterbrechungen bis zu seinem Tod lebte. Neben seiner pastoralen Tätigkeit studierte Strehlow sein Leben lang die Aborigines-Kulturen und veröffentlichte u. a. ein siebenbändiges Werk über die Aborigines-Gruppen in Zentralaustralien, vor allem über die Arrente (in der Literatur auch Aranda bzw. Arunta genannt).[4] Gleichzeitig wurde er zu einem Verfechter der Rechte der Aborigines und kämpfte gegen deren zunehmende Verdrängung von ihrem Land.

Trotz der unterschiedlichen Biografien scheint es bis heute seltsam, warum sich diese beiden Männer, die während der gleichen Zeit über Zentralaustralien arbeiteten, nie persönlich getroffen haben und warum sie sich wissenschaftlich so stark widersprachen und bekämpften. Zum einen hatte der Streit mit der bereits erwähnten Abneigung Tylors gegen Missionare zu tun, denen er jegliche empirische Forschungsmethode absprach. Spencer teilte vermutlich diese Einstellung. Zum anderen hat es zwischen ihnen allerdings neben der disziplinären Differenz einen grundsätzlichen Streit über Religion gegeben, der weit über die unterschiedlichen Disziplinen hinausging. Spencer übernahm von Frazer die These, dass Magie eine Vorphase von Religion sei. Frazers eigener Mentor, der Semitist William Robertson Smith (1846–1894), hatte vorausgesehen, dass irgendwo auf der Welt magische Riten noch praktiziert werden würden. Frazer proklamierte diese daraufhin als die unterste Stufe seines religiösen Entwicklungsmodells. Als er nach der Veröffentlichung von *The Golden Bough* Baldwin Spencer kennenlernte und von seinen Studien in Australien erfuhr, war für Frazer eindeutig, dass es in Australien lediglich Magie, aber keine Religion geben könne. Unter Frazers Einfluss – Charlesworth beschreibt es sogar regelrecht als „Bann" – sah der eigentlich so akkurate Beobachter Spencer, was er sehen sollte, und übersah gleichzeitig, was vor seinen Augen passierte (Charlesworth 1997: 58). So kategorisierte Spencer Zeremonien, die er in Alice Springs beobachtete als elementare sakramentale Feste und verbreitete die These, dass die Aborigines-Gesellschaft auf die unterste Stufe des Frazer'schen Drei-Stufen-Modells gehörte, da ihre totemistischen Zeremonien zu den magischen Riten zählten. Begriffe wie „Religion" und „religiös" wurden seitdem von Spencer nicht mehr verwendet, sondern nur noch Magie und Totem. Aborigines hätten keinerlei Religion. Strehlow dagegen war völlig anderer Ansicht. Er beschrieb die Aborigines generell als überaus religiös und vertrat die Ansicht, dass der Arrente-Begriff *Altjira* einen Gottvater, d. h. einen Schöpfergott, bezeichnet. Unterstützt von Andrew Lang (siehe z. B. sein Buch *The Making of Religion*, 1898) widersprach Strehlow der Ansicht, dass die Gottesvorstellung erst als eine späte Entwicklung aus vorherigen Seelen- und Geistervorstellungen heraus gebildet würde, da schließlich auch die Arrente eine Vorstellung von Gott hätten. Eine solche Behauptung passte nicht in ein evolutionistisches Entwicklungsmodell, nach dem sich alle Kulturen von einfach zu heterogen entwickeln, bzw. im Fall der Religion von Animismus (bzw. Magie bei Frazer) über Polytheismus zum Monotheismus. Der Glaube an einen Schöpfergott konnte folglich erst in höheren Stadien auftreten, keinesfalls in der frühen Entwicklungsstufe, in die die australischen Aborigines eingeordnet wurden. Es war deshalb für Spencer eindeutig, dass Strehlow als Missionar entweder den Monotheismus hineininterpretiert oder aber falsche Angaben ermittelt hatte. Spencer warf Strehlow vor, lediglich mit bereits seit langem missionierten und daher von ihrer Kultur distanzierten Aborigines gearbeitet zu haben, während er und Gillen sogar in die Kultur initiiert gewesen wären und sie vorurteilslos untersucht hätten (Veit 2004: 102-103, 106). Trotz ihrer spärlichen Sprachkenntnisse und der kurzen Besuche bei Aborigines disqualifizierten sie Strehlows Kenntnisse über die Arrente und anderer Gruppen, bei denen er fast 30 Jahre seines Lebens verbrachte und deren Sprache er so gut sprach, dass er ein Gebetbuch darin schrieb. Heutzutage wissen wir, dass Strehlow mit seiner Interpretation zu weit ging und dass es sich bei dem Schöpfergott in der Tat um eine europäische Vorgabe handelt. Dennoch scheint Spencers Abneigung gegen Strehlow irrational.

Wenn wir die zweifelhafte Frage nach einem Schöpfergott ausklammern, so zeigt sich ein weiterer Unterschied zwischen Spencer und Strehlow in ihrem Umgang mit Aborigines. Spencer, der davon ausging, dass die Aborigines aussterben würden oder sich der höherstehenden Kultur anpassen müssten, verwendete häufig Begriffe wie „Steinzeitkultur“ und „Primitive“. Auch wenn wir die Verwendung solcher Bezeichnungen nicht von unserem heutigen Standpunkt aus kritisieren dürfen, sondern sie in ihrem historischen Kontext evaluieren sollten, ist es auffallend, dass Strehlow diese Begriffe nicht benutzte (allerdings bezeichnete er die Menschen in der Regel als „Schwarze“ oder „Eingeborene“). Er scheint, wie Veit schreibt, die Kulturen der Dieri, Aranda und Loritja als fremd akzeptiert zu haben. Wenngleich er vermutlich selten an religiösen Zeremonien teilnahm, so respektierte er doch die anderen Religionen. Veit verwies beispielsweise darauf, dass Strehlow im Unterschied zu Spencer und Gillen nie das Sakrileg beging, *Tjurungas*[5] zu stehlen (Veit 2004: 107). Spencer und Gillen repräsentierten mit ihrer sozialevolutionären Ausrichtung die Interessen der europäischen Siedler, welche die Aborigines von ihrem Land vertrieben, während Strehlow seine Schützlinge verteidigen und bewahren wollte.[6] Beide Positionen entsprechen mit ihren gefärbten

Darstellungen nicht mehr den Anforderungen an die Wissenschaft und an die Ethnologie von heute. Sie verfolgten mit ihren Schriften eigene Ziele und verließen dadurch den Pfad der wissenschaftlichen Objektivität. Dennoch ist bemerkenswert, auf welche Weise beide Männer ihr gesamtes Leben dem Studium der Aborigines widmeten. Ihre Arbeiten lieferten trotz oder gerade wegen ihres Gegensatzes den theoretisch arbeitenden Wissenschaftlern in Europa das Material für die Entwicklung der religionsethnologischen Paradigmen, die lange dominierend sein sollten. Leider wurden aufgrund ihrer Forschungen die australischen Aborigines jahrzehntelang als „archaisch" beschrieben. Trotz Strehlow wurde lange Zeit bestritten, dass sie eine Religion ausgebildet hätten; lediglich eine vorreligiöse Form sowie eine vorwissenschaftliche Form des Bewusstseins wurden ihnen zugebilligt (Charlesworth 1997: 59).[7] Dennoch sollten wir nicht nur Spencer und Strehlow die Schuld an dieser Verzerrung geben. Auch sollten wir ihre Theorien nicht von unserem heutigen Wissensstand aus verurteilen, sondern die Zeit und die Erziehung der Wissenschaftler berücksichtigen. Die Mehrheit der europäischen Bevölkerung war nach den Regeln einer sehr traditionellen christlichen oder jüdischen Religion erzogen worden. Tylor war Quäker, Frazer Presbyterianer, Malinowski katholisch, Durkheim und Freud jüdisch. Aber interessanterweise widersetzten sich die Gründerväter der Religionsethnologie ihrer Erziehung und waren während der Abfassung ihrer berühmten Werke Atheisten oder Agnostiker, die alle Religionen als Illusionen ablehnten (Evans-Pritchard 1981: 47–48).[8] Obwohl sie ihnen somit feindlich gegenüberstanden, lieferten die europäischen (monotheistischen) Religionen dennoch das Vokabular und die Modelle, mit denen die fremden Religionen studiert und begutachtet wurden. Diese Denkweise führte zu zahlreichen Missverständnissen und Fehlbeurteilungen, mit denen die Religionsethnologie lange zu kämpfen hatte.

Der Beginn der theoretischen und der empirischen Religionsethnologie

Während die erste Phase der Religionsethnologie stark vom Sozialevolutionismus geprägt war und es nur wenige Gegenstimmen gab, entwickelten sich Anfang des 20. Jahrhunderts zahlreiche Modelle, die dem evolutionistischen Fortschrittsglauben widersprachen. Aber auch sie suchten weiterhin nach dem Ursprung von Religion und konstruierten zahlreiche Theorien. Wilhelm Schmidt, Vertreter der Kulturkreislehre, entwickelte beispielsweise in seinem zwölfbändigen Werk *Der Ursprung der Gottesidee* (1926–1949) die Vorstellung des Urmonotheismus, nach der „frühe" Kulturen an einen Schöpfergott glaubten, dieser Glaube dann aber zerbrach und sich erst später über den „Umweg“ des Polytheismus wieder entwickelte. Ähnlich wie seine Kollegen zu Beginn der Religionsethnologie versuchte er, seine These mit „empirischen Belegen“ aus gegenwärtigen Kulturen zu untermauern. Es hat sich später aber gezeigt, dass seine Kategorisierung eines Hochgottglaubens überaus fragwürdig war. Heute wird seiner Theorie nicht mehr gefolgt, obgleich sie zu seiner Zeit einen wichtigen Impuls in die Religionsethnologie brachte, denn sie versetzte dem entwicklungsschematischen Reihen einen Todesstoß (Münzel 2000). Die Stufenfolge von Animismus – Polytheismus – Monotheismus spiegelte lediglich eine europäische Gedankenkonstruktion wider, keinesfalls die empirisch belegbare Realität.

Einen Wendepunkt in der Entwicklung der Religionsethnologie leitete der französische Ethnosoziologe Émile Durkheim (1858–1917) ein. Er übte nicht nur einen heilsamen Einfluss auf die britische Ethnologie aus (Evans-Pritchard), die bis dahin hauptsächlich auf die Ansammlung und Sichtung von Details ausgerichtet war, ohne diese theoretisch zu hinterfragen (Evans-Pritchard 1981: 14), sondern veränderte die Religionsethnologie allgemein. Religion wurde zunehmend als menschliches Konstrukt angesehen, dessen Ursprung entweder im Individuum oder in der Gesellschaft lag, auch wenn die Gläubigen sich dieses Ursprungs nicht bewusst seien. Religion war eine Projektion einiger Attribute der menschlichen Natur, die – einmal vergegenwärtigt – eine autonome Existenz gegenüber ihren menschlichen Schöpfern einnahm (Thrower 1999: 126). Religion wurde demnach als kodifiziertes System betrachtet, mittels dessen Menschen über sich selbst sprachen, über ihre Hoffnungen und Ängste (ebd.). Die Aufmerksamkeit der Religionsethnologen begann, sich von der Untersuchung der Religionen als Quelle der frühen Stufen der menschlichen Entwicklung hin zur sozialen Funktion von Religion für Individuen und Gesellschaften zu bewegen. Durkheim war der Hauptvertreter der funktionalistischen Schule, wenn auch nicht der einzige. Durkheim widersprach biologistischen und psychologischen Interpretationen sozialer Phänomene. Religion war für ihn eine soziale Tatsache mit bestimmten sozialen Kennzeichen und Determinanten. Durkheim sah Religion aus diesem Grund nicht als Mittel zur Erklärung der Welt, sondern als Mittel, symbolische Aussagen über die Gesellschaft zu machen. Er richtete seine Aufmerksamkeit auf Gruppen und nicht auf Individuen. So studierte er beispielsweise den Zusammenhalt von Religionsgemeinschaften bzw. dessen Mangel, aber nicht die Ansichten von einzelnen Gläubigen. Sein Hauptziel war die Erforschung der Funktionen von Religion für die Gesellschaft. Rituale etwa schaffen kollektive Identität, weil sie die Mitglieder einer Religionsgemeinschaft vereinen. In der Religion sah Durkheim eine Projektion der sozialen Werte einer Gesellschaft. Er verstand Religion als real, da die Auswirkungen real seien, auch wenn der soziale Ursprung verborgen und die religiösen Erklärungen und Glaubensvorstellungen falsch seien (Bowie 2006: 15). In *Les Formes élémentaires de la vie religieuse* (1912, auf Deutsch unter dem Titel *Die elementaren Formen des religiösen Lebens* veröffentlicht) ging es Durkheim um die Basiskomponente, die in allen Religionen anzutreffen sei. Er übernahm das Adjektiv élémentaire aus der Chemie, wo es ein chemisches Element beschreibt. Da er wie alle seine Zeitgenossen der Ansicht war, dass eine einfache Sozialstruktur auch eine einfache Religion bedinge, folgte Durkheim Tylor und kategorisierte ebenfalls die Glaubensvorstellungen der australischen Aborigines, die er als Totemismus bezeichnete, als diese elementarste Form von Religion („die primitivste und einfachste Religion [...], die wir kennen", 1994: 138). So wie Sauerstoff ein Element von Wasser ist, sah Durkheim Totemismus als Element von Religion. Damit setzte er sich von den Evolutionisten ab, denn er vertrat nicht deren Ansicht, dass Totemismus eine Urform der Religion sei, auf deren Basis sich die anderen Religionen entwickelt hätten. Vielmehr sah er im Totemismus einen Bestandteil aller heutigen Religionen. Mit Durkheim und Sigmund Freud wurden die australischen Aborigines trotz der außergewöhnlichen Komplexität ihrer Sozialorganisation und Sprache zum Symbol der Einfachheit. Durkheim widersprach allerdings Tylors Animismus-Theorie und definierte Religion als „ein solidarisches System von Überzeugungen und Praktiken, die sich auf heilige, d. h. abgesonderte und verbotene Dinge, Überzeugungen und Praktiken beziehen, die in einer und derselben moralischen Gemeinschaft, die man Kirche nennt, alle vereinigen, die ihr angehören" (Durkheim 1994: 75). Nach dieser Definition kann Totemismus als Religion kategorisiert werden (siehe Evans-Pritchard 1981: 96), wenngleich heutzutage davon allerdings nicht mehr ausgegangen wird. So erklärte Lévi-Strauss 1962 (1965 auf Deutsch) das Ende des Totemismus, da Totemismus als einheitliches System gar nicht existiere. Fragwürdig ist außerdem, wie ein Begriff aus einer nordamerikanischen Kultur zuerst extrahiert, dann generalisiert und schließlich auf andere Kulturen, weit entfernt von der ursprünglichen Kultur, übertragen werden konnte. Charlesworth beschreibt den Totemismus als eine der außergewöhnlichsten Erfindungen des späten 19. und beginnenden 20. Jahrhunderts (1997: 61).

Sigmund Freud (1856–1939) schrieb ebenfalls über Totemismus und trug zusammen mit Durkheim zur „Hysterie" (Lévi-Strauss) um Totemismus bei. Obwohl er kein Ethnologe war, beeinflussten einige seiner Ideen dennoch die Ethnologie. Freud war jedoch nicht der einzige, der sich mit der menschlichen Psyche beschäftigte. So vertrat beispielsweise Wilhelm Wundt einen völkerpsychologischen Ansatz (siehe *Probleme der Völkerpsychologie*, 1912). Verwoben in einem evolutionistischen Ansatz vertrat Wundt die Ansicht, dass mythisches Denken in emotionalen Prozessen wie z. B. Furcht entstand. Wundt begann sein Stufenschema mit dem Glauben an Magie und Dämonen. Religion stand auf der nächsten Stufe zusammen mit dem Totemismus. Anschließend folgten Ahnenkult, Heldenverehrung und Götterkult sowie am Ende das humanistische Zeitalter mit dem religiösen Universalismus. Freud ging einen anderen Weg. Seine Theorie basierte auf der Überzeugung, dass das Bewusstsein seiner neurotischen Patienten psychologisch dem der „Wilden" entsprach, d. h. magische Riten würden den Zwangshandlungen der Neurotiker entsprechen (siehe z. B. *Totem und Tabu*, 1913). Freud begründete diese Entsprechung mit der Entwicklung der Individuen. Ein Individuum durchläuft nach Freud drei libidöse Phasen: Narzissmus, Objektfindung (charakterisiert durch die Abhängigkeit von den Eltern) und Reifezustand. Diese drei Phasen entsprechen der intellektuellen Entwicklung der Menschheit: Animismus (entspricht Magie), Religion und Wissenschaft. In der narzisstischen Phase kompensiert ein Kind die Tatsache, dass es vieles nicht kann, indem es mangelnde Aktion durch Denken ersetzt, genau wie ein Magier oder ein Neurotiker. In der zweiten Phase, der Objektfindung, entsteht die Abhängigkeit von den Eltern bzw., in Entsprechung zur Religion, von den Göttern. Das Vertrauen und die Abhängigkeit bezogen auf den Vater werden idealisiert und auf ein Gottesbild projiziert. Religion ist daher objektiv betrachtet eine Illusion. Aus der subjektiven Perspektive der Gläubigen, der adoleszenten Kinder, ist Religion allerdings real (siehe *Die Zukunft einer Illusion*, 1927). Wenngleich die Gleichsetzung der Psyche von „Wilden", Kindern und Neurotikern in der Ethnologie von Anfang an weitgehend abgelehnt wurde und sich Freuds Theorie durch empirische Forschungen nicht belegen ließ, hatte Freud dennoch Einfluss auf die Ethnologen, beispielsweise auf Malinowski.

Bronislaw Kaspar Malinowski (1884–1961) war neben Durkheim einer der wichtigsten Vertreter des Funktionalismus und entwickelte Durkheims Theorie der kollektiven Funktionen von Religion weiter. Vor allem brachte er einen verstärkten individualistischen Blick in den Funktionalismus ein. Beeinflusst von Freud warb Malinowski für einen emotionalistischen Zugang zur Religion. Für Malinowski brauchte jeder Mensch eine Form von Glauben. Wer keine Religion habe, glaube an die Ideen der Aufklärung. Malinowski ist vor allem für seinen methodischen Beitrag zur Ethnologie berühmt geworden. Viele markieren den Beginn der modernen Ethnologie mit dem Wechsel von der theoretisierenden Armsessel-Forschung hin zur intensiven Feldforschung, die u. a. von Malinowski vorangetrieben wurde. Seine theoretischen Beiträge gelten dagegen als eher mager. Dennoch möchte ich hier seine Arbeiten über Religion und Magie erwähnen, mit denen er sich von seinem Lehrer, James Frazer, absetzte. In seinen Monografien über die Trobriander (z. B. in *Argo-*

nauts of the Western Pacific, 1922, auf Deutsch 1979, und *Coral Gardens and Their Magic,* 1935, auf Deutsch 1981) beschreibt Malinowski ausführlich die verschiedenen Funktionen der magischen Riten sowie ihre Beziehung zu den Mythen. Er widersprach dem evolutionistischen Abfolgeschema von Frazer und schrieb, dass er nie ein Volk ohne Religion und Magie sowie nie ein Volk ohne eine Form von wissenschaftlicher Haltung getroffen habe (in *Magic, Science and Religion*, 1948). Ähnlich zu Durkheim trennte Malinowski zwischen dem Sakralen und dem Profanen in einer Gesellschaft. Magie und Religion gehören zum sakralen Teil, während Wissenschaft zum profanen zählt. Der Unterschied zwischen sakral und profan ist, dass sakrale Handlungen mit Ehrfurcht und Verehrung ausgeführt werden. Magie und Religion sind auch psychologisch gesehen gleich, da beide kathartische Funktionen erfüllen und in Situationen emotionaler Bedrohung funktionieren. Die Ausführung von religiösen Riten hilft den Menschen, Angst und Spannungen zu überwinden. Magie ist dagegen eher eine Ersatzhandlung aufgrund ungenügenden Wissens über empirische (d. h. wissenschaftliche) Mittel. Die Funktionen von Magie und Wissenschaft ähneln sich deshalb: beide sind Mittel, die Welt zu erklären und zu kontrollieren. Im Unterschied dazu ist die Funktion von Religion, wichtige Erlebnisse im Leben, die *rites de passage*, mit Bedeutung und Wert zu versehen. Auch wenn Religion nach Malinowski vor allem eine kollektive Funktion übernimmt, erkannte er dennoch – im Unterschied zu Durkheim –, dass Religion eine wichtige Rolle im Leben eines Individuums spielt. Thrower hebt angesichts dessen hervor, dass die Aufgabe der Religionsethnologie seit Malinowski in erster Linie darauf gerichtet sei, die Rolle von Religion im Leben der Menschen zu verstehen, anstatt weiterhin der Frage nachzugehen, wie einzelne Glaubensvorstellungen entstanden seien (1999: 116).[9]

Mit Malinowski begannen die religionsethnologischen Feldforschungen. Evans-Pritchard hebt beispielsweise R. H. Lowie und Paul Radin hervor, beide US-amerikanische Ethnologen, die in nordamerikanischen Kulturen arbeiteten und sich auf Glaubensvorstellungen konzentrierten. In Großbritannien ist vor allem Alfred Reginald Radcliffe-Brown (1881–1955) zu nennen, der u. a. für die Verbreitung von Durkheims Schriften in Großbritannien und Australien (er lehrte von 1920 bis 1931 in Sydney) verantwortlich war (Charlesworth 2005: 7). David Gellner bezeichnet seine Monografie *The Andaman Islanders* (1922) als erste religionsethnologische Arbeit auf der Basis einer Feldforschung (Gellner 1999). Radcliffe-Brown war ebenfalls ein Vertreter des Funktionalismus, allerdings in strukturalistisch-funktionalistischer Ausrichtung. Ähnlich wie Malinowski untersuchte Radcliffe-Brown die Funktionen, die religiöse Elemente in der Gemeinschaft erfüllen. Im Unterschied zu Malinowski schrieb er jedoch auch über die Gefühlswelt. In *Structure and Function in*

Primitive Society (1952) beispielsweise beschrieb er die Funktion von Riten als „the regulated symbolical expression of certain sentiments", Riten erfüllen folglich eine soziale Funktion in einer Gemeinschaft, „when, and to the extent that, they have as their effect to regulate, maintain, and transmit from one generation to another sentiments on which the constitution of society depends" (1952: 157).[10]

Während diese Richtung der Religionsethnologie, die vor allem die britische Sozialanthropologie prägte, Religion mit Vernunft erklären wollte, entstand fast zeitgleich eine Richtung, die einen anderen Weg einschritt, indem sie den irrationalen Aspekt von Religion betonte. Obwohl sie einige Zeit ignoriert bzw. bekämpft wurde, scheint sie durch die kognitive Richtung seit einiger Zeit wieder aus dem Dunklen hervorzukommen. Lucien Lévy-Bruhl (1857–1939), der dem französischen Surrealismus der 1920er und 1930er Jahre nahestand, argumentierte in seinem Hauptwerk *Les fonctions mentale dans les sociétés inférieures* (1910, auf Deutsch 1921), dass es zwei Formen des Denkens gäbe, eine rationale, die in scheinbar entwickelten Gesellschaften vorherrsche, und eine prälogische, mystische in scheinbar einfachen Gesellschaften. Es sei allerdings möglich, die logischen Gegensätze zu überwinden, unter anderem mittels der Partizipation, der Teilhabe, ohne die jegliche Kreativität verkümmert. Kreativität entsteht folglich außerhalb der Vernunft. Lévy-Bruhl wollte mit seiner Theorie über die „primitive Mentalität" keineswegs die Vorstellungen der anderen Kulturen diskreditieren, sondern er wehrte sich gegen die Versuche seiner Zeitgenossen, Vorstellungen und Handlungen anderer Völker anhand eigener Denkprozesse zu erklären. Bereits die Frage, was jemand etwa anstelle der Aborigines tun würde, sei ebenso sinnlos wie der Aufbau ganzer auf dieser Annahme beruhender Theorienkomplexe, denn die Mentalität eines Individuums gehe, wie Evans-Pritchard Lévy-Bruhl zusammenfasst, aus den Kollektivvorstellungen seiner Gesellschaft hervor (1981: 122). Sobald sich die Gesellschaft und ihre sozialen Strukturen verändern, verändern sich auch die Vorstellungen des Individuums. Lévy-Bruhl war ein Theoretiker, der sich auf die ihm damals zur Verfügung stehende Literatur stützte. Demzufolge sind zahlreiche Missverständnisse und Fehlinterpretationen in seinen Ausführungen enthalten, die oft mit fehlender Sprachkompetenz der Beobachter zu erklären sind. Er hat auch keineswegs versucht, seine Theorie empirisch zu belegen, im Gegenteil, seine krasse Gegenüberstellung der beiden Mentalitätsformen basierte ja gerade auf einer konstruierten Polarisation. Dennoch weist Lévy-Bruhl die aufmerksamen Leser seiner Schriften, die sich nicht durch die ungewohnte und mitunter altertümliche Wortwahl ablenken lassen, darauf hin, dass Religion nicht rational erklärbar ist, und dass ein Verständnis der anderen Denkform dennoch möglich sein kann. Lévy-Bruhl rückt mit seinen Aussagen in die Nähe des Theologen Rudolf Otto (1869–1937) und seiner Idee über *Das Heilige* (1917). Otto definierte die Erfahrung des Numinosen (der Heiligen) als *mysterium tremendum et fascinas*. Aus dem Gefühl des „schauervollen Geheimnisses" (mysterium tremendum, 1987: 13) entsteht das Sinnverwirrende, das „Sinnberückende, Hinreißende, seltsam Entzückende, das oft genug zum Taumel und Rausch sich Steigernde, das Dionysische", das Fascinans (1987: 42). Die religiöse Erfahrung hat für Otto somit etwas Berauschendes, etwas Irrationales, das mit den Mitteln der Vernunft nicht erklärbar ist. Otto beschreibt in seinem Buch die Erfahrung eines Gläubigen, d. h. er liefert eine emische Erklärung von etwas, das die meisten Religionsethnologen bisher mit Vernunft und Logik erklären wollten.[11] Wenngleich wiederum viele Aspekte von Otto heute auf Ablehnung stoßen – vor allem seine evolutionistische Hierarchisierung religiöser Erfahrungen mit dem Christentum als der höchsten Stufe – bringt er doch eine interessante Wende in die Religionsethnologie, indem nun die Ergriffenheit der Menschen angesichts des Rituals in den Mittelpunkt der Forschung rückte. Leo Frobenius (1873–1938), Vertreter der Frankfurter Schule der Ethnologie, sah etwa im intensiven Spiel des Kindes den „Urquell aus heiligsten Grundwässern aller Kultur und aller großen Schöpfungskraft" (Frobenius 1993: 24). Der Mensch kann sich vom Wesen der Erscheinungen derart ergreifen lassen, dass diese in sein paideumatisches Bewusstsein eintreten und neue Gestalt gewinnen, wie Frobenius anhand des Spiels von Kindern erklärt. Denn „in diesem Spiel tritt die Fähigkeit zutage, sich seelisch und in voller ‚Wirklichkeit' einer zweiten Erscheinungswelt *hinzugeben, indem das Menschlein oder der Mensch sich von einer Erscheinung, die außerhalb seiner natürlichen Beziehungen und ihrer selbstverständlichen Ursachen liegt, ergreifen läßt*." (Frobenius 1993: 24, Hervorhebung von L. F.). In diesem Stadium der „Ergriffenheit" offenbaren sich die kulturellen Rollen der Einzelnen oder der Gemeinschaft. Für Adolf Ellegard Jensen (1899–1965) ist die Ergriffenheit die „Triebkraft zum Aufbruch jedes Kulturkreises" (Münzel). Zentraler Aspekt seiner religionsethnologischen Studien ist das Verhältnis der Menschen zur Natur. In der Einleitung zu *Mythos und Kultur bei Naturvölkern* (1951) kritisiert Jensen an früheren Schriften, dass diese durch ein Zerrbild von der Natur des frühen Menschen beeinflusst waren (Jensen 1992: 20). Während Ethnologen auf Gebieten wie Technik und Wirtschaft eingesehen hätten, dass die vermeintlich fehlende Komplexität bei frühen Kulturen fehlerhaft dargestellt war, überdauerte die Missachtung der Leistungen auf den Gebieten der Kunst und Religion. Nach Jensen ist es am „bedauerlichsten und folgenschwersten", dass sogar die Feldforschung bei gegenwärtigen Völkern fremder Erdteile „noch immer weitgehend von dieser

Theorie ausgeht. Dadurch wird das eigentliche Grundmaterial, auf dem alle ethnologische Arbeit beruht, von vornherein entstellt oder gar verfälscht, zumindest aber nicht rein phänomenologisch dargeboten“ (Jensen 1992: 20). In *Mythos und Kultur bei Naturvölkern* setzt sich Jensen mit der zu seiner Zeit vorherrschenden religionsethnologischen Theorie auseinander und kritisiert deren Umgang mit den Religionen fremder Völker, die er als im Zustand der Erstarrung befindlich charakterisiert. Wichtig sei daher, den ursprünglichen schöpferischen Akt, der zu der Erscheinung geführt habe, zu ermitteln und den ursprünglichen Sinn zu begreifen (1992: 24). Religiöse Praktiken treten uns im Anwendungsstadium entgegen; Religionsethnologen müssen nun den ursprünglichen Sinn erforschen, auch wenn die Verfahren schwierig und mitunter missverständlich sein können (1992: 25). Zur Illustration führte Jensen das Konzept der Dema-Gottheiten in die Religionsethnologie ein, das für einige Kollegen eines der wichtigsten Beiträge der deutschen Religionsethnologie ist. Basierend auf Mythen aus Südamerika, Afrika, Indonesien und Ozeanien entwickelte Jensen eine Theorie der Dema-Gottheiten, die sich vom Hochgottglauben, den beispielsweise Andrew Lang vertrat, unterschied. Dema ist ein Begriff der Marind-Anim Sprache (gesprochen in Neuguinea) und wird für Urzeitwesen verwendet. Dema bezeichnet die Gesamtheit der Urzeitwesen sowie die göttlich-schöpferischen Gestalten unter ihnen (Jensen 1992: 135). Dema werden sehr unterschiedlich beschrieben, mal in Menschengestalt, mal als Tier- oder Pflanzenwesen. Die Dema-Gottheiten unter ihnen kreieren „das Seiende und die Seinsordnung“ und beenden so die Urzeit. Der schöpferische Prozess ist allerdings nach Jensen sehr verschieden von unseren Vorstellungen von Schöpfung. Es wird nicht etwas erschaffen und dann beseelt, vielmehr wird die Schöpfung hervorgerufen durch den entscheidenden Vorgang der Tötung der Dema-Gottheiten (Jensen 1992: 136). Die getöteten Dema-Gottheiten verwandeln sich dann in Nutzpflanzen, wie beispielsweise Maniok, Yams und Kartoffeln, und an die Stelle der Unsterblichkeit der Urzeit tritt das Nahrungsbedürfnis, die Fortpflanzung und Sterblichkeit, denn die getöteten Dema-Gottheiten verwandeln sich selbst in das Totenreich. Die Tötung der Dema-Gottheiten ist wichtig für die Schöpfung der Menschheit, für den Beginn der Welt. Jensen beschreibt die religiöse Haltung der Menschen als „sich des göttlichen Ursprungs dieser Ordnung bewusst“ sein und bleiben. Kultische Handlungen seien daher dramatische Aufführungen der Urzeitvorgänge (1992: 136). Jensen entdeckte in Mythen von zahlreichen landwirtschaftlichen Kulturen weltweit ähnliche Themen wie die Tötung der Dema-Gottheit in Neuguinea. Er interpretierte deren Rituale dann im Kontext der neuguineischen Mythen mit dem Argument, dass in diesen Ritualen ähnliche mythische Schöpfungsprozesse beobachtet werden können, die zu modernen Strukturen geführt haben. In der Wiederholung der Rituale bestätigen die Menschen die Weltordnung. Nach Jensen haben alle Religionen eine ordnende Logik, die aus der Naturbeobachtung folge und rational fassbar sei. Wenn sich das Verhältnis zur Natur verändere, verändere sich auch die Weltordnung, von der jeder Kulturkreis ergriffen sei. Jensen widersprach somit einer getrennten Untersuchung von Mythen, Ritualen und Sozialordnung und kann als früher Vertreter der Kontextualisierung von Theorien betrachtet werden. Davon aber später mehr.

Etwa zeitgleich zu Frobenius in Frankfurt begann mit Franz Boas (1858–1942) an der Columbia University in New York die nordamerikanische kulturanthropologische Schule, die sich, ähnlich wie die Kulturkreislehre, ebenfalls gegen den Evolutionismus wandte und einen historischen Partikularismus proklamierte. Auch Boas versuchte nicht, die sozialen Funktionen zu ermitteln, sondern die kulturellen Unterschiede zu verstehen. Durch seine Forschungen bei den Inuit und den Nordwestküsten-Indianern kam er zu dem Schluss, dass materielle Kultur und Persönlichkeit zusammen einen kulturellen Stil charakterisierten, der einzigartig für jede Kultur sei (siehe z. B. *Race, Language and Culture*, 1982, im Original 1940 erschienen). Seine Betonung der individuellen, einzigartigen Aspekte einer Kultur, die die Basis des Kulturrelativismus bildet, ist nach Bowie sein wichtigster Beitrag zur Ethnologie (2006: 93). Er widersprach jeglichen Versuchen, allgemeine Behauptungen über Kulturen zu machen. Ethnologen sollen Kulturen innerhalb ihres jeweiligen Kontextes studieren und verstehen lernen. Übertragen auf die Religionsethnologie bedeutet das, dass wir uns hüten sollten, Begriffe aus unserer Kultur, wie beispielsweise Gott oder Seele auf andere Kulturen zu übertragen, vielmehr sollten wir Begriffe aus den Kulturen, die wir studieren, verwenden und dann deren Bedeutung erklären.

In Boas Kulturrelativismus zeigt sich eine deutliche Kritik an den funktionalistischen Interpretationen von Religion, welche die Sozialanthropologie seiner Zeit dominierten. Denn bei allen Deutungen über die möglichen Funktionen von Magie und Religion, von Riten und Hexerei ist stets zu bedenken, dass es sich hierbei lediglich um Interpretationen handelte. Viele werden heutzutage nicht mehr vertreten bzw. nur unter Vorbehalt. Wie Evans-Pritchard schreibt, beruhen Malinowskis Beobachtungen, anhand dessen er seine Theorie über Magie und Religion entwickelte, zum Teil auf Riten, die eigens für ihn veranstaltet wurden. Somit wurden sie außerhalb der üblichen Zeit veranstaltet, so dass sich „kaum annehmen [lässt], dass eines dieser zur Schau gestellten Gefühle von Spannung oder Frustration hervorgerufen war“ (Evans-Pritchard 1981: 83). Wenn wir uns auf Theorien dieser Zeit beziehen, müssen wir stets die Frage nach der repräsentativen Macht stellen, d. h. wir müssen uns einer

Kritik stellen, die später mit der feministischen Wende bzw. dann vor allem mit der postkolonialen Wende die Ethnologie veränderte. Wie die Darstellung der Ursprünge der Religionsethnologie bereits zeigte, müssen wir uns mit der Wissenschaftsgeschichte beschäftigen, um zu erkennen, wie stark unser Vokabular durch Machtpositionen geprägt ist. Kategorisierungen wie Magie und Religion oder Debatten um die Definition von Religion deuten bereits auf spätere Diskurse hin, die unser Fach weiterhin prägen. So entspricht die Begrenzung der Religionsethnologie auf ethnische Religionen (bzw. autochthone Religionen, Naturreligionen, Elementarreligion, primäre Religionen oder Stammesreligionen) der Debatte in dieser ersten großen Phase der Religionsethnologie.[12] Wenngleich Bowie schreibt, dass die Differenzierung zwischen Weltreligionen und primären Religionen (sie verwendet den Ausdruck primal) nicht völlig wertlos sei, spiegelt sie doch meines Erachtens eine Hierarchisierung religiöser Phänomene wider, die dem heutigen Wissensstand nicht mehr entspricht. Genauso wurden am Ende der kolonialen Phase die Trennung von Magie und Religion und die Debatte um Totemismus oder Animismus als vorreligiöse Stadien fallengelassen.

Diese Kritik bedeutet aber nicht, dass die andere europäische Richtung in der Religionsethnologie überdauerte, ganz im Gegenteil. Die Beschäftigung mit dem Irrationalen und die Suche nach dem Mythischen sind schon lange aus der Religionsethnologie verdrängt und als schwärmerische Begeisterung diskreditiert. Dennoch bringen sie uns heute wichtige Impulse für eine postmoderne Religionsethnologie.

Die Entwicklung der modernen Religionsethnologie

Nach dem Zweiten Weltkrieg veränderte sich die Religionsethnologie, so wie sich die Ethnologie an sich veränderte. Obwohl das Buch *Witchcraft, Magic and Oracles among the Azande*[13] von Sir Edward Evan Evans-Pritchard (1902–1973) auf einer Forschung aus den 1920er Jahren basiert und schon 1937 erschien, symbolisiert es diese Veränderungen. Evans-Pritchard präsentiert in seinem Meisterwerk einen neuen Zugang zu Religionen, indem er die besondere Form von Rationalität, die den Glaubensvorstellungen der Zande zu Grunde liegt, als fremd, aber an sich logisch charakterisiert.

Evans-Pritchard argumentiert, dass ein Schlüsselthema der Ethnologie die Frage der Übersetzung ist, die zwei Komplexe betrifft: zum einen das Problem, in die mentale Welt einer unbekannten Kultur einzutreten, und zum anderen, diese Welt anderen verständlich zu machen. Um den Mitgliedern der eigenen Kultur die fremde zu erklären, sei es wichtig, die fremden

Bräuche mit Elementen, die den Lesern vertraut sind, zu vergleichen. Ein Ethnologe müsse daher die eigenen Gedanken in einer Weise übersetzen, die den Erfahrungen der fremden Kultur entspreche, und danach diese Erfahrungen in Vorstellungen übertragen, die andere wiederum verstehen können. Evans-Pritchard ging davon aus, dass Gläubige und Nichtgläubige sich der Religion auf verschiedene Weise annähern. Nichtgläubige tendierten dazu, nach soziologischen, psychologischen, existenziellen oder biologischen Theorien Ausschau zu halten, die Religion als Illusion erklären. Gläubige fassen dagegen Religion in Begriffe, mit denen die Menschen ihre Realität wahrnehmen und in Beziehung setzen. Obwohl beide Gruppen darin übereinstimmen, dass Religion ein wichtiger Faktor im sozialen Leben sei, habe Religion für Gläubige eine weitere Dimension. Evans-Pritchard stimmte gewissermaßen mit Wilhelm Schmidt überein, der schrieb, dass Religion am besten von Gläubigen verstanden würde, da deren innerliches Bewusstsein und ihre Erfahrung mit Religion eine wichtige Rolle beim Verständnis von Religion spiele. Allerdings machte Evans-Pritchard gleichzeitig deutlich, dass er nicht fand, dass Ethnologen religiös sein sollten (1981: 50). Er wehrte sich lediglich gegen Autoren, die eine „theologische Position" im negativen und impliziten Sinne einnahmen und die auf einer kausalen Erklärung von religiösen Phänomenen bestanden, denn sie, so Evans-Pritchard, überschritten „die Grenzen ihres Gegenstandes" (1981: 51).

Evans-Pritchard, selbst zum Katholizismus konvertiert, führte mehrere religionsethnologische Forschungen durch, beispielsweise über die Nuer-Religion (siehe z. B. *Nuer Religion*, 1956). Sein bekanntestes Buch ist allerdings seine Arbeit über die Hexerei bei den Zande im Sudan, bei denen er zwischen 1926 und 1929 etwa 20 Monate lebte (mit Unterbrechungen). Während seines ersten dreimonatigen Aufenthaltes im Sudan führte er die Forschung für seine Dissertation über die Sozialorganisation der Zande in der Bahr-el-hazel-Provinz durch, mit der er 1927 bei Malinowski in London promovierte. Diese Forschung führte ihn schließlich zu seiner Arbeit über die Hexerei.

In seinem Hexerei-Buch beschrieb Evans-Pritchard in brillanter und für seine Zeit sehr ungewöhnlicher Weise die interne Logik der Zande. Er demonstriert, wie sich Ideen, die für Außenstehende widersprüchlich und irrational erscheinen, dennoch einigermaßen vernünftig behaupten können. Er schrieb beispielsweise, dass die Zande im Falle eines Unglücks oft auf Hexerei verweisen. Wenn etwa ein alter Getreidespeicher kollabiert und Personen, die zufälligerweise darunter sitzen, verletzt werden, halte man Hexerei dafür verantwortlich. Diese Erklärung beschreibt Evans-Pritchard als ein Bindeglied: Natürlich wüssten die Zande, dass zum einen Termiten die Gebäudekonstruktion aushöhlten und zum anderen Menschen unter dem

Dach säßen, um sich vor der Sonne zu schützen. Die Zande verbänden aber diese beiden Ereignisse, um zu begründen, warum diese verletzten Personen gerade unter dem Dach gesessen hatten als es kollabierte. Und die logische Erklärung sei Hexerei. Für Evans-Pritchard bietet die Zande-Hexerei nach der Art und Weise, wie die Zande denken und schlussfolgern eine völlig rationale Erklärung (1988: 65–66).

Evans-Pritchards Arbeit war richtungsweisend für die religionsethnologische Forschung. Im 21. Jahrhundert ist es üblich, individuelle religiöse Erfahrungen zu untersuchen, aber nicht zu Evans-Pritchards Zeiten, wie das vorherige Unterkapitel deutlich gemacht hat. Ein Schlüsselbegriff ist heute die Kontextualisierung. Wir versuchen, die religiöse Erfahrung in ihrem sozialen Kontext zu erfassen und damit die Art und Weise ihrer sozialen Konstruktion zu erklären (Kunin 2003: 149). Dieses Unterfangen ist allerdings überaus schwierig und oft trotz aller Bemühungen spekulativ, wie Godfrey Lienhardt beschreibt.[14] Der Prozess der Übersetzung ist vor allem im Bereich der Religionen schwierig, da er oftmals abstrakte Ideen und Glaubensvorstellungen betrifft. Bei der Deutung spielen häufig auch Machtverhältnisse eine große Rolle, wie Talal Asad in seiner Kritik an der Religionsethnologie betont. Asad verweist auf die „Ungleichheit der Macht der Sprachen", wobei er allerdings nicht nur die unterschiedlichen Sprachen, sondern auch die soziale Dimension der Sprecher meint. Es ginge somit nicht nur um Englisch gegenüber Dinka, oder Englisch gegenüber Kabbashi-Arabisch, sondern um ein britisches akademisches Auftreten der Mittelklasse gegenüber den Lebensweisen nomadischer tribaler Sudanesen (Asad 1993: 193). Ein Beispiel dieser Ungleichheit zeigt sich auch in Evans-Pritchards Buch über die Hexerei bei den Zande. Während seiner Forschung gehörte die Region zum anglo-ägyptischen Sudan. Seine Arbeit wurde daher auch hauptsächlich von der sudanesischen Regierung gesponsert (unterstützt mit Mitteln der Royal Society und des Rockefeller Memorial-Funds).[15] Evans-Pritchard war somit, wie fast alle Ethnologen seiner Zeit, Teil des kolonialen Systems. Da das Ziel seines Buches die Erklärung der traditionellen Denkweise in den emischen Konzepten war, ignorierte er, dass Sudan in dieser Zeit einen radikalen Kulturwechsel durchlebte. Traditionelle Führer sandten ihre Kinder zu Missionsschulen und 1927, vermutlich zwischen Evans-Pritchards erstem und zweitem Aufenthalt in der Region, entschied die Regierung, Grundschulen in allen Dörfern einzuführen. Das traditionelle System begann zusammenzubrechen und eine neue Führerschaft entstand. Darüber schreibt Evans-Pritchard allerdings nichts. Ganz im Sinn einer typischen Ethnografie seiner Zeit beschreibt er die Kultur in einem statischen Zustand, ohne den Kulturwandel zu thematisieren, zu dem er vermutlich auch selbst beigetragen hat.

Evans-Pritchard schreibt, dass er sich während seiner Forschung vor allem auf vier Personen verließ: zwei Diener und zwei Informanten, die seine Freunde wurden. Neben ihnen traf er natürlich auch zahlreiche Zande, die jederzeit in seinem Haus ein- und ausgingen. Seine Informationen beruhten auf Interviews und informellen Gesprächen mit diesen Personen, die in Azande durchgeführt wurden. Einige Themen konnten nicht öffentlich und folglich nur im privaten Milieu seines Hauses besprochen werden. Obwohl er im Dorf lebte und auch die lokale Sprache erlernte, waren ihm einige Informationen trotz aller Bemühungen verschlossen. Unter anderem konnte er nicht ermitteln, was während der Ausbildung zum Medizinmann passierte. Da sein Diener Kamanga den Wunsch hatte, Medizinmann zu werden, gab Evans-Pritchard ihm die notwendigen Mittel und heuerte ihn somit als Ersatzmann an, um Informationen über den Ausbildungsprozess zu erhalten (1988: 118). Evans-Pritchard berichtet darüber sehr offen und beschreibt Kamanga als überaus zuverlässige Informationsquelle (1988: 122), die es ihm ermöglichte, in das traditionelle System aus die Perspektive eines Einheimischen zu blicken. Evans-Pritchard nutzte hier Kamangas Vertrauen, aber auch seine hohe soziale Stellung im politischen Sudan, um Informationen zu erhalten, die ihm eigentlich verschlossen waren. Das Problem bildet nicht so sehr die Bezahlung – heute müssen Ethnologen in der Regel einen Ausgleich für die Zeit anbieten, welche die Gesprächspartner uns für unsere Fragen gewähren. Sondern es ist vielmehr der Zugang zu Informationen, die vertraulich, geheim, ja sakral sind. Forschung wird heute mehr als Dialog verstanden und nicht mehr als koloniales Unterfangen. Deshalb sollten auch Grenzen akzeptiert werden, gerade – aber nicht nur – im Bereich der Religion. Dennoch soll mit diesem Vorwurf keineswegs die gesamte Arbeit von Evans-Pritchard diskreditiert werden. Ähnlich wie im vorherigen Unterkapitel soll die Kritik nur verdeutlichen, dass Verfahrensweisen, die vor einigen Jahrzehnten noch üblich waren, heute nicht mehr geduldet werden können.

Obwohl Evans-Pritchard überaus einflussreich war und die Religionsethnologie lange dominierte, war er bei weitem nicht der einzige in dieser Zeit. Eine weitere Richtung der Religionsethnologie, die auch in den USA einige Zeit lang eine Rolle spielte, war die marxistische Interpretation religiöser Glaubensvorstellungen und Praktiken. Beispiele sind die Arbeiten von Peter Worsley über den Cargo-Kult in Melanesien (siehe *The Trumpet Shall Sound: A Study of 'Cargo' Cults in Melanesia*, 1957) oder Marvin Harris Buch *Cows, Pigs, Wars and Witches* (1975), in welchem er die Beziehung zwischen dem materiellen und dem religiösen Element in den Kulturen untersucht. Seine kulturmaterialistische Perspektive führte dazu, dass Harris die Möglichkeit des Wandels in der Geschichte ignorierte. Seth Kunin kritisiert beispielsweise, dass Harris den vermeintlichen Ursprung einer religiösen Praktik mit den Gründen vermischte, warum diese Praktik weiterhin besteht (2003: 15). Die marxistische Richtung der Religionsethnologie wird heute im Allgemeinen kaum beachtet, obwohl der Zusammenhang zwischen Glaubensvorstellungen und sozialem Leben, auf den u. a. Harris verwies, weiterhin wichtig ist und in heutige Forschungen einfließt. Interessanterweise taucht die marxistische Religionsethnologie mitunter in lateinamerikanischen Studien wieder auf, z. B. bei Untersuchungen von Festen und anderen Ritualen von lateinamerikanischen Religionsethnologen (siehe z. B. *Simbolismo y Poder*, von Ángel Montes del Castillo, 1989).

Ebenfalls einen wichtigen Einfluss auf die Religionsethnologie in Lateinamerika und darüber hinaus hat bis heute Claude Lévi-Strauss (geb. 1908). Obwohl seine Arbeiten bis heute andauern, möchte ich ihn bereits an dieser Stelle vorstellen, da er richtungsweisend für die Religionsethnologie nach dem Zweiten Weltkrieg war. Lange wurde der Name Lévi-Strauss vor allem mit der Entwicklung des französischen Strukturalismus verbunden (siehe z. B. *Les structure élémentaire de la parenté*, 1949, auf Deutsch 1981). Beeinflusst von der strukturalen Linguistik der Arbeiten von Noam Chomsky und Ferdinand de Saussure sowie dem russischen Formalismus eines Wladimir Propp versuchte Lévi-Strauss, die Grammatik des Geistes zu ermitteln. Er bewertete hierbei die zu Grunde liegenden Strukturen höher als die Bedeutung spezifischer Elemente. Basierend auf seiner Kenntnis der Indianer im Amazonasgebiet, vor allem ihrer Mythen (siehe z. B. *Mythologiques*, vol. I–IV, 1964–1971, auf Deutsch 1976), extrahierte er die grammatikalischen Regeln der Gesellschaften, um etwas über deren Struktur zu erfahren, über ihre Texte, Sprachen und Kulturen. Er war der Ansicht, dass die zu Grunde liegenden Strukturen einzelner Gesellschaften universell seien, zumindest auf einigen Ebenen. Individuelle Erfahrungen und Gefühle wie Liebe, Hass, Angst und Begierde waren für Lévi-Strauss den Strukturen untergeordnet, die zu einer Gesellschaft führen. Gesellschaften hatten für Lévi-Strauss eine biologistische Basis. Wenngleich Lévi-Strauss die angelsächsische Sozialethnologie nur bedingt beeinflusste (Bowie 2006: 17–18), hatte er doch lange eine wichtige Wirkung auf die kontinental-europäische und die lateinamerikanische Ethnologie, in der mehrere strukturalistische Schulen entstanden. Edmund Leach charakterisiert die Schriften von Lévi-Strauss als „schwer verständlich“, denn „seine soziologischen Theorien verbinden verwirrende Kompliziertheit mit überwältigter Gelehrsamkeit“ (Leach 1991: 9). Von Religionsethnologen wird Lévi-Strauss mitunter mit Frazer verglichen, da seine strukturalistischen Werke sich ebenfalls durch eine immense Ansammlung von Daten auszeichneten, während seine Feldforschungserfahrung überaus mager war. Außerdem wird seine universalistische Theorie heute oft als spekulativ abgelehnt. Dennoch ist sie weiterhin wichtig in der Religionsethnologie. Er hat uns mit ihr ein kohärentes Modell angeboten für die Untersuchung von Religion als sozialer Institution, wie Verwandtschaft und andere Einrichtungen. Dabei hat er, wie Kunin lobend schreibt, die essentialistische Einheit menschlicher kognitiver Prozesse an Stelle der Einheit einer einzelnen sozialen Institution hervorgehoben (Kunin 2003: 166). D. h. statt Religion universalistisch zu betrachten und damit von den anderen Bereichen der Gesellschaft und der Kultur zu isolieren, hat Lévi-Strauss den Menschen in den Mittelpunkt seiner Studien gestellt. Wenngleich dieser Ansatz heute angesichts der zahlreichen religionsethnologischen Einzelstudien überholt erscheint, weist er doch auf einen wichtigen Aspekt der Religionsethnologie hin. Auch wenn im Zentrum unserer Forschung Religion steht, darf Religion nie getrennt von anderen Bereichen menschlichen Lebens betrachtet werden, da diese Sichtweise lediglich eine akademische Konstruktion darstellt, aber nicht der ethnografischen Realität entspricht. Lévi-Strauss hat zwar keine lange Feldforschung betrieben, er hat sich aber stets von den Kulturen, die er getroffen hat, inspirieren lassen. Heutzutage scheint die Theorie oft aus der Religionsethnologie verdrängt zu sein. Das Werk von Lévi-Strauss zeigt uns aber, dass Religionsstudien durchaus einen Beitrag zur theoretischen Diskussion leisten können.[16] Wie Mary Douglas in einem Vorwort zur englischen Neuausgabe des Buches *Essai sur le Don* von Marcel Mauss schreibt, wird zwar allgemein die Feldforschung als zentrales Paradigma der modernen Ethnologie bezeichnet. Allerdings sieht sie deren Beginn bei der Systematisierung kultureller Konzepte wie sie Mauss als Pionier betrieben habe (Douglas in Mauss 1990: X). Lévi-Strauss steht – genau wie Douglas selbst – in dieser Tradition.

Ein Schüler von Mauss war Roger Bastide (1898–1974), der sich in seinen Schriften oft auf Mauss bezog, wenngleich sein Werk auch von Lévi-Strauss beeinflusst war. In der Religionsethnologie sind vor allem seine Arbeiten über die afrobrasilianischen Religionen bekannt (z. B. *Les Religions Africains au Brésil*, 1960). Seine vergleichenden Studien über afroamerikanische Kulturen (z. B. *Les Amérique Noires*, 1967) trugen zur Etablierung der afroamerikanistischen Studien bei. Inspiriert durch seine Erfahrungen in Brasilien, vor allem mit den Religionen Candomblé und Umbanda, sind in der Religionsethnologie heute vor allem seine Beiträge zur Synkretismus-Debatte bekannt, während seine anderen Arbeiten, wie der Aufsatz über Religion als kollektives Gedächtnis, heute leider oftmals unbeachtet bleiben (*Mémoire collective et sociologie du bricolage*, 1970, siehe auch Schmidt 2002: 289–294). Bastide kombiniert in seinen Schriften soziologische Ansätze, welche die kollektive Dimension von Religion in der Tradition von Durkheim erforschen, mit einer emotionalen

Dimension, die eher mit dem theologischen Ansatz Ottos verbunden wird. Bastide sah in der Idee der mythischen Erfahrung des Heiligen einen wichtigen Zugang zur Religion. Er wechselte daher in seinen Argumentationen oft zwischen „Religion erklären“ und „Religion verstehen“. Astrid Reuter beschreibt Bastide in ihrer Biografie aus diesem Grund als von „Brasilien verzaubert“ und als „wilden Heiligen“ (Reuter 2000: 357).

Mary Douglas (1921–2007) dagegen ignorierte den mystischen Teil der Religion und konzentrierte sich – ebenfalls in der Tradition von Mauss – auf die Systematisierung religiöser und sozialer Konzepte. Für die Religionsethnologie sind vor allem ihre Werke *Purity and Danger* (1966, auf Deutsch 1985) und *Natural Symbols* (1970, auf Deutsch 1974) von Bedeutung. Douglas arbeitet hauptsächlich über die soziale Dimension der religiösen Praktiken, vor allem über Symbole und Rituale. So zeigt sie, wie die Kategorisierung „rein“ und „verunreinigt“ der Realität Bedeutung verleiht, da diese in kulturellen Symbolen ausgedrückt wird. Douglas versteht Symbole, Rituale und Tabus als Kennzeichen des menschlichen Zustands (*condition humana*) und als wichtiges Referenzsystem. Eine Besonderheit von Douglas ist, dass sie sich von der Begrenzung der Ethnologie auf tribale Gesellschaften löst und neben Verweisen auf traditionelle Gemeinschaften (vor allem in Afrika) auch industrielle Gesellschaften einbezieht.

Diesen Weg nahm auch ein anderer Ritualforscher. Victor Turner (1920–1983) ging wie Douglas aus der britischen Sozialanthropologie hervor, wechselte dann aber in die USA und begann seine Forschung bei den Ndembu. Basierend auf diesen Untersuchungen entwickelte er Arnold van Genneps berühmtes Modell der Übergangsriten weiter, wobei Turner sich vor allem mit der Liminalität beschäftigte. Aus seiner Zusammenarbeit mit dem Theaterwissenschaftler Richard Schechner heraus übertrug Turner sein Modell der Liminalität bei traditionellen Gesellschaften auf industrielle, nannte es hier allerdings Liminoid. Ich werde im übernächsten Kapitel ausführlicher darauf eingehen. Daneben hat Turner zusammen mit Edith Turner eine interessante Studie zur Pilgerreise in Spanien veröffentlicht, die heute etwas in Vergessenheit geraten ist. Nach seinem Tod arbeitete seine Frau, Edith Turner, weiter als Ethnologin und gewann mit der Zeit ein eigenständiges Profil, vor allem in dem Bereich der performativen Ethnologie.

Die Religionsethnologie heute

Die letzte weitreichende Veränderungsphase wurde von Clifford Geertz (1926–2006) eingeleitet, der 1966 den Mangel an theoretischen Fortschritten innerhalb der Religionsethnologie seit dem Zweiten Weltkrieg kritisierte (Geertz 1991:

44). Geertz stellte sich in seinem Versuch, Religion als kulturelles System zu definieren, in die Tradition von Durkheim, Weber, Freud und Malinowski, deren Beiträge er als unentbehrliche Ausgangspunkte für eine ethnologische Religionstheorie bezeichnete (1991: 45–46). Seine Begriffsbestimmung, die ich bereits im vorherigen Kapitel erwähnte, gilt als die einflussreichste ethnologische Religionsdefinition (Asad 1993: 237), obgleich sie mitunter als zu breit oder zu schwammig charakterisiert wird. Darüber hinaus ist Geertz in der Ethnologie vor allem für seine interpretative Perspektive berühmt. Sein Aufsatz über die dichte Beschreibung (1973, auf Deutsch ebenfalls in Geertz 1991) veränderte die Ethnologie, wie es kaum jemals zuvor geschah. Geertz hat seine religionsethnologischen Feldforschungen hauptsächlich in Südostasien und Nordafrika durchgeführt. Obgleich seine späteren Arbeiten vor allem wissenschaftskritische Beiträge zur Ethnologie waren, sind für die Religionsethnologie seine früheren Arbeiten bedeutsamer. Geertz machte auf die Notwendigkeit aufmerksam, sich in der ethnologischen Feldforschung mit dem Bedeutungsrahmen zu beschäftigen, in dem die Menschen ihr Leben verbringen. Er unterschied die religiöse Perspektive von der alltäglichen („Common-sense"-Perspektive), da sie weit über die Realität des Alltags hinausreiche. Definitionskriterium müsse deshalb die Akzeptanz dieser Realitäten sein, womit der Glauben an die religiösen Realitäten wichtiger sei als die Handlungen der Gläubigen (siehe Saler 2000: 94). Geertz schreibt beispielsweise: „Es ist eben diese Idee eines ‚wirklich Wirklichen', die der religiösen Perspektive zugrunde liegt und die symbolische Praxis der Religion als kulturelles System hervorbringen, vertiefen und soweit wie möglich gegen die anders lautenden Erkenntnisse der säkularen Erfahrung immun machen soll." (Geertz 1991: 77). Geertz gilt als Vertreter einer symbolistischen Richtung der Religionsethnologie, die sich in erster Linie mit dem beschäftigt, was Religion repräsentiert. Anstatt zu ermitteln, was Religion zu erklären sucht, werden Symbole und Rituale als „Metaphern sozialen Lebens" (Bowie) untersucht. Talal Asad dagegen, dessen Kritik an Geertz' Definition ich bereits im vorherigen Kapitel erwähnte, gehört zur postkolonialen Richtung der Ethnologie, die gegen universelle Kategorien, Definitionen und Schemata argumentiert. Statt über *den* Islam, *den* Buddhismus oder *die* Religion der australischen Aborigines zu schreiben, sollen Ethnologen nach Asads Argumentation nur über Glaubensvorstellungen und Praktiken in spezifischen historischen, kulturellen und sozialen Kontexten arbeiten. Auf den ersten Blick scheint diese Forderung nicht neu zu sein. Auch Geertz hat in seinem Buch *Islam Observed* nicht *den* Islam beschrieben, sondern die Praktiken in zwei verschiedenen kulturellen Kontexten vorgestellt. Um die Kritik von Asad besser verständlich zu machen, schwenke ich kurz ab und stelle den Diskurs um den Orientalismus in der Religionsforschung vor.

Die Debatte wurde durch das Buch *Orientalism* (1978) von Edward Said (1935–2003) eingeläutet. Said zeigte darin, wie der orientalistische Diskurs für koloniale Aggressionen und die politische Vorherrschaft der westlichen Welt missbraucht wurde (King 1999: 82). Der Begriff Orientalismus steht seit der Publikation des Buches von Said für die abwertende Behandlung des Orients durch die westlichen Kolonialmächte. Orientalismus war als humanistische Kritik gedacht, mit der Said, wie er im Vorwort der Neuauflage zur Feier des 25. Jahrestages der Erstausgabe schrieb, das Feld zum gegenseitigen Verständnis öffnen wollte.[17] Er zeigte in seinem Buch den Austausch zwischen dem Westen und dem Orient, wobei er den Westen mit Europa und Nordamerika beschrieb, während der Orient für ihn die romantische und missverständliche Bezeichnung von Vorder- und Mittelasien war, somit ein Konstrukt und keine Realität. Said definierte den Orientalismus auf drei Ebenen: als akademische Erfindung; als Untersuchungsgebiet von Wissenschaftlern, die über die Region, die als Orient bezeichnet wird, arbeiten; und als Denkstil basierend auf der ontologischen und epistemologischen Trennung zwischen Orient und Okzident (Said 2003: 2). Daraus resultierend sieht Said Orientalismus als Institution, die bestimmt, wie über den Orient gesprochen, wie damit umgegangen, wie er beschrieben, gelehrt und regiert wird. Orientalismus sei folglich der westliche Herrschaftsstil, der autoritär über den Orient verfüge (Said 2003: 3). Wenngleich Said sich vor allem auf die koloniale Literatur bezieht, zeigt er gleichzeitig, dass sich die damals entwickelten Denkweisen auf heutige Forschungen auswirken. Das gilt auch für die Religionsforschung, denn Said zeigt uns indirekt auch den ambivalenten Umgang mit fremden Kulturen und Religionen in unserem Fach. So schreibt Richard King, dass wir – trotz aller Kritik an dessen Methodik – Saids Forderung nach einem neuen Umgang mit fremden Gesellschaften auf die Religionsforschung übertragen sollten. In der Tradition von Said kritisiert King im Besonderen den „Mythos der Homogenität" in der Beschreibung asiatischer Religionen (King 1999: 82). Er widerspricht rigoros jeglicher Anwendbarkeit globaler, sehr abstrakter und einstimmiger Denksysteme auf religiöse Erfahrungen, da ein solcher Zugang uns lediglich mit einem sehr homogenisierten Bild der Religion versorgt (1999: 98). King schließt in seine Kritik an der Forschung über indische Religionen Wissenschaftler ein, die sich der postkolonialen Wende zurechnen, da die Welle postkolonialer Studien oftmals die koloniale Phase überbewerten würde (1999: 187). Im Unterschied zu Saids Zweiteilung in Ost und West sieht King in dem postkolonialen Diskurs eine Zweiteilung in Nord und Süd, in Erste und Dritte Welt, wobei allerdings die bipolaren Oppositionen ähnlich funktionierten wie die im orientalistischen Diskurs. Resultat sei, dass Verschiedenartigkeit in Oppositionen statt in pluralen Begriffen wahrgenommen wird. "Differences between cultures become fetishized at the same time as internal heterogeneities within each culture are effaced" (King 1999: 188). Desgleichen verfügt jede Religion über eine interne Heterogenität, die von vielen Studien überdeckt wird. Es gibt somit keine Yoruba-Religion und keine Arrente-Religion, da die religiöse Erfahrung jedes Gläubigen individuell verschieden ist, abhängig von Geschlecht, Alter, sozialer Stellung und individuellen Lebenserfahrungen, wie bereits die feministische Kritik in den 1980er Jahren deutlich machte. Können Religionsethnologen da noch über fremde Religionen schreiben und deren Konzepte vorstellen? Während Asad Geertz vor allem deswegen kritisiert, weil Geertz nicht die politischen Machtverhältnisse in seinen Arbeiten berücksichtigt, impliziert Kings Kritik an den postkolonialen Studien, dass Asad durch seinen Fokus auf die politischen Machtstrukturen ebenfalls ein verfälschtes Bild der Religion liefere. King verweist am Ende seines Buches auf die *Subaltern Studies*, insbesondere auf Gayatri Chakravorty Spivak und ihren Artikel „Can the subaltern speak?" (1988), in dem er einen Ausweg aus der Debatte um Repräsentation findet. Spivak argumentiert in ihrem Artikel, dass die Suche nach dem Subalternen die ethnozentrische Begrenztheit der westlichen Kritik am Humanismus verdeutlicht. Der Anti-Humanismus von Althusser und Foucault steht zwar in Opposition zum Fokus auf das unabhängige Subjekt, der den Westen seit der Aufklärung dominierte; kolonisierte Gruppen müssten allerdings zuerst die Strukturen der westlichen kolonialen Gewalt, die sie weiterhin unterdrücke, ablösen (King 1999: 192). Spivak, die von der indischen Diaspora aus spricht und keineswegs aus Indien, steht für eine wichtige Strömung in der Wissenschaftskritik, bietet aber kein konkretes Beispiel, wie sich die Religionsethnologie nun verändern soll. Auch King will mit seiner Übertragung der Orientalismus-Kritik auf die Religionsforschung diese keineswegs aufheben, sondern lediglich zum Nachdenken anregen.

Wichtige Impulse, die uns aus dem Zwangskäfig der postkolonialen Studien befreien können, erhält die Religionsethnologie derzeit aus der Peripherie. Ich sehe gerade in der dynamischen Wechselbeziehung, der Vermischung von Positionen und der steten Neupositionierung als Forscher und Forscherin, so wie bereits seit einiger Zeit von brasilianischen Ethnologen betrieben wird, einen Ausweg aus der Sackgasse der postkolonialen Kritik. Eduardo B. E. Viveiros de Castro beispielsweise zeigt in seiner Studie *Araweté: Os deuses Canibais* (auf Englisch unter dem Titel *From the Enemy's Point of View* 1992 veröffentlicht) eine interessante Interpretation der Kosmologie von Indianern im Amazonasgebiet. Vor allem seine Idee vom Perspektivismus bietet eine faszinierende Erweiterung der Religionsethnologie. Viveiros de Castro definiert Perspektivismus als indigene Theorie, welche erklärt, wie Menschen Tiere und andere Wesen, die die Welt bereichern, wie beispielsweise Geister,

Götter oder die Toten, wahrnehmen, aber auch umgekehrt, wie diese die Menschen und sich selbst wahrnehmen. So erklärt Viveiros de Castro, dass Tiere und andere Wesen sich als Menschen betrachten. Ihre innere Gestalt ist allerdings für andere verborgen, nur Schamanen können sie so sehen, wie sie sich selbst betrachten. Viveiros de Castro zeigt in seinem Buch, wie eine indigene Theorie aus Mythen und Kosmologien herausgearbeitet werden kann. Es handelt sich hier um ein Beispiel dafür, wie Religionsethnologie einen Beitrag zur theoretischen Debatte in der Ethnologie leisten kann, aber auch, dass es möglich ist, diese Theorie nicht auf der Grundlage westlicher Paradigmen, sondern anhand indigener Ideen zu entwickeln. Anstatt von oben eine hierarchische Perspektive zu indoktrinieren und Glaubensvorstellungen sowie -praktiken in ein europäisches System zu pressen, zeigt Viveiros de Castro, wie Religionsethnologie ihr kontextualisiertes Material nutzen kann, um indigene Konzepte zu entwickeln.

Einen in mancherlei Hinsicht vergleichbaren Ansatz vertritt Fritz Kramer in seinem Buch *Der Rote Fes* (1987), in dem er u. a. den Zar-Kult, aber auch andere Kunstformen in Afrika behandelt. Obwohl das Buch international nicht so berühmt wurde wie das Buch von Evans-Pritchard über die Zande-Hexerei, sind beide Werke dennoch vergleichbar, denn auch Kramer versucht, einem europäischen Publikum die innere Logik der so genannten Besessenheit zu erklären. Er beschreibt die Besessenheit durch Geister als eine Form der Kommunikation, einen Weg des Austauschs mit dem Anderen. Fremde Einflüsse werden über Geister in eine Kultur aufgenommen, wenn diese Teil des eigenen religiösen Systems werden. Kramer verweist in seiner Interpretation auf das Konzept *passiones* von Godfrey Lienhardt und meint, dass *passiones* genau das beschreibe, was in einem Gläubigen in der Phase der Besessenheit durch einen Geist stattfindet. Durch die Manifestation eines fremden Geistes wird das Konzept der Anderen in ein emisches Wesen transformiert. Die spirituellen Bilder von Fremden sind daher keine simplen Aufführungen. Ein Geist, der sich im Körper eines Gläubigen manifestiert, ist nach Kramer ein Abbild der *passiones* der Fremden. Fremde Geister sind also Fremde innerhalb der eigenen Kultur. Obgleich Kramer hier auf ein Konzept der europäischen Wissenschaft zurückgreift, um zu erklären, was bei einer religiösen Praktik geschieht, ist sein Versuch der Übersetzung ein faszinierender Beitrag zur Religionsethnologie und entspricht ebenfalls dem Ziel der Kontextualisierung von religiösen Vorstellungen.

Was aber passiert, wenn diese beobachteten Vorstellungen den eigenen ethnischen Grundsätzen widersprechen? Mit diesem Problem ist die heutige Religionsethnologie zunehmend konfrontiert. Kontextualisierung bedeutet, wie bereits erwähnt, religiöse Erfahrungen in ihrem sozialen und kulturellen Umfeld zu interpretieren. Die Übersetzung fremder Glaubensvorstellungen in unseren eigenen Kontext, so dass diese für Leser und Leserinnen unserer Gesellschaft verständlich sind, ist überaus kompliziert, wie uns der Überblick über die Wissenschaftsgeschichte gezeigt hat. Es ist sehr verführerisch, Begriffe aus unserem eigenen Kontext zu entnehmen, um fremde Konzepte zu erklären, aber ist ein Lwa (loa) im haitischen Vodou nun ein Gott oder ein Geist oder ein Engel? Alle diese Begriffe tauchen in der Literatur auf und fassen doch nicht die Realität. Was aber ist, wenn wir bei der Forschung etwas sehen, das unseren ethischen Grundsätzen widerspricht? Wie sollen wir das „übersetzen"? Und wie sollen wir uns dabei verhalten? Während in der Vergangenheit Wissenschaftler relativ sorglos mit dieser Frage umgegangen sind und ihre Meinung oftmals kaum verhüllt präsentierten, ist es heute nicht mehr so simpel. Wir zwingen uns, objektiv distanziert zu forschen, bei der Interpretation den Kontext zu beachten und unsere Ansicht damit auszuschalten. 1970 kritisierte Ernest Gellner die Kontextualisierung äußerst vehement. Indem Ethnologen darauf bestehen würden, Glaubensvorstellungen im sozialen Kontext zu interpretieren, würden sie absurden oder unzusammenhängenden Vorstellungen eine akzeptable Bedeutung verleihen. Gellner argumentierte, dass zwar Kontextualisierung an sich eine wertvolle Idee sei, sie aber keineswegs exzessiv angewandt werden sollte. Gellner unterschied zwischen dem Erklären und dem Verteidigen von fremden Konzepten und bestand auf einer kritischen Distanz, die notwendig sei, um die Bedeutung, d. h. die Funktionsweise von Konzepten und Institutionen in einer Gesellschaft richtig zu verstehen (Gellner 1970: 18-19). Jeder Forscher sollte nach Gellner die Praktik evaluieren, denn jedes Konzept enthalte einen wertenden Bedeutungsumfang, entweder gut oder schlecht. Asad auf der anderen Seite schreibt, dass Gellner anscheinend nicht berücksichtige, dass ein „Übersetzer" fremder Konzepte das Problem, welcher Kontext für das Verständnis sinnvoll sei, nur mit der Fähigkeit des Gebrauchs der betreffenden „Sprachen" lösen könne, es sich somit nicht um eine A-priori-Haltung, sondern um etwas Erlerntes handle (Asad 1993: 183). Bei der Übersetzung können Fehler passieren und etwas kann missinterpretiert werden. Dafür gäbe es aber laut Asad keine generelle Warnung. Wohin führt uns nun diese Debatte? Bei der Kontextualisierung müssen wir stets bedenken, dass wir mit Menschen agieren. Gesellschaft ist, wie Asad schreibt, kein Text, der für sich selbst spricht, sondern es sind die Leute, die sprechen (1993: 187). Religionsethnologische Forschungen verfolgen daher heutzutage meistens die so genannte dialogische interpretative Methode, bei der deutlich wird, wer schreibt, wer spricht und wer analysiert.

In der performativen Richtung scheint sich mitunter der Fokus so sehr zu verschieben, dass ein Leser mehr über den Forscher als über die fremden Vorstellungen erfährt. Rituale werden nachgespielt, um zu erspüren, was die

Gläubigen empfinden. Gerade Edith Turner zeigt in ihren Studien eindrucksvoll den Erkenntnisgewinn dieser Methoden (siehe z. B. *Experiencing Ritual*, 1992). Dennoch stellt sich auch hier stets die Frage, die Evans-Pritchard bereits an die frühen Vertreter der Religionsethnologie stellte: Kann eine Methode, basierend auf dem Grundsatz „Wenn ich an dieser Stelle wäre, was würde ich tun?", wirklich Erkenntnisse über fremde Gefühle und Empfindungen ergeben? Reagieren wir tatsächlich nach universalistischen Schemata, empfinden alle Menschen angesichts von Dunkelheit, Enge oder Hitze gleich? Die Religionsethnologie hat auch nach über 100 Jahren noch immer keine einheitliche Antwort darauf gefunden. Weiterhin stehen sich zwei Positionen gegenüber. Während eine Richtung religiöse Erfahrungen erforscht und auf das Verständnis kultureller Besonderheiten abzielt, ermittelt die andere theoretisierende Richtung Konzepte und Modelle, die übertragbar bzw. vergleichbar sind. Rosalind Hackett charakterisiert die neue Religionsethnologie anhand dreier Faktoren. Zum einen haben sich der Gegenstand und das Feld aufgrund von Migration, Massenmedien und anderen Faktoren verändert; zum zweiten besteht heute eine größere Interdisziplinarität und zum dritten haben die kritischen Stimmen der Postmoderne, des Poststrukturalismus und der postkolonialen Studien unser Fach beeinflusst (Hackett 2005:144). Ein Resulat sei, dass die Grenzen zwischen Ethnografie und theoretischer Reflexion durchlässiger geworden sind. Wir haben uns von der Erforschung kleiner, isolierter Ethnien und ihrer Glaubensvorstellungen schon lange verabschiedet und sind den Migranten in die Städte und dann ins Internet gefolgt. Dennoch sind manche Fragen, wie die nach der repräsentativen Autorität unserer Forschung und unserer Publikationen, geblieben.

Anmerkungen

1 Armin Geertz unterteilt die Geschichte der Religionswissenschaft in vier Hauptphasen, die er mit Begriffen der Kindesentwicklung bezeichnet: (1) eine formative Phase während der zweiten Hälfte des 19. Jahrhunderts, auch klassische Phase genannt; (2) eine adoleszente Phase in den ersten 60 Jahren des 20. Jahrhunderts, auch moderne Phase genannt; (3) eine rebellische Phase der frühen Erwachsenenzeit, zwischen 1970 und 1990, in der die kritische Wende eintrat; und (4) die derzeitige Phase der „approaching-the-maturity-of-harried-parents", in der schwere Entscheidungen über die weitere Entwicklung getroffen werden (2004: 109–110). Die Religionsethnologie entwickelte sich zwar parallel zur Religionswissenschaft, hat allerdings bereits frühzeitiger das „Erwachsenenstadium" erreicht. Ich habe mich deshalb gegen die Übernahme dieser Kategorien entschieden.

2 Evans-Pritchard kritisierte allerdings vehement die Methode früher Ethnologen und versah sie mit der Metapher „Wenn-ich-ein-Pferd-wäre-Spekulation" (1981: 58 gegen Spencer, im weiteren Verlauf seiner Ausführungen auch gegen andere Vertreter wie Tylor und Frazer).

3 Großen Einfluss hat Frazer bis heute in der New-Age-Bewegung und unter Mythensammlern. Sein Buch erscheint daher fortwährend in preiswerten Taschenbuch-Neuauflagen, während Tylor und andere frühe Vertreter der Religionsethnologie außerhalb der Ethnologie lange vergessen sind.

4 Sein Sohn Ted Strehlow setzte seine Arbeit fort. Nach Veit gab Ted Strehlow stets Arrente als seine Muttersprache an (Veit 2004: 96).

5 Tjurungas sind flache Objekte aus Holz oder Stein, die mit Mustern verziert sind, welche ein Totem symbolisieren.

6 Bei meinem Besuch in Hermannsburg 2006 fiel mir auf, dass die Ausstellung nachdrücklich die Probleme ansprach, die zwischen den europäischen Siedlern mit dem Gesetz auf ihrer Seite und den Missionaren, die beschuldigt wurden, Viehdiebe zu schützen, bestanden.

7 Die Forschung ist inzwischen weiter fortgeschritten. Wir wissen heute, wie divers die australischen Kulturen zur Zeit von Strehlow und Spencer waren. Sogar heute gibt es noch mehr als 200 Gruppen mit unterschiedlichen Sprachen, fest markierten Territorien für Ahnengeister, religiösen Gesetzen und künstlerischen Ausdrucksformen. Kein Forscher bestreitet heute mehr die Existenz ihrer Religionen (siehe Charlesworth 2005: 2).

8 An dieser Stelle sei nur kurz vermerkt, dass Evans-Pritchard zum Katholizismus konvertierte und somit eine überaus positive Haltung zur Religion vertrat, die ihm wiederum von Kritikern oft vorgeworfen wurde.

9 Evans-Pritchard hebt hervor, dass Malinowskis Ausführungen zur Magie stark von R. R. Marett entlehnt wurden, z. B. aus *The Threshold of Religion* von 1909 (Evans-Pritchard 1981: 76). Über Marett berichtet Evans-Pritchard, dass er gesagt haben soll, „dass man, um primitive Mentalität zu verstehen, nicht unbedingt zu den Wilden gehen und bei ihnen leben müsse, die Erfahrungen eines Oxforder Common Room seien völlig ausreichend" (Evans-Pritchard 1981: 71).

10 David Gellner nennt John Middleton und sein Buch *Lugbara Religion* (1960), in dem er u. a. den Anstieg von Hexerei-Beschuldigungen als Maßstab für soziale Veränderungen bezeichnete, als weiteres Beispiel dieser Richtung (Gellner 1999: 19).

11 Etwas von Otto spiegelt sich in der Definition von Religion bei Josef Franz Thiel (1984) wider, denn Religion ist für Thiel „sich abhängig wissen von einer übermenschlichen Macht und sich ihr unterordnen", während in der Magie „der magische Mann die Macht für seine Ziele zu gebrauchen" sucht (1984: 13, 25).

12 Die so genannten „Weltreligionen" basieren auf Schriften, sind universell vertreten und verfügen über ein nach außen gerichtetes Heilsziel und besondere Aktivitäten, während die „anderen" Religionen oral tradiert, weltlich ausgerichtet, auf eine ethnische Gruppe oder Sprachfamilie beschränkt und mit dem sozialen Leben untrennbar verwoben sind (Bowie 2006: 23).

13 Die deutsche Fassung, mit der ich arbeite, basiert auf der gekürzten Neuausgabe von 1976 und erschien erstmals 1978.

14 "When we live with savages and speak their language, learning to represent their experience to ourselves in their way, we come as near to thinking like them as we can without ceasing to be ourselves. Eventually, we try to represent their conceptions systematically in the logical constructs we have been brought up to use; and we hope, at best, thus to reconcile what can be expressed in their language, with what can be expressed in ours. We mediate between their habits of thought, which we have acquired with them, and those of our own society; in that we are exploring, but the further potentialities of our thought and language" (Lienhardt 1963 (1954): 96–97).

15 Die Angaben über Evans-Pritchards Forschung stammen aus dem Anhang der deutschen Taschenbuchausgabe, zusammengestellt von T. O. Beidelman.

16 In meiner eigenen Arbeit folge ich Lévi-Strauss und zeige, wie es möglich ist, Beobachtungen aus der Feldforschung mit der theoretischen Diskussion zu verbinden (siehe z. B. Schmidt 2002).

17 "My idea in Orientalism is to use humanistic critique to open up the field of struggle, to introduce a longer sequence of thought and analysis to replace the short bursts of polemical, thought-stopping fury that so imprison us in labels and antagonistic debate whose goal is a belligerent collective identity rather than understanding and intellectual exchange" (Said 2003: XVII).

Weiterführende Literatur

Die folgende Liste enthält einige neuere Bücher, die einen wissenschaftskritischen Beitrag in der Religionsethnologie leisten. Ich stelle somit keine religionsethnologischen Monografien vor, sondern gebe einen Überblick über theoretische Schulen und deren kritische Evaluierung, die für Studierende wertvolle Hinweise zum Selbststudium bieten können.

Asad, Talal. 1993. *Genealogies of Religion: Discipline and Reasons of Power in Christianity and Islam.* Baltimore/London: John Hopkins University Press.
Dieses Buch ist eines der besten Beiträge zur wissenschaftskritischen Debatte innerhalb der Religionsethnologie der letzten Jahrzehnte. Asad illustriert seine Kritik an Geertz und anderen Vertretern anhand seiner Interpretation des mittelalterlichen europäischen Christentums und des Islam im Nahen Osten, bevor er im letzten Teil auf die Salman-Rushdie-Affäre in Großbritannien eingeht.

Harvey, Graham. 2005. *Animism: Respecting the Living World.* London: Hurst.
Neben einer ausführlichen Darstellung der Animismus-Theorien legt Harvey dar, warum es weiterhin sinnvoll ist, den Begriff Animismus zu verwenden, allerdings mit einer neuen Bedeutung, die von den religiösen Erfahrungen und Glaubensvorstellungen der Gläubigen ausgeht. Harvey bezieht sich in seinen Ausführungen vor allem auf die Religion der Maori, der australischen Aborigines und der Ojibwa, verweist jedoch auch auf weitere Religionen.

King, Richard. 1999. *Orientalism and Religion: Postcolonial Theory, India and 'The Mystic East'.* London: Routledge.
Obgleich stärker in der Religionswissenschaft verortet, behandelt King in seinem Buch eine auch innerhalb der Ethnologie wichtige Debatte. Seine kenntnisreiche Diskussion von Saids Orientalismus-Theorie mit Blick auf die indischen Religionen stellt einen wichtigen Beitrag in der Religionsethnologie dar.

Kunin, Seth D. 2003. *Religion: The Modern Theories* Edinburgh: Edinburgh University Press.
In Kombination mit dem Einführungswerk von Thrower gelesen, präsentiert Kunin einen guten Einblick in die Religionstheorie, einschließlich ethnologischer Ansätze.

Michaels, Axel (Hrsg.). 1997. *Klassiker der Religionswissenschaft: Von Friedrich Schleiermacher bis Mircea Eliade*. München: C.H. Beck.
Zahlreiche der Personen, die in diesem Buch vorgestellt werden, sind Religionsethnologen, so dass dieses Nachschlagewerk für Studierende der Religionsethnologie überaus sinnvolle Hintergrundinformationen zu ausgewählten Vertretern des Faches enthält.

Saler, Benson. 2000 (1993) *Conceptualizing Religion: Immanent Anthropologists, Transcendent Natives, and Unbounded Categories*. New York/Oxford: Berghahn Books.
Während sich Saler in seinem Buch vor allem mit dem unlösbaren Problem der Definition von Religion auseinandersetzt, legt er gleichzeitig einen informativen Beitrag zur theoretischen Religionsethnologie vor.

Samuel, Geoffrey. 1990. *Mind, Body and Culture: Anthropology and the Biological Interface*. Cambridge: Cambridge University Press.
Samuel präsentiert in diesem Buch eine interessante Debatte im Grenzbereich zwischen Sozial- und Kulturanthropologie sowie im Grenzbereich zwischen Religion und Biologie. Mit Verweis auf Schamanismus, Visionen und die Rituale der Ndembu, die von Turner untersucht wurden, bietet Samuel einen bemerkenswerten Zugang zu Körper, Religion und Kultur an.

Strenski, Ivan. 2006. *Thinking about Religion: An Historical Introduction to Theories of Religion*. Oxford: Blackwell.
Strenski, Ivan (Hrsg.). 2006. *Thinking about Religion. A Reader.* Oxford: Blackwell.
Strenski diskutiert in seinem Buch die Anfänge der Religionsforschung überaus detailliert. In Kombination mit dem Reader, bestehend aus Textausschnitten der Autoren, die er in seinem Buch behandelt, bietet Strenski wertvolles Material für jede Arbeit über den Beginn der Religionsethnologie.

Thrower, James. 1999. *Religion: The Classical Theories* Edinburgh: Edinburgh University Press.
Kombiniert mit dem Einführungsbuch von Kunin präsentiert Thrower einen guten Einblick über die klassischen Religionstheorien, einschließlich der ethnologischen Theorien.

Die Bedeutung der Feldforschung in der Religionsethnologie[1]

Als Antwort auf die Frage, was denn die Religionsethnologie von der Religionswissenschaft unterscheidet, wird oft auf die teilnehmende Beobachtung als zentrale Forschungsmethode der Ethnologie verwiesen. Die Grenze zwischen den Disziplinen wird allerdings immer durchlässiger, denn gerade die Forschungsmethode ist heute kein definitives Abgrenzungskriterium mehr. So definiert sich die moderne Ethnologie zwar weiterhin in der Regel über die Feldforschung, aber viele Ethnologen wie etwa Douglas verorten den Beginn der modernen Ethnologie, wie bereits erwähnt, eher mit der Systematisierung der Daten. Auch Talal Asad, einer der derzeit bekanntesten Vertreter der postmodernen Religionsethnologie, zählt nicht zu den begeisterten Feldforschern, vielmehr sieht er sich in der Tradition von Douglas, was er in seinem Buch über Säkularismus zum Ausdruck bringt (Asad 2003: 17). Gleichermaßen ist die Feldforschung schon lange keine ausschließliche Arbeitsmethode von Ethnologen und Ethnologinnen mehr. Immer häufiger übernehmen Vertreter anderer Disziplinen diese Methodik. Beispielsweise basieren viele neue religionswissenschaftliche und auch religionssoziologische Forschungen auf der teilnehmenden Beobachtung (siehe Pye 2000 zum Wandel der Religionswissenschaft).

Die Feldforschung hat heute eine andere Bedeutung als zu der Zeit, in der diese Methode zum Ideal der Ethnologie wurde (Stagl 1985). Dennoch sind einige Kennzeichen erhalten geblieben. Der ethnologische Zugang wird auch heute – trotz des postmodernen Dekonstruktivismus – weiterhin oft als holistisch charakterisiert. Wir untersuchen Religion in Verbindung mit anderen Bereichen wie beispielsweise Verwandtschaft, Politik, Medizin und Landwirtschaft (siehe z. B. Gellner 1999: 22). Es geht somit nicht nur um das Verstehen des Glaubenssystems, sondern auch um das Verstehen der Glaubensvorstellungen im Kontext der Kultur und der Gesellschaft, in der die Gläubigen leben. Die Umsetzung dieser Forderung ist heute aber schwieriger als zu Beginn. So mag ein holistischer Zugang vielleicht bei kleinen, überschaubaren Gemeinschaften möglich sein – auch das wird heute zunehmend bezweifelt –, aber nicht mehr dann, wenn wir den Migranten in Metropolen wie New York City folgen oder gar die Partizipation der Gläubigen im Internet erforschen. Während die Anpassung der Ethnologie an ein verändertes Feld logisch erscheint, bewirkte sie doch eine existenzielle Krise des Faches und seiner zentralen Forschungsmethodik.

Feldforschung als Ideal der modernen Ethnologie

Die Feldforschung machte die Ethnologie – laut Justin Stagl – zu einer der erfolgreichsten Wissenschaftsdisziplinen des 20. Jahrhunderts (1993: 104). Stagl vergleicht die Bedeutung der Feldforschung in der Ethnologie mit der Pilgerfahrt nach Mekka. So wie die Pilgerfahrt zu den fünf Säulen des Islam zählt, sei die Feldforschung in der Ethnologie für viele noch immer „kennzeichnende Methode der Datenerhebung und überdies [...] ein persönlichkeitsbildendes Erlebnis, das einen jungen Menschen mit ethnologischen Kenntnissen [...] eigentlich erst zum Ethnologen macht" (Stagl 1985: 289). Obwohl sich Ethnologen heute zunehmend von diesem Ideal distanzieren (so auch Stagl), gehört der stationäre Aufenthalt in einer fremden Gemeinschaft weiterhin zur zentralen Methodik der Ethnologie. Kohl zitiert folgende Beschreibung einer stationären Forschung von William H. R. Rivers: Es sei eine Untersuchung, „bei der der Wissenschaftler ein Jahr oder länger in einer Gemeinschaft von vier- oder fünfhundert Personen lebt und jedes Detail ihres Leben und ihrer Kultur studiert; bei der er Gelegenheit erhält, jedes Mitglied der Gemeinschaft persönlich kennenzulernen; bei der er sich nicht mit allgemeinen Auskünften zufrieden gibt, sondern Leben und Brauch in allen konkreten Einzelzügen untersucht und sich dabei der einheimischen Sprache bedient" (W. H. R. Rivers 1913, zitiert nach Kohl 1993: 109). Glaubensvorstellungen und religiöse Praktiken galten als Teil des Lebens und wurden in gleicher Weise beobachtet und erforscht wie die anderen Teile der Kultur, z. B. Sozialwesen, politische Organisation und materielle Kulturen. In der Regel wurde keine oder kaum Rücksicht auf die Einhaltung von religiösen Geboten genommen, obwohl die Vorstellung von religiösem Tabu bereits erkannt und auch untersucht wurde. Feldforscher dieser Zeit sahen sich allerdings außerhalb der Gemeinschaft, und verhielten sich oft so, als ob die Regeln sie nicht betrafen.

Die Form der so genannten stationären Feldforschung, die im Gegensatz zu den Reisen und Kurzaufenthalten früher Ethnologen stand, wird in der Regel mit dem Namen Bronislaw Malinowski verbunden, obwohl bereits Mitte des 19. Jahrhunderts der Russe Miklukho Maklay (1846–1888) die Selbstintegration des Ethnografen in die fremde Gesellschaft gefordert hatte. Malinowski gilt bis heute als Pionier der teilnehmenden Beobachtung. Seinen

Ruhm begründete er vor allem mit seinem Buch *Argonauts of the Western Pacific* (1922), in dem er Ergebnisse seiner Forschung auf den Trobriand-Inseln (1914–1918) veröffentlichte. In der Einleitung bezeichnete er die teilnehmende Beobachtung als „das Paradigma der modernen Ethnologie". Statt auf der Veranda einer Missionsstation zu sitzen, solle der Forscher am Alltag teilnehmen und sich dadurch völlig in die Gemeinschaft integrieren. Malinowski verurteilte daher alle Kollegen, die niemals im Feld waren, die so genannten Lehnstuhlethnologen, zu denen u. a. auch sein Lehrer und Mentor, James Frazer, zählte.

Die Zeit zwischen den beiden Weltkriegen schuf ideale Bedingungen für stationäre Feldforschungen. Unter dem Schutz von Kolonialverwaltungen machten sich Ethnologen auf die romantisch verklärte Suche nach dem einfachen Leben in homogenen, isoliert lebenden Gemeinschaften. Das Machtverhältnis zwischen Forschern und Erforschten blieb in der Forschung sowie in den Schriften unbeachtet. Kaum ein Forscher dieser Zeit erwähnt in seinen Publikationen, dass seine Forschungen nicht nur unter dem Schutz der Kolonialverwaltung standen, sondern mitunter sogar von den entsprechenden Ministerien und Ämtern finanziell gefördert wurden. Gerade bei religionsethnologischen Forschungen konnte es sich als hinderlich herausstellen, wenn jemand, der in Beziehung zur Kolonialverwaltung stand, Fragen nach religiösen Praktiken, die zu dieser Zeit oft noch verboten waren, stellte. Die Ausübung von Vodou-Ritualen wurde offiziell erst 1987 in Haiti erlaubt; das Anti-Obeah-Gesetz, das die britische Kolonialregierung 1760 (mit späteren Erweiterungen) verabschiedete, ist in Jamaika und anderen karibischen Staaten des früheren britischen Kolonialreichs bis heute in Kraft.[2] Ohne diese politischen Verhältnisse zu berücksichtigen, kann eine Einschätzung der Verbreitung religiöser Praktiken zur Kolonialzeit nur ungenau sein. Jegliche Untersuchung über die Bedeutung dieser Praktiken und der damit verbundenen Glaubensvorstellungen kann dann nur bedingt Einsichten erbringen.

Ein weiteres Problem ergibt sich aus der Darstellungsweise. In der Hochphase ethnologischer Feldforschungen entstanden zahlreiche Monografien über Gemeinschaften mit scheinbar stabilen Sozialverhältnissen, die als allgemeingültig für ihre gesamte Kultur betrachtet wurden. Das gleiche gilt für religionsethnologische Werke. Eine Studie über ein Dorf mit einer begrenzten Einwohnerzahl, die leicht überblickt werden konnte, diente der Beschreibung einer Ethnie von einigen hunderttausend Mitgliedern und ihrer Religion, wobei der vorgefundene Zustand als unveränderlich dargestellt wurde. Der Eindruck, den die Leser über die Glaubensvorstellungen erhielten, war somit statisch. Die Religionen wurden in einer Weise repräsentiert, die den Eindruck vermittelte, dass sie in diesem Zustand bereits geschaffen wurden. Jegliche

Veränderung und damit auch die Kreativität der Gläubigen, sich dem zu dieser Zeit bereits eingetretenen politischen Wandel auch kulturell anzupassen, wurden damit ausgeblendet. Dahinter verbirgt sich nach Akhil Gupta und James Ferguson (1997) ein naturalistisches Ideal von Feldforschung: so wie Zoologen ja auch nur Tiere in ihrer natürlichen Umgebung studieren, interessieren sich Ethnologen Malinowskischer Art nicht für Mitglieder einer Ethnie, die sich außerhalb ihres Dorfes aufhalten (z. B. Migranten), haben sie doch ihre „natürliche Umgebung“ verlassen. Ausgangspunkt für diese Haltung ist die Vorstellung von unveränderlichen, homogenen Kulturen, die in Einklang mit der Natur leben. Aber hat es diese Kulturen und diese damit verbundenen Religionen jemals gegeben? Bereits zu Beginn des 20. Jahrhunderts erwähnen Ethnologen in ihren Berichten über indigene Kulturen Veränderungen, aber in der Regel nur beiläufig und stets mit Kritik verbunden. Kulturwandel wurde als kulturelle Verelendung dargestellt, welche die Ethnologie jener Zeit ablehnte. Wenngleich diese Abneigung gegen den Kulturwandel nicht lange währte und in den 1960er Jahren Akkulturation zum Schlagwort wurde, konnte erst die postkoloniale Kritik an der Ethnologie den Fokus der Forschung endgültig von isolierten, kleinen Gemeinschaften abrücken. Auch Melville Herskovits (1895–1963), wichtiger Vertreter der Akkulturationsstudien und Begründer der Afroamerikanistik in den USA, verglich die karibischen Kulturen und Religionen mit denen in Westafrika noch auf einer historischen Ebene. Obgleich es ihm darum ging, die Anpassung der afrikanischen Kulturen an Amerika zu untersuchen und die Veränderungen aufgrund der Sklaverei zu ermitteln, verglich er beispielsweise Religionen, die er Mitte des 20. Jahrhundert in Trinidad, Haiti und anderen Teilen Afroamerikas beobachtete, mit der Yoruba-Religion in Nigeria zur gleichen Zeit. Er vermittelte somit den Eindruck, dass sich die Religion in Nigeria seit dem Ende des Sklavenhandels nicht verändert hatte. Die Folge seines Einflusses hat die Afroamerikanistik lange behindert. Erst seit kurzem beginnt sich unter dem Einfluss neuerer Studien von Historikern diese Haltung zu ändern (siehe beispielsweise die Arbeiten von J. Lorand Matory).

Die problematische Haltung gegenüber Glaubenssystemen in der klassischen Phase der Feldforschung steht im engen Zusammenhang zum Verhältnis zwischen Forscher und Feld bzw. dem vermeintlichen Ideal, welches bestimmte, dass der Forscher während der Forschungszeit Teil des Sozialverbands wurde – aber nur bis zu einem gewissen Ausmaß. Er sollte als Mitglied akzeptiert werden, wobei aber gleichzeitig das Verhältnis zwischen ihm und der Gruppe nicht zu eng werden durfte. Die Forscher sollten die Distanz zur Gemeinschaft wahren, um die akademische Objektivität zu gewährleisten, sonst drohte die akademische Missbilligung, mitunter sogar das Ende der wissenschaftlichen

Karriere (Dammann 1992). Wie bewahrt man aber Distanz, wenn man sich gleichzeitig in die Gemeinschaft integrieren soll? Für Malinowski reichte die exotische Fremdheit aus, um die Distanz nie völlig zu überwinden, wie seine posthum erschienenen Tagebücher zeigten (siehe *A diary in the strict sense of the term*, 1967, auf Deutsch 1985). Eine wirkliche Integration, das vollständige Eintauchen in die fremde Gemeinschaft, stellte sich (für Malinowski) als unmöglich heraus. Malinowskis Bücher und die seiner Zeitgenossen illustrieren die Ignoranz gegenüber der problematischen Beziehung zwischen Ethnologen und den Anderen in Fragen der Autorität, sowohl auf empirischer als auch auf repräsentativer Ebene. Ethnologen dieser Zeit sahen es als ihr Recht an, in alle Bereiche des sozialen und kulturellen Lebens zu blicken, deren Bedeutung zu ermitteln bzw. darüber zu spekulieren und anschließend darüber zu schreiben. Die meisten Gesellschaften verfügen allerdings über Bereiche, deren Zugang beschränkt ist, sei es auf der Basis von Gender, Alter, sozialer Stellung oder Initiation. Und sollte ein Fremder wirklich etwas erfahren haben, was ihm eigentlich nicht zusteht, so bedeutete das nicht, dass er damit auch das Recht erwarb, das Wissen weiterzugeben. Gerade beim religionsethnologischen Forschen müssen diese Regeln eingehalten werden. Das Museum of Melbourne hat dieses Fehlverhalten übrigens sehr eindrucksvoll mittels eines inszenierten Gesprächs zwischen Baldwin Spencer und seinem Hauptinformanten illustriert. Eine Anklage des *Aborigine Elder* lautete beispielsweise: „Wir haben dich aufgenommen und dich mit Respekt behandelt. Wir dachten, du bist unser Freund. Aber du hast unser Vertrauen missbraucht. Ja, glaubst du denn, wir hätten dir alles erzählt? Auf deine zahlreichen Fragen haben wir so geantwortet, wie wir einem Kind antworten würden. Dein Wissen über unsere Bräuche entspricht somit dem Wissenstand eines Kindes und keineswegs dem eines eingeweihten Erwachsenen."[3] Die Rede illustriert einen zentralen Punkt, der zur Krise der ethnografischen Repräsentation führte und letztendlich die Ethnologie mit ihrem Ideal der Feldforschung in Verruf brachte. Die Arbeit westlicher Ethnologen im Feld wurde in der zweiten Hälfte des 20. Jahrhunderts zunehmend als Exotismus verurteilt. Ethnologische Beschreibungen galten außerhalb des Faches als nette Reisebeschreibungen, einige wurden sogar zu Bestsellern, wie etwa die ironischen Feldforschungsbeschreibungen von Nigel Barley (siehe z. B. Barley 1990). Aber als wissenschaftliche Disziplin kam die Methode und damit das Fach in Verruf. Vor allem die Kulturanthropologie rückte infolgedessen immer mehr von der Feldforschung ab und erkundete andere Felder, wie beispielsweise die Literatur und die Kunst, während die Sozialanthropologie mit ihrem starren Festhalten an den Idealen den Kontakt zu anderen Disziplinen verlor. Erst das Aufkommen der dialogischen Ethnologie führte zu einem Revival der Feldforschung. Heute gehört die Feldforschung weiterhin zum Standard jeder ethnologischen Ausbildung und beeinflusst zunehmend die Ausbildung in anderen Disziplinen.

Feldforschung im 21. Jahrhundert

Auch im 21. Jahrhundert steht die Auseinandersetzung mit dem Fremden im Zentrum der Ethnologie. Im Unterschied zur klassischen Ethnologie mit der idealtypischen Feldforschung in einer isolierten und begrenzten Gemeinschaft werden im 21. Jahrhundert neue Felder erkundet. Über die Untersuchung von Migrantengruppen eroberte die Ethnologie zuerst die Großstadt als Untersuchungsgebiet (siehe z.B. die Arbeiten von Ulf Hannerz), dann folgten in rascher Folge Theateraufführungen (als Teil der Theaterethnologie), Unternehmenskulturen (als Teil der Wirtschaftsethnologie) und sogar das Internet. Damit ist die „Ent-Territorialisierung der Forschung“ (Kremser, 1998) in neuen, in virtuellen Räumen angekommen.

Auch die Religionsethnologie veränderte ihre Forschungsfelder, wie auch meine eigene Erfahrung zeigt. So ging ich bei meiner Forschung über Religionsgemeinschaften karibischer Migranten in New York anfangs von der Idee aus, über fest begrenzte Gruppen zu schreiben, d. h. über Religionsgemeinschaften, in die ich hoffte, Zugang zu finden. Während meiner Feldforschung musste ich allerdings feststellen, dass sich zum einen nicht alle Anhänger karibischer Religionen festen Gemeinschaften anschließen, und dass sich zum anderen diese Gemeinschaften kontinuierlich verändern und keineswegs fest sind. Dass meine Studie auf Feldforschung in einer Metropole basierte, führte außerdem dazu, dass meine Lebensbedingungen unvergleichbar besser als bei Malinowski waren. Allerdings blieben einige Probleme, wie beispielsweise die Nichteinhaltung von Verabredungen und die ständigen Terminverschiebungen bei den Festen, bestehen. Anstatt aber tagtäglich bei den alltäglichen Verrichtungen von meinen Gesprächspartnern beobachtet zu werden, wie es mir bei früheren Forschungen erging, konnte ich mich nach dem Ende des Interviews bzw. nach dem Abschluss des Festes wieder ungestört in meine Wohnung zurückziehen. Die Teilnahme an Festen war zwar oft ähnlich unbequem und gewöhnungsbedürftig oder der Ort schlecht zu erreichen. Mitunter saß ich aber auch bequem in einem Theatersessel und verfolgte das Geschehen auf der Bühne oder lauschte gebannt dem Vortrag im Museum. Des Weiteren nahm ich an Tanzkursen teil, traf mich mit Gesprächspartnern im Restaurant oder in einer Kneipe und ging zu Konzerten kubanischer Musiker. Alle diese Termine waren Bestandteile meiner Feldforschung über die Bedeutung der Religionen, die mir wichtige Einblicke in die Ausbreitung und die sich kontinuierlich wandelnde Struktur der Religionen vermittelten. Ich habe meine Forschung keineswegs in der idealtypischen Weise durchgeführt, sondern habe mich auf Beobachtungen multipler Szenen (neben religiösen Zeremonien auch Ereignisse im Theater, in Museen, auf Straßen und anderen öffentlichen Plätzen) und persönliche Beziehungen zu einzelnen Personen gestützt, die teilweise per E-Mail sogar nach meiner Rückkehr nach Deutschland noch weiter ausgebaut werden konnten. Diese Form der Forschung hat James Clifford, wie bereits erwähnt, als *multiply located*, vielfach verortet, bezeichnet. Als Beispiel verweist Clifford auf Browns Arbeit über Mama Lola, die haitianische Vodou-Priesterin in Brooklyn (1991) (Clifford 1997: 189). Während Brown bei der Ersterscheinung des Buches 1991 kritisiert wurde, weil sie sich lediglich auf eine Person stützte, erkannten Clifford und andere die methodologische Bedeutung dieser Studie. Das Besondere an ethnologischer Forschung im 21. Jahrhundert ist die Untersuchung von Einzelfällen und von Beziehungen innerhalb neuer, globaler Zusammenhänge.

Daraus ergibt sich eine methodologische Schwierigkeit, da das Besondere individueller Formen keineswegs auf alle übertragen werden kann. Eine Verallgemeinerung bzw. die Darstellung einer Religion in holistischer Weise, wie sie lange üblich war, ist heute nicht mehr möglich. Wir können lediglich individuelle Sichtweisen präsentieren, wie beispielsweise auch Karl-Heinz Kohl bei seiner Analyse mythischer Überlieferungen betont (Kohl 1998: 285–286). Mythen repräsentieren das kollektive Gedächtnis einer Gruppe, beinhalten aber gleichermaßen eine schöpferische Individualität. Untersuchungen von Mythen oder anderen religiösen Produkten betonen heute deshalb stets auch die individuelle Leistung der Mythenerzähler, ihre Dichtkunst und die Originalität ihrer Erzählungen, ohne aber die Existenz kollektiver Traditionen zu negieren (Schmidt 2002: 320, mit Verweis auf Münzel 2000: 212–213). In meiner Studie über die karibischen Religionsgemeinschaften in New York City verwende ich den Begriff polyfone Bricolage, um auf die Vielfalt individueller Sichtweisen kollektiver Schöpfungen hinzuweisen. „Daher handelt es sich bei den ethnografischen Beispielen in meiner Studie lediglich um eine Auswahl aus der Variationsvielfalt, die nur eine begrenzte Realität darstellt. [...] Die Vertreter karibischer Kultur demonstrieren mit ihren schillernden religiösen Formationen, dass es keinen Stillstand gibt, dass der Prozess der Neuzusammenstellung nie zum Ende kommen wird, da kontinuierlich weitere Formen entstehen“ (Schmidt 2002: 320). Bei einer solchen Studie ist die Forschungsmethode wichtiger als jemals zuvor. So betont Gerd Baumann, dass erst „kontextsensitive Methoden“, d. h. die teilnehmende Beobachtung, ein „Netz möglichst vieler bedeutsamer Details [flechtet], das Teile und Ganzes aufeinander bezieht und die internen Widersprüche des Ganzen sichtbar macht" (Baumann 2000: 166, 167). Die Darstellung individueller Sichtweisen bedeutet also keineswegs, dass wir den Anspruch an die Ethnologie, eine kritische Wissenschaft zu sein, aufgeben. Die Ethnologie steht heute zwar stärker als jemals zuvor im Dienst der von ihr Erforschten, dennoch können wir uns weiterhin kritisch äußern. „Im Zeitalter ‚ethnischer Renaissance' darf die Ethnologie nicht inmitten steriler Debatten über den Konstruktionscharakter stehen bleiben, sondern sollte diese konstruierten Gemeinsamkeiten – ob es nun Identitäten, Religionen oder Nationen sind – aus emischer Perspektive betrachten und ihre Bedeutung dann aus wissenschaftlicher Perspektive analysieren." (Schmidt 2002: 322, bezugnehmend auf Kohl 2000: 81). Auch (oder gerade) bei religionsethnologischen Forschungen begegnen uns immer wieder Phänomene, die unseren eigenen ethischen Ansichten widersprechen. So hatte ich in New York City Probleme beim Verständnis der brasilianischen Neopfingstbewegung und ihrer äußerst kommerziellen Haltung angesichts des Elends Not leidender Menschen. Dennoch vermittelten mir meine Besuche der Gottesdienste und der anschließenden Konsultationen sowie meine Gespräche mit Gläubigen einen wichtigen Einblick in das Leben der Migranten in New York City und halfen mir, ihre Motivationen besser einzuordnen. Forschungen über Neue Religiöse Bewegungen, wie beispielsweise die Unification Church (auch unter Moonies bekannt[4]) oder die Aum Shinrikyō (weltweit bekannt geworden durch das Attentat auf die U-Bahn in Tokyo 1995), führen zu ähnlich heiklen Situationen. Besonders schwer ist eine Forschung in Krisengebieten. Heike Behrend beschreibt etwa in ihrer Studie über die Holy-Spirit-Bewegung der Alice Lakwena in Uganda, wie gefährlich die Forschung in Uganda war und auch wie schwer es ihr fiel, „die notwendige Sympathie für den ‚Gegenstand', die [ihr] Voraussetzung für eine Ethnografie zu sein schien, [...] zu erlangen" (Behrend 1993: 17). Behrend hat mit ihrer Arbeit gezeigt, wie wichtig es ist, die eigenen Gefühle und die Haltung gegenüber dem Gegenstand der Forschung zu reflektieren (siehe auch das von Nordstrom und Robben herausgegebene Sammelwerk *Fieldwork under Fire*, 1995). Es ist nicht möglich, alles nachzuvollziehen oder alles in Worte zu fassen, was wir in der Feldforschung sehen und erleben. Aber wir sollten uns über die Beschränkung im Klaren sein und versuchen, eine aufgeschlossene Haltung zu bewahren.

Die Beziehung zwischen Forscher und Feld ist somit heute eine andere als zu Beginn. Gerade bei der Forschung über Glaubensvorstellungen und geheime Praktiken ist das Verhältnis besonders sensibel. Religionsethnologische Feldforschungen gehören zu den schwierigsten Studien der Ethnologie, behandeln sie doch Themen, die von den Angehörigen der Religionen mitunter als geheim oder zumindest als privat angesehen werden. Genau wie man Kindern den Zugang zu bestimmten Informationen nur nach und nach gewährt, werden auch

Fremde und Nichteingeweihte ausgeschlossen oder mit nichtigen Informationen abgespeist. Auf Fragen erhalten sie oftmals lediglich eine oberflächliche Antwort, Geheimnisse werden ihnen vorenthalten. Wie sollen Ethnologen mit diesem Problem umgehen? Wie im vorherigen Kapitel bereits erwähnt wurde, setzte sich Evans-Pritchard über diese Regel hinweg und überredete einen seiner Diener, für ihn die geheimen Praktiken zu ermitteln. Heute wird dieses Verfahren abgelehnt und Studierende der Ethnologie werden angeleitet, die Grenzen, die Gläubige setzen, zu respektieren, auch wenn sie die Forschung behindern und das Resultat verändern, ja sogar verfälschen können.

Der Zugang zu den Informationen über Rituale und andere religiöse Praktiken berührt die Debatte um Insider/Outsider, welche die gesamte Forschung über Religionen betrifft, nicht nur die ethnologische. Rudolf Otto und andere radikale Vertreter der Insider-Position waren der Ansicht, dass nur Personen, die an eine Religion glauben, Religion an sich verstehen können. Atheisten sei der Zugang zu allen Religionen verschlossen. So schreibt Otto zu Beginn seines Buches *Das Heilige* (1917): „Wir fordern auf, sich auf einen Moment starker und möglichst einseitiger religiöser Erregtheit zu besinnen. Wer das nicht kann oder wer solche Momente überhaupt nicht hat, ist gebeten, nicht weiter zu lesen. Denn wer sich zwar auf seine Pubertätsgefühle, Verdauungsstockungen oder auch Sozialgefühle besinnen kann, auf eigentümliche religiöse Gefühle aber nicht, mit dem ist es schwierig, Religionskunde zu treiben" (1987: 8). McCutcheon und andere Vertreter der Outsider-Position sind dagegen der Ansicht, dass eine Religion nur objektiviert-distanziert erforscht werden könne, d. h. von der Outsider-Position, da Forscher, die an eine Religion glauben würden, stets die fremde mit der eigenen vergleichen würden und daher nie wissenschaftlich objektiv sein könnten (siehe die Einleitung in dem von McCutcheon herausgegebenen Reader *The Insider/Outsider Problem in the Study of Religion*, McCutcheon 2005: 1–11). Die gegenüberstehenden Positionen werden in der Regel mit den linguistischen Termini emisch und etisch (Kenneth Pike) bezeichnet, wobei die emische Perspektive eine Untersuchung bezeichnet, die religiösen Vorstellungen und Praktiken aus der Sicht der Gläubigen nachgeht, und die etische Perspektive eine Studie, welche die Funktionen und Bedeutungen der Religion von außen betrachtet und untersucht (siehe auch McCutcheon 2005: 15–22). Auch hier zeigt sich wieder, wie hinderlich das Festhalten an statischen Oppositionen ist. Die Religionsforschung soll als akademisches Feld säkular und wissenschaftlich sein. Objektive Distanz wird gefordert. Jemand, der über eine Religion arbeitet, sollte sich nicht in eine Religion hineinbegeben, sondern sie von außen erklären (Knott 2005: 245). Aber wer ist schon ein völliger Insider und wer ein völliger Outsider? Darf ein Christ nicht über das Christentum, ein

Muslim nicht über den Islam und ein Buddhist nicht über den Buddhismus arbeiten? Oder nur nicht über die eigene Schule bzw. religiöse Richtung? Ist nicht die Ausbildung wichtiger als der eigene Glauben? Michael Pye führt aus diesem Grund den Begriff der beobachtenden Teilnahme als Ergänzung zur teilnehmenden Beobachtung in die Debatte ein. Damit bezeichnet er einen akademisch ausgebildeten Angehörigen einer Religionsgemeinschaft, der aufgrund der Ausbildung in der Lage ist, trotz Teilnahme als Mitglied wissenschaftlich distanziert zu forschen (Pye 2000: 78–79).

Graham Harvey stellt in seinem Aufsatz einen spannenden Ausweg aus dem Dilemma der sich dualistisch gegenüberstehenden Positionen vor, der auf dem Gast-Konzept der Maori beruht. Harvey argumentiert, dass jeder Forscher im Verlauf der Forschung mehr als eine Position einnimmt und dass aus diesem Grund das im Westen verankerte dualistische Denken nicht hilfreich ist. Er verweist als Alternative auf das Verfahren der Maori (und anderer Ethnien), einen Fremden in einen Gast zu verwandeln. Analog zum Maori-Protokoll der Verwandlung von Fremden verändert sich auch die Position des Forschers, sowohl aus dessen Sicht als auch aus Sicht der Anderen, da sich die Forderungen an den Forscher bzw. die Vorstellungen darüber, wie er sich zu verhalten hat, verändern. Infolgedessen wandelt sich auch das Verhältnis. Es geht nicht mehr um *wir* (Forscher) und *sie* (die Fremden), in einem Gastgeber-Gast-Verhältnis geht es stattdessen um *uns* (Harvey 2003: 143). Diese dritte Position wird von Harvey dadurch charakterisiert, dass sie weder die Position eines subjektiven Einheimischen noch die eines objektiven Außenseiters ist. Seiner Ansicht nach war die Möglichkeit dieser Art von Forschung stets vorhanden, ihre Ausübung wurde lediglich durch die kolonialen Machtstrukturen behindert. Die heute verbleibende Schwierigkeit sei es, die Methode, mit der die jeweilige Gastgebergesellschaft Fremde integriert, zu erkennen. Wenngleich noch lange nicht alle Forschungen heute dieser Forderung entsprechen, folgen doch mehr und mehr religionsethnologische Untersuchungen dem Weg (siehe auch das Modell eines Kontinuums zwischen den beiden Positionen in Knott 2005). Die Ethnologie hat mit der teilnehmenden Beobachtung eine Methode entwickelt, mit der aus möglichst vielen Daten ein dichtes Netz geflochten werden kann. Baumann betont, dass ein Ethnologe „durch diesen kreativen Akt der Neuvernetzung [...] den Finger auf die Dialektik des menschlichen Zusammenlebens zu legen [sucht], sei es in großen Maßstäben oder in kleinen“ (2000: 167). Studierende der Ethnologie lernen heute, Abhängigkeiten sensibel zu erkennen. Feldforschung bedeutet, auf Gewährsleute Rücksicht zu nehmen, deren Probleme zu respektieren und vor allem zu lernen, dass Feldforschung in erster Linie Anpassung bedeutet und keineswegs die rücksichtslose Durchsetzung akademischer Zeitpläne und Forschungsthesen.

Eine religionsethnologische Untersuchung präsentiert heute idealerweise eine multiple Lesart der Realität (da Matta 1991: 241) und keineswegs auf dogmatische Weise nur eine Perspektive. Die Aufgabe der Ethnologen besteht nach Geertz darin, die Ansicht ihres Gesprächspartners „richtig herauszubekommen, [ihre Geschichte] zugänglich, ihre Realität wahrnehmbar zu machen und den kulturellen Rahmen klarzustellen, in dem sie existiert" (Geertz 1993: 140). Dabei wird die ursprünglich fremde Realität gleichsam von ihrem exotischen Reiz befreit und in etwas Bekanntes, fast Familiäres verwandelt. Gleichzeitig behält sie aber ihren Charakter der Fremdheit, denn Ethnologie beinhaltet stets eine Auseinandersetzung mit der Fremde. In diesem Prozess dürfen die Realität nicht künstlich konstruiert, Widersprüche geglättet und Brüche überbrückt werden. Die Besonderheit unserer Forschung liegt gerade darin, das Ungerade offenzulegen und nicht etwa zu beschönigen, denn „was immer Ethnografie sonst noch sein mag [...], sie ist vor allem eine Wiedergabe des Wirklichen, eine in Worte gefaßte Vitalität" (Geertz 1993: 138). Was aber ist die Wirklichkeit? Das zu entscheiden müssen wir den Gesprächspartnern überlassen, den Menschen, die mit uns über ihren Glauben sprechen, denn wir präsentieren in unseren Schriften ihre Wirklichkeit und nicht die unsere. Es ist daher wichtig, die Forschung reflexiv anzulegen und den dialogischen Charakter der Ethnologie zu bewahren.

Auf einen Punkt bin ich bisher in diesem Kapitel noch nicht eingegangen, und zwar auf das Problem der Übersetzung. Wie bereits beschrieben, ist ein Ziel der Ethnologie, die fremde Kultur Mitgliedern der eigenen Kultur näher zu bringen. In der Religionsethnologie stoßen wir dabei schnell an die Grenzen der Übersetzbarkeit, die weit über das Problem der Sprachkompetenz hinausgehen. Wie können wir beispielsweise das Konzept des Nirvana erklären, wenn es in unserer Sprache keine Entsprechung gibt. In meinem Forschungsfeld hat mich die Übersetzung von *lwa* zur Verzweiflung gebracht. In der Literatur wird *lwa* mit Geist, Gott, Gottheit und sogar Engel übersetzt, aber keiner der europäischen Begriffe fasst wirklich, was die Vodou-Gläubigen unter *lwa* verstehen. Meine Lösung war es, den einheimischen Begriff zu verwenden und zwar in der einheimischen Schreibweise und nicht verwestlicht als *loa*. Ich musste jedoch während der Feldforschung erst einmal lernen, dass *lwa* keineswegs Gottheiten oder Geister sind. Anstatt Angaben aus der Literatur zu übernehmen, begann ich also, die Gläubigen dazu zu befragen. Feldforschung bedeutet auch immer, zu lernen, die „richtigen" Fragen zu stellen und bei den „falschen" Fragen auf die Antworten zu hören.

Grenzgänger zwischen Wissenschaft und Religion

Seit einiger Zeit werden wir immer häufiger mit einem sehr kritischen Problem konfrontiert, das mit der Sensibilisierung verknüpft ist: die Infragestellung der Distanz zwischen Forscher und Forschungssubjekten. Können wir über Gemeinschaften arbeiten, die wir nicht verstehen? Können wir Glaubenssysteme verstehen, mit denen wir nicht verbunden sind? Inwieweit behindern uns soziale Grenzen, die von Malinowski doch gefordert wurden? Können wir verstehen, was es heißt, lebenslang unter politischer oder sozialer Diskriminierung zu leiden und die eigenen Glaubensvorstellungen verheimlichen zu müssen? Diese Fragen verweisen erneut auf die postkoloniale Debatte, die der Ethnologie vorwarf, die kolonialen Machtverhältnisse bei der Forschung nicht beachtet zu haben. Die Ethnologie galt als Handlanger der Kolonialmächte und daher als Vertreter der Unterdrücker. Folglich konnten Ethnologen aus Europa und Nordamerika nie zur Stimme unterdrückter Völker werden. Auf die heutige Diskussion übertragen bedeutet dieser Vorwurf, dass Ethnologen allein aufgrund ihrer ethnischen Herkunft nicht über afroamerikanische Religionen arbeiten können, es sei denn, sie konvertieren zu der jeweiligen Religion. *Going native*, d. h. die Initiation des Forschers in die Glaubensgemeinschaft, die Gegenstand der Forschung ist, ist ein zunehmend verbreiteter Sonderfall bei religionsethnologischen Feldforschungen. Obwohl das Problem, dass bestimmte Informationen geheim und daher für Außenseiter nicht zugänglich sind, die Religionsethnologie bereits von Anfang an beschäftigt hat, werden *going native* und die Konversion erst in letzter Zeit zum Thema der religionsethnologischen Debatten. Ein Ethnologe, der Wissenschaftler bleiben und als solcher anerkannt werden will, durfte in der Regel nicht konvertieren. „Das Beharren auf dem Erhalt der Grenze zwischen Wissenschaft und untersuchter Gesellschaft" liege laut Mareile Seeber-Tegethoff darin begründet, dass sich die Ethnologie als Übersetzungswissenschaft verstehe (Seeber-Tegethoff 2005: 12). Sie benötigt somit zwei verschiedene Einheiten. Mit dieser Begründung wird die Ethnologie als die Wissenschaft über das Fremde charakterisiert. Es geht demnach nicht um die Erforschung der eigenen Kultur, der eigenen Gesellschaft (dafür seien andere Fächer zuständig), sondern um die Erforschung anderer, fremder Gesellschaften, denn wichtig seien gerade die Begegnung mit dem Fremden und die Erfahrung des Kulturschocks. Nun hat sich aber, wie bereits erläutert wurde, das ethnologische Feld in den letzten Jahrzehnten gewandelt. Warum also sollte sich nicht auch die Methodik verändern? Warum ist es noch immer so problematisch, wenn Wissenschaftler sich von ihrem Gegenstand derart faszinieren lassen, dass alle Grenzen fallen?

Hier zeigt sich wieder einmal, wie viel die Ethnologie von den Diskursen in der Peripherie lernen kann, denn dort werden Fragen wie die Distanz zwischen Forscher und Erforschten neu beantwortet. Ethnologen in Lateinamerika untersuchten von Beginn an Gruppen aus der eigenen Gesellschaft. Zwar meint man auf den ersten Blick, eine Forschung über die eigene Kultur erfordere andere Methoden, aber auch ein Ethnologe brasilianischer Herkunft hat sich durch seine wissenschaftliche Ausbildung von seiner ethnischen Heimat gelöst. Die Distanz zwischen einem lateinamerikanischen Intellektuellen und einem Indianer kann genauso groß sein wie zwischen einem europäischen Ethnologen und dem Indianer. Warum wird also *going native* weiterhin als Problem erachtet? Bei einer Tagung stellte mich der Moderator mit meinem ethnologischen Arbeitsgebiet als Vortragende vor, meine referierende Kollegin allerdings als Wicca, d. h. als Mitglied der neuen Hexenbewegung. Sie wehrte sich zu Recht gegen diese Vorstellung, da sie bei dieser Tagung nicht als Mitglied einer Religionsbewegung, sondern als Wissenschaftlerin sprach. Genauso würden die meisten Wissenschaftler es ablehnen, vor Beginn eines Vortrags mit ihrer Religionszugehörigkeit anstelle des Arbeitsgebietes eingeführt zu werden. Dennoch möchte ich an dieser Stelle kurz an den wissenschaftshistorischen Überblick erinnern und daran, wie wichtig es für die Entstehung der Religionsethnologie war, dass sich die Gründerväter im Laufe ihres Lebens ihrer religiösen Herkunft und Erziehung widersetzten (siehe Evans-Pritchard 1981). Es beeinflusste maßgeblich den Beginn der Religionsethnologie, dass Tylor, Frazer, Freud, Durkheim und viele mehr Atheisten bzw. Agnostiker wurden. Genauso prägt die Religionszugehörigkeit die Sichtweise auf Religion, erkennbar beispielsweise an der veränderten Auffassung von Evans-Pritchard durch seine Konversion zum Katholizismus. Interessanterweise wird der Glaubenswechsel von Evans-Pritchard meistens nur beiläufig in wissenschaftshistorischen Abhandlungen erwähnt. So scheint der Übertritt zu global verbreiteten Religionen wie Christentum oder Buddhismus kein Problem darzustellen, obwohl sich dadurch oftmals die Haltung zu Religionen an sich veränderte. Dagegen wird die Initiation in kleinere Religionen, bei denen der Zugang zu bestimmten Ritualen eingeschränkt ist, als Problem behandelt. Allerdings nicht aufgrund möglicher Beeinflussung bei der Interpretation, sondern aufgrund des Zugangs zu Informationen, die nur ein Eingeweihter haben darf. Natürlich wird auch kritisiert, dass *going native* Auswirkung auf die Forschung und die Interpretation der religiösen Praktiken hat. Vor allem wird aber diskutiert, ob der Forscher aufgrund der Initiation neue Erkenntnisse erhält und wie dann solche Informationen bewertet werden sollen. Wie soll beispielsweise ein Doktorand mit Informationen umgehen, die vielleicht das Ergebnis der Dissertation bereichern, die aber nicht auf der wissenschaftlich distanzierten Vertrauensbeziehung zwischen Forscher und Religionsgemeinschaft beruhen, sondern auf einer Initiation?

Gerade bei Untersuchungen afroamerikanischer Religionen, der neuen Hexenbewegung oder New-Age-Bewegungen zeigt sich zunehmend, wie stark mehr und mehr Ethnologen von ihrem Arbeitsfeld fasziniert sind, sogar so sehr, dass sie sich initiieren lassen. In der westlichen Ethnologie galten diese Grenzgänger lange als disqualifiziert. Die Folge war, dass viele Forscher die Initiation öffentlich nicht bekannt gaben, obgleich sich das Wissen darüber bei Tagungen und anderen Treffen dennoch über Gerüchte verbreitete. Eine bekannte Ausnahme war Pierre Verger (1902–1996), der, obgleich er keine formale universitäre Ausbildung erhalten hatte, 1966 mit seiner Arbeit über afrobrasilianische Religionen an der Sorbonne promovierte und sein Leben lang als Spezialist für afrobrasilianische Religionen anerkannt war. Er war so stolz auf seine Initiation, dass er daraufhin seinen neuen religiösen Namen Fatumbi in seinen Geburtsnamen einfügte und unter diesem publizierte (siehe z. B. Verger 1997). Ein weiterer Ethnologe, der relativ offen mit seiner Initiation umging, war Roger Bastide, der sich, wie Astrid Reuter in seiner Biografie schreibt, den ersten Schritten der Initiation unterzogen, aber nach eigenen Angaben keine Zeit für die weiteren gehabt hatte (Reuter 2000: 215). Gerade afrobrasilianische Religionen eignen sich für das Grenzgängertum zwischen Wissenschaft und Religion, so Seeber-Tegethoff, da den Wissenschaftlern innerhalb der Religionsgemeinschaften eine besondere Position geschaffen wurde, und zwar die Position eines *ogã*. Nach Seeber-Tegethoffs Beschreibung handelt es sich dabei um eine alt bewährte Mittlerrolle zwischen Religion und Gesellschaft, die zu Beginn oft von Personen mit einem öffentlichen Amt, z. B. in der Polizei oder Politik, besetzt war, dann aber auf Wissenschaftler und andere Personen übertragen wurde (2005: 150). Der Schriftsteller Jorge Amado war beispielsweise ein *ogã*, aber auch Reginaldo Prandi, Professor für Soziologie in São Paulo, der vor allem mit seiner Monografie über Candomblé in São Paulo (siehe *Os Candomblés de São Paulo*, 1991) bekannt geworden war. Andere Forscher sind sehr viel zurückhaltender bzw. leugnen die Initation. Julio Sánchez Cardenas beispielsweise, den ich während meiner Forschungen in Puerto Rico kennenlernte, stritt mir gegenüber die Initiation ab. Er veröffentlichte allerdings – neben seinem sehr distanziert wissenschaftlich beschreibenden Buch über die Ifa-Religion in Puerto Rico – in einer Universitätszeitschrift einen Artikel über seine Erfahrungen mit dem Ifa-Orakel, in dem er seinen Zugang zur Religion auf sehr persönliche und empathische Weise beschreibt (siehe Sánchez Cardenas 1978 und 1986).[5]

Der empathische Zugang zur Religion wird gerade von den Gegnern funktionalistischer Religionsanalysen gelobt. Allerdings gehen einige, wie etwa

Holger Kalweit, in ihrer Forderung nach der Überwindung der „objektivistisch-materialistischen Forschungsmentalität" zu weit, vor allem wenn sie – in der Tradition von Carlos Castaneda (1925–1998) – ein Schülerverhältnis zwischen Forscher und religiösem Lehrer als unabdingbar für das Eindringen in eine Religion erachten (Kalweit 1988: 249–251).[6] Jean-Pierre Olivier de Sardan kritisiert an postmodernen Religionsstudien, dass viele „ethnoegozentristisch" seien. Die Faszination, welche die fremde Religion auf Ethnologen ausübe, verleite diese zu einer Überdramatisierung exotischer Aspekte, die daraufhin losgelöst vom Alltag betrachtet würden (Olivier de Sardan 1992: 6–8, siehe auch Schmidt 1995: 31–34). Der Grenzgang zwischen der Ergriffenheit von der Faszination, die einen bei der Teilnahme erfasst, und der Wissenschaft, die Distanz und Objektivität fordert, scheint unüberwindbar. Aber auch hier zeigen uns Ethnologen der Peripherie, die außerhalb der europäisch-wissenschaftlichen Zwänge denken, einen Weg. So schaffen es brasilianische Kollegen wie Reginaldo Prandi, Vagner Gonçalves da Silva und andere, eine Mittlerposition zwischen zwei sich scheinbar ausschließenden Standpunkten einzunehmen. Wie Seeber-Tegethoff zeigt, bedeutet der Grenzgang nicht zwangsläufig die Aufgabe der Wissenschaft, d. h. ein Grenzgang ist nicht gleichbedeutend mit *going native* (2005: 370). Während *going native* die komplette Loslösung von der Heimat, d. h. der Wissenschaft, bedeutet, schaffen Grenzgänger die Verbindung, das Eintauchen in die fremde Religion bei Bewahrung der Wissenschaft. Solange dies eingehalten wird, sollte es auch kein Problem darstellen, wenn die Konversion nicht auf Dauer bestehen bleibt, wenn der Forscher nach einer Zeit wieder aus der neuen Religion austritt. Leider ist das nicht immer der Fall, denn mitunter führt die Abkehr von der neuen Religion zu einer so großen Ablehnung, dass jegliche wissenschaftliche Objektivität verloren geht. Hier ist der einzige Ausweg der Wechsel des Forschungsthemas.

Eine weitere extreme Entwicklung aus dem Grenzgang zwischen Wissenschaft und Religion bzw. dem *going native* ist die Vermarktung. Michael J. Harner entwickelte sich beispielsweise vom Schamanismusforscher zum Schamanen, der nun per Internet und mittels Workshop sein Wissen – verpackt in leicht verdauliche Pakete – vermarktet. Christian Rätsch folgt ihm auf dem deutschen Markt. Die Entwicklung liegt im Trend der Globalisierung. *Selling Spiritiuality* ist, wie Jeremy Carrette und Richard King (2005) beschreiben, weltweit verbreitet. Anstatt diese Abkehr von der Wissenschaft als Verrat zu beklagen, erkennen junge Ethnologen hier neue, spannende Untersuchungsfelder. Aber auch in diesem Fall sollten stets die Grenzen derjenigen, die Religion praktizieren respektiert werden.

Im Unterschied zu den Ethnologen der Anfangsjahrzehnte besteht heute nicht mehr der Anspruch, alles zu berichten und komplett offenzulegen. Heute sollte nur noch das präsentiert werden, was die Gläubigen erlauben. Es macht keinen Unterschied, ob der Forscher initiiert ist oder nicht, ob er Atheist ist oder Buddhist. Die Religionsgemeinschaft hat die Autorität, sowohl in der Forschung als auch in der Repräsentation. Folgt ein Ethnologe dieser Richtlinie, dann ist es nicht mehr so entscheidend, welche Informationen durch die Initiation und welche durch ein Vertrauensverhältnis erhalten wurden. Entscheidend ist, dass die Methode der Datengewinnung offengelegt wird. Beide Annäherungen, die als Gläubiger und die als Außenseiter, ergeben wichtige Einblicke in die Religion. Raymond Firth schreibt, dass es unmöglich ist, genau zu erfahren, wie Fremde denken und fühlen. Wir beobachten Rituale und Zeremonien, aber können nie nachvollziehen, was im Kopf des Priesters oder der anderen Teilnehmer am Ritual vorgeht (Firth 2004: 5). Das gilt auch für Grenzgänger, denn wenn sie auch durch die Initiation Teil der Religionsgemeinschaft wurden, bestehen die sozialen und ethnischen Grenzen weiterhin. Auch Karen McCarthy Brown kann trotz Initiation in Vodou und jahrzehntelanger Vertrautheit mit der Priesterin doch nie erspüren, was in Mama Lola, einer ehemaligen haitianischen Prostituierten, vorgeht.

Anmerkungen

1 Ich beschäftige mich in diesem Kapitel nicht mit der Darstellung der Methoden und Techniken der ethnologischen Feldforschung, sondern beschreibe deren Bedeutung innerhalb der Religionsethnologie. Für Informationen zu den Techniken verweise ich auf die Beiträge in dem von Bettina Beer herausgegebenen Sammelwerk (siehe Beer (Hrsg.) 2003).
Die Darstellung der „idealen“ Feldforschung basiert teilweise auf meinem Artikel ‚Mit der U-Bahn ins Feld‘: Der Abschied von Malinowskis einsamer Insel, in der Zeitschrift *Anthropos* 99 (Schmidt 2004), die Darstellung der Feldforschung im 21. Jahrhundert greift teilweise auf das letzte Kapitel meiner Studie über die karibischen Religionen in New York City (Schmidt 2002: 317–325) zurück.

2 Laut Nicola H. Götz 1995: 151, Fussnote 16. Auch eine Suche im Internet ergibt weitere Belege, wobei allerdings zu bedenken ist, dass in einigen Staaten mittlerweile der Widerstand gegen eine Änderung erlosch (siehe dazu auch Götz 1995: 156 über einen gescheiterten Versuch des Premierministers, das Anti-Obeah-Gesetz in Guayana 1973 aufzuheben).

3 Dieses Zitat habe ich nach dem Besuch des Museums in Melbourne im Sommer 2006 aus der Erinnerung transkribiert.

4 Die Arbeit von Eileen Barker, die sich zur Aufgabe gemacht hat, den Lesern die Motive und Vorstellungen der Mitglieder der Unification Church zu erklären, ist ein gutes Beispiel für eine solche Feldforschung (siehe Eileen Barkers Buch *The Making of a Moonie,* Barker 1984).

5 Siehe auch Karen McCarthy Brown 2005 (1999) über ihre Erfahrungen mit ihrer Zusammenarbeit mit der haitianischen Vodou-Priesterin, die sie in ihrem Buch *Mama Lola* porträtierte, und die Reaktionen, die diese Zusammenarbeit bei Kollegen hervorrief.
Ein Bereich, den ich hier nicht behandle, ist der andere Grenzgang, d. h. das zunehmende

Eindringen von Religionsvertretern in den Buchmarkt und in die Wissenschaft. So gründete beispielsweise ein Chango-Priester in Puerto Rico ein Institut für die Erforschung afrikanischer Kulturen, sprach auf internationalen Tagungen über seine Religion und veröffentlichte mehrere Aufsätze und kleinere Bücher über Aspekte seines Glauben.

6 Siehe zu Castaneda den Beitrag von Richard de Mille 1985. Entsprechende Probleme werden auch in anderen Beiträgen des von Hans Peter Duerr herausgegebenen Sammelwerks *Der Wissenschaftler und das Irrationale* angesprochen (siehe Duerr (Hrsg.) 1985 (1980)).

Weiterführender Literatur

Ich erwähne an dieser Stelle lediglich einige Bücher, die das Problem der Feldforschung hinterfragen. Die Liste am Ende des Kapitels „Der Gegenstand der Religionsethnologie" führt bereits einige interessante religionsethnologische Monografien auf, die alle auf Feldforschungen basieren.

McCutcheon, Russell T. (Hrsg.). 2005 (1999). *The Insider/Outsider Problem in the Study of Religion* London: Cassell.
Dieses Buch umfasst eine interessante Sammlung von Texten, deren Autoren unterschiedliche Positionen vertreten. Die Zusammenstellung zeigt dabei die verschiedenen Zugänge der Disziplinen, die über Religionen arbeiten, sowie die Differenzen innerhalb einer jeden Disziplin. Ein wichtiges Buch für jeden, der sich schnell einen Überblick über die Debatte verschaffen will.

Schmidt, Bettina E. 2002. *Karibische Diaspora in New York: Vom »Wilden Denken« zur »Polyphonen Kultur«*. Berlin: Dietrich Reimer Verlag.
Obwohl das Buch keine klassische religionsethnologische Arbeit ist, sondern anhand der Religionsforschung Kulturtheorien diskutiert, beinhaltet es auch eine Auseinandersetzung mit neueren Forschungsmethoden, wie z. B. der französischen Ethnoscenologie, die inspirierend für die Forschung im 21. Jahrhundert sein können.

Smith, Linda Tuhiwai. 1999. *Decolonizing Methodologies: Research and Indigenous Peoples*. London/New York: Zed Books.
Obwohl das Buch nicht in erster Linie die Religionsethnologie behandelt, werden doch einige sehr wichtige Punkte diskutiert, die auch die religionsethnologische Forschung betreffen. Gerade die Auseinandersetzung mit dem Machtverhältnis zwischen Forscher und Erforschten ist auch für Religionsethnologen zentral. Das Buch ist vor allem für Doktoranden empfehlenswert.

Turner, Victor W. und Edward M. Bruner (Hrsg.). 1986. *The Anthropology of Experience*. Urbana: University of Illinois Press.
Jede religionsethnologische Forschung hat etwas mit Erfahrung zu tun, sei es mit dem Verstehen der religiösen Erfahrungen der Gläubigen oder mit dem eigenen religiösen Erleben in der Feldforschung. Ich empfehle daher dieses Sammelwerk mit Artikeln, die verschiedene Aspekte in der Debatte um das Verstehen von Erfahrungen (im weiteren Sinn) behandeln. Es geht nicht ausschließlich um religiöse Aspekte, dennoch bietet das Buch hilfreiche Anregungen für die Religionsethnologie.

Tweed, Thomas A. 1997. *Our Lady of the Exile: Diaspora Religion at a Cuban Catholic Shrine in Miami*. New York: Oxford University Press.
In diesem Buch steht ein katholischer Schrein in Miami im Mittelpunkt, der von Kubanern verschiedener Glaubensrichtungen besucht wird. Neben einer interessanten Auseinandersetzung mit Fragen der Identitätskonstruktion im Exil ist das Buch auch methodisch bemerkenswert, da der Autor detailliert seine Methode und die Annäherung an die Gläubigen vorstellt und hinterfragt.

Vélez, María Teresa. 2000. *Drumming for Gods: The Life and Tiems of Felipe García Villamil, Santero, Palero, and Abakuá*. Philadelphia: Temple University Press.
Dieses Buch ist ein Beispiel einer anderen Form von Feldforschung. Es basiert auf einer jahrelangen Freundschaft zwischen der Autorin und dem Trommler und stellt außerdem die Vielfältigkeit der kubanischen Religion anhand der Musik dar. Das Buch ist somit keine übliche Feldforschungsstudie (und ist daher nicht als Vorbild für Abschlussarbeiten geeignet), illustriert aber einen interessanten Zugang zur Religion.

Relevanz der Religionsethnologie heute

Am Ende der ersten Hälfte meiner Einführung möchte ich erklären, warum ich es wichtig finde, gerade heute, in einer globalen und scheinbar säkularen Welt, über Religionen zu arbeiten. Die Globalisierung bewirkt nicht nur eine zunehmende Auflösung von Grenzen, sondern auch die Konstruktionen neuer bzw. neu definierter Grenzen, welche die Sphären der Kultur, Ethnizität, Sprache und Religion durchkreuzen. David Lehman argumentiert, dass Religion in diesem Prozess eine immer bedeutendere Rolle spielt, denn Religion kann Grenzen durchbrechen und gleichzeitig neue aufbauen (Lehman 2001: 311). Die Religionszugehörigkeit war schon immer und ist weiterhin ein wichtiges Kennzeichen für Abgrenzungsprozesse, was auch meine Studie über den puertoricanischen Spiritismus zeigte.[1] Jede Religionsgemeinschaft baut eine Grenze zwischen Gläubigen und Ungläubigen auf, die weit reichende soziale und politische Konsequenzen haben kann. Wir müssen daher verstehen, wie diese Grenzen konstruiert werden. Die Missachtung solcher Prozesse kann mitunter sogar zu Gewalt führen. Ich möchte hier nur an den 7. Juli 2005 erinnern, als der schwelende Hass junger britischer Muslime auf die britische Gesellschaft, von der sie sich ausgeschlossen fühlten, eskalierte und zu Selbstmordattentaten in London führte. Studierende fragen sich hier vermutlich, was die Forschung über Religion und vor allem mein detaillierter Überblick über die Wissenschaftsgeschichte und die Definition von Religion, d. h. was die überaus akademischen und vermeintlich weltfremden Diskurse mit der politischen Realität und den Terrorakten zu tun haben? Als ich meine Arbeit über Ethnizität und Religion in Puerto Rico veröffentlichte, brach gerade Jugoslawien auseinander. Während ich am Beispiel von Puerto Rico zeigte, wie sich die Zugehörigkeit zu einem Glaubenssystem positiv auswirken und Ende des 19. Jahrhunderts zu einem Erstarken einer nationalen Identität führen konnte, war das Auseinanderbrechen von Jugoslawien ein Beispiel für die umgekehrte Entwicklung. Wir bekamen hautnah und über die Medien mit, wie ein Staat zerfiel, weil sich neu formulierte ethnische Grenzen auf der Basis der Religionszugehörigkeit als stärker erwiesen als die abstrakte Idee eines modernen Staatenverbands. Zwar hätte die Auflösung von Jugoslawien durch keine wissenschaftliche Studie verhindert werden können, aber vielleicht hätten erste Anzeichen der gewalttätigen Folgen leichter erkannt werden können, wäre der Zusammenhang zwischen Identität und Religion offener gewesen. Zu lange wurde der Utopie gefolgt, dass das Zeitalter der Religion vorbei und die Welt nun säkular sei. Religion ist heute vermutlich wichtiger und komplexer als jemals zuvor, denn die Gläubigen sind nicht durch Institutionen verbunden, sondern leben ihren Glauben auf vielfältige, oft individuelle Weisen aus, die überaus schwer zu erkennen sind.

Tazim Kassam illustriert die Schwierigkeit, Religionsforschung aktuell und für Studenten nachvollziehbar zu machen, sehr anschaulich mit einem Auszug aus einem Studententagebuch, das die Teilnehmer ihres Kurses führen und (anonym) einreichen mussten. Ein Student beklagt darin sein Unverständnis an dem Kurs:

> „But why do I need to know any of this stuff? [...] All these myths about Hindu gods are cool but some dude with an imagination made them up, right? So Muslims like to pray five times a day and fast for a month but that isn't my business. Isn't religion kind of private anyhow? What difference does it make to me what other people believe in?! I don't care if my doctor goes to Church on Sundays or meditates in a Zen temple so long as she can fix my cold." (Kassam 2003: 193)

Kassam beschreibt in ihrem Artikel, wie geschockt sie über diesen Eintrag war, mit dem alle grundlegenden Daten über die Religionen als irrelevant abgetan worden waren. Wie schwierig wird es dann sein, die Relevanz der philosophischen Debatten über religiöse Konzepte wie *sunyata* oder *nishkama yoga* bzw. *tawhid* zu erklären? Wissenschaftler, die ganz in ihrem Feld aufgehen, tun die Haltung der Studenten oft als engstirnig ab, jedoch ist die Forderung, den Sinn des Unterrichtsstoffs zu erfahren, legitim und auch vernünftig, wie Kassam schreibt. Das Ziel der Erziehung ist es, Studenten darauf vorzubereiten, der Welt zu begegnen und ihre eigene zu schaffen. Wir bieten zwar keine einfachen Antworten an, aber wir können zumindest dafür sorgen, dass sie alle unsere Einblicke und auch unsere Fehler kennen, wie Kassam treffend bemerkt. Kassam illustriert ihr Argument mit dem Verweis auf Samuel Huntingtons Buch *Clashes of Civilizations and the Remaking of the World Order* (1996), in dem dieser den Islam als neuen Feind des Westens, im Anschluss an den Kommunismus, herausarbeitete. Wenn uns aber der Kalte Krieg eines gelehrt hat, dann, so Kassam, dass diese Form der Polarisierung nur zu Dogmatismus, Eskalation und – auf individueller Ebene – zu Hass und Dämonisierung von Fremden sowie von Nachbarn führt (Kassam 2003: 211). Es sei daher wichtig, dass Studenten lernen, die Idee von „Zivilisation" als homogene, statische und monolithische Einheit zu hinterfragen, gerade angesichts der jahrhundertelangen Vergangenheit des Austauschs von Gütern,

Ideen und sogar Genen zwischen West und Ost. Studierende müssten lernen, Quellen zu evaluieren und kritisch und konstruktiv zu denken, gerade weil wir heute in multireligiösen Gesellschaften leben (Kassam, ebd.). Das Studium von Religionen fördert unser Verständnis von der Welt, in der wir leben.

Basierend auf Ninian Smart (siehe z. B. Smart 1993: 9) liste ich drei Bereiche auf, in denen die Relevanz des Verständnisses der Religionen deutlich wird. Erstens ist es wichtig, die Beziehung zwischen Realität und Konstruktion zu verstehen, um Missverständnisse zu erkennen und gegen Vorurteile anzukämpfen. Religionen sind vitale Bestandteile der Menschlichkeit, wenn wir sie nicht verstehen, verstehen wir die Kulturen und Gesellschaften nicht. So bleibt der Konflikt in Palästina ohne Kenntnis der Religionen unverständlich. Zweitens ist es wichtig, etwas über unsere Vergangenheit, unsere Kultur und die damit verwobenen Glaubensvorstellungen zu lernen, damit wir die plurale und multikulturelle Welt, in der wir heute leben, besser verstehen. Und drittens ist das Studium der Religionen gerade in der heutigen post-postmodernen Zeit wichtig, in der Individuen selektiv eigene Bricolage-Glaubenssysteme entwickeln. Christliche Mystik, Yoga und seit einiger Zeit sogar die Kabbala gehören zum Repertoire der heutigen Religiosität. Um aber die einzelnen Bestandteile in ihren Kontexten zu verstehen und damit ihre Bedeutung anzuerkennen, ist es wichtig, die Glaubenssysteme, aus denen sie stammen, zu kennen. Zur Illustration der drei Punkte gebe ich jeweils ein Beispiel aus unterschiedlichen Bereichen der religionsethnologischen Forschung.

Nach der Abreise von Jean-Claude Duvalier in die Schweiz 1986, nach dem Ende der Diktatur der Duvaliers in Haiti, führten Missverständnisse und Vorurteile zu einem Massaker an Vodou-Priestern im Rahmen von gewalttätigen Unruhen (*déchoukaj* genannt). Die Wurzeln des Massakers gehen zurück auf François Duvalier und seinen Umgang mit Vodou, der dazu führte, dass Vodou-Priester als Werkzeuge seiner gewalttätigen Unterdrückung angesehen wurden. Der Grad der Einbeziehung von Vodou-Priestern in die Volontaires de la Sécurite Nationale (auch Tonton Macoutes genannt) ist allerdings nicht bekannt. Zwar mögen einige Priester Zuträger gewesen sein oder sogar Mitglieder der inoffiziellen Privatarmee, dennoch waren es stets nur einzelne Personen, so dass der auf alle Priester gerichtete Hass und die Racheakte damit nicht erklärbar sind. Um die Hintergründe der blutigen Ausschreitungen besser verstehen zu können, ist es wichtig, sich mit dem Glaubenssystem und der Person des François Duvalier auseinanderzusetzen (siehe Schmidt 2008). Im Vodou gibt es die Vorstellung einer Doppelseele bzw. der Existenz zweier Seelen, wobei die eine Seele für das Leben, d. h. die physische Existenz zuständig ist, und die andere für die Individualität und die Kreativität. Beim Tod erlischt eine Seele, während die andere in die Welt der

Toten (*guinea*) übergeht. In bestimmten Momenten, z.B. bei einem Unfall, bei einem plötzlichen Tod, aber auch bei langem Leiden, etwa durch HIV oder Suchtabhängigkeiten, ist es nach der Vorstellung im Vodou möglich, dass ein machtvoller Priester oder eine Priesterin die Seele, die für die Individualität zuständig ist, raubt bzw. sich diese Seele gefügig macht. Die Folge ist ein Mensch ohne eigenen Willen und ohne familiäre Bindung, ein Zombie.[2] Auch wenn niemand von einer persönlichen Begegnung mit einem Zombie berichten kann, ist der Glaube doch sehr weit verbreitet. Als 1959 die Leiche von Clement Jumelle, einem Gegenkandidaten bei der Präsidentschaftswahl 1957, von den Tonton Macoutes vom Friedhof gestohlen wurde, kam das Gerücht auf, dass der Körper für geheime Vodou-Praktiken (sprich Zombifizierung) verwendet würde. Obwohl es sich nur um ein unbestätigtes Gerücht handelte, reichte es aus, um die Angst vor den Tonton Macoutes, die sich bereits mittels Vergewaltigungen, Mord und Schlägereien bekannt gemacht hatten, noch zu steigern. François Duvalier verließ sich zur Sicherung seiner Machtposition zunehmend auf die Tonton Macoutes und ihre brutalen Einschüchterungsmaßnahmen. Gleichzeitig inszenierte er seine Beziehung zum Vodou meisterhaft. Während er offiziell den Kontakt zur katholischen Kirche und zum Vatikan suchte, stritt er das Gerücht, er sei initiierter Vodou-Priester, nie ab. Einigen Augenzeugenberichten zufolge präsentierte er sich sogar mitunter vor Besuchern mit Vodou-Attributen. Er verkörperte Baron Samdi (den Anführer der Gédé, der Totengeister) meisterhaft. Obwohl nie offiziell bestätigt, führte diese Verbindung zwischen diktatorischer Macht und Elementen der Volksreligion in den Augen der Leidtragenden zu einem Verschmelzen von Duvalier und Vodou, so dass sich nach dem Zusammenbruch der Diktatur der Hass der Bevölkerung auf die Vodou-Priester ergoss und viele unschuldige Priester brutal ermordet wurden. Eine Aufgabe religionsethnologischer Forschung ist es deshalb, Vorurteilen gegenüber afroamerikanischen Religionen wie Vodou entgegenzutreten, denn nicht nur in Haiti, sondern auch (oder gerade) außerhalb Haitis führen Missverständnisse noch immer zur Ausgrenzung der Gläubigen. Das Bild von Vodou wird leider noch immer von den Hollywood-Filmen geprägt, die die Religion auf einige wenige Aspekten reduzieren und diese noch dazu falsch darstellen. Die Folge ist, dass Haitianer in den USA noch immer mit blutigen Opfern, magischen Verschwörungen und dem Stehlen von Leichen assoziiert werden – alles aus der Luft gegriffene Beschuldigungen, die nichts mit den religiösen Praktiken zu tun haben.

Damit komme ich zum zweiten Punkt, zur Bedeutung der Religionsforschung für ein besseres Verständnis unserer eigenen Gesellschaft. Seit dem Terroranschlag in New York am 11. September 2001 wird das Wort Fundamentalismus[3] mit Islam identifiziert, und Politiker fordern von den

Wissenschaftlern an den Hochschulen Antworten auf die Frage, wie solch eine Entwicklung hatte stattfinden können. Wenngleich deutsche Hochschulen sich mit mangelnder finanzieller Förderung der Islamforschung vor dem 11.9.2001 rechtfertigen können (die finanzielle Unterstützung ist letztendlich eine politische Entscheidung), so führt der Fokus auf den Islam als Terrorquelle zu (mindestens) zwei weit reichenden Fehlern: Erstens wird die Mehrheit der muslimischen Gläubigen erneut ignoriert, denn ihr Glaube kann keineswegs als fundamentalistisch kategorisiert werden, und sie unterstützen keineswegs Terrorattentate, ganz im Gegenteil, der Islam predigt Friedfertigkeit und keine Gewalt. Zweitens verdeckt der Fokus auf den islamischen Fundamentalismus, dass der Begriff Fundamentalismus im Rahmen einer protestantischen Bewegung in den USA Anfang des 20. Jahrhunderts konzipiert wurde und somit im „christlichen Westen" und nicht im „islamischen Osten" (um Saids orientalistische Gegenüberstellung zu übernehmen) entstand. Zwischen 1910 und 1912 veröffentlichte eine kleine protestantische Gruppe in den USA eine Reihe von Pamphleten zu den sozialen Problemen der Zeit unter dem Namen *The Fundamentalists*. Der Begriff Fundamentalist entstand somit als Selbstbezeichnung einer damals relativ kleinen religiösen Gruppe und wurde erst seit 1981, im Rahmen der iranischen Revolution von 1979, auf islamische Gruppen angewandt und dann schließlich als Fremdbezeichnung gebraucht (ter Haar 2003: 1–5). Obwohl die Gruppe, die den Namen Fundamentalismus prägte, nicht mehr existiert, besteht der christliche Fundamentalismus weiter (siehe Ammerman 2003). Er hatte in den USA relativ lange Zeit, sich den gesellschaftspolitischen Gegebenheiten anzupassen, und schaffte es sogar, sich von der negativen Konnotation des Konzepts Fundamentalismus zu lösen. So werden viele Entwicklungen (z. B. die Fernsehprediger) von der Öffentlichkeit heute nicht mit Fundamentalismus assoziiert. Die Konsequenzen sind zwar auf den ersten Blick nicht so tödlich und aus diesem Grund nicht so bedrohlich wie Terrorattentate, sie bedrohen jedoch bei genauer Untersuchung die Grundlagen unserer Gesellschaft, die bekanntlich auf den Idealen der Aufklärung basieren. Ich beziehe mich hier auf die so genannten Kreationisten, die statt von Evolution von Intelligent Design sprechen und die Beweisführung der naturwissenschaftlichen Evolutionisten ablehnen. Robert Segal schreibt sogar, dass der Kreationismus mit dem Anspruch, gleichzeitig religiös und wissenschaftlich zu sein, viel weiter gehe als andere Formen von Fundamentalismus (Segal 2005: 355). Während einige Naturwissenschaftler in den USA die daraus entstehende Gefahr erkannt haben und versuchen, dem zunehmenden Einfluss der Bewegung auf das Bildungssystem entgegenzutreten, wird sie in Europa noch weitgehend ignoriert. Die Folge ist, dass sogar deutsche Hochschulen gerne Spenden aus dieser Quelle annehmen und dadurch in finanzielle

Abhängigkeit geraten. Was hat dies nun mit der Religionsethnologie zu tun, wird sich mancher Leser und manche Leserin fragen? Ist das nicht ein Problem der Naturwissenschaftler? Die Intelligent-Design-Bewegung ist, auch wenn sie sich als wissenschaftliche Lehre betrachtet, eine religiöse Bewegung, die allerdings nicht den „üblichen" Weg einer Neuen Religiösen Bewegung (NRM, als Abkürzung für New Religious Movement) geht, sondern mit den Strategien eines global medial agierenden, finanzstarken Wirtschaftsunternehmens arbeitet. Nancy Ammerman weist im Kontext einer anderen Bewegung, der Moral Majority, auf die rhetorischen Strategien hin, die beim Wiedererstarken des amerikanischen Fundamentalismus 1979 zu einer gewaltigen Mobilisierung der US-Amerikaner führten (Ammerman 2003: 96–98). Der Grad der Mobilisierung führt weit über die Unterstützung politischer Wahlkampagnen hinaus. Christliche Fundamentalisten haben es in den USA geschafft, alternative soziale Strukturen zu errichten, mit dem Ziel, die USA – und damit die Welt – nach ihren Vorstellungen zu verändern. Ammerman berichtet nicht nur von der Gründung von Bibelinstituten, christlichen Colleges und Schulen, sondern auch von christlichen „Gelben Seiten" (2003: 99), so dass es einer Familie möglich ist, sogar Alltagsangelegenheiten wie die Suche nach einem Klempner ganz im Kreis der christlichen Fundamentalisten zu gestalten. Während die Moral-Majority-Bewegung vor allem den Sexualunterricht in den Schulen attackierte und es damit trotz Bekanntwerden von HIV und Aids schaffte, Verhütung als Unterrichtsstoff zu bannen, richtet sich der Kampf der Intelligent-Design-Bewegung gegen den Darwinismus und den Biologieunterricht. Das Ziel der Bewegung ist es durchzusetzen, dass im Biologieunterricht in Schulen und Hochschulen der Evolutionismus lediglich als eine mögliche These über die Entstehung der Welt und der Menschheit gelehrt wird, und dass Intelligent Design, d. h. der Glaube an eine göttliche Schöpfung, als eine weitere Möglichkeit präsentiert wird, und zwar ebenfalls im Biologieunterricht. Eine solche These mag in Deutschland noch zum Lächeln führen, in den USA hatte sie allerdings bereits Gerichtsprozesse über das Curriculum an öffentlichen Schulen zur Folge. Und es gibt sogar bereits Universitäten, die Kurse zu Intelligent Design anbieten, oftmals in Verbindung mit der Annahme großzügiger Spenden. Dahinter stehen Mitglieder des Discovery Institute (gegründet in Seattle 1991) und seines Ablegers, des Center for Science and Culture (gegründet 1996), das überaus großzügig weltweit Forschungen in den Bereichen Naturwissenschaft, Geschichte, Wissenschaftsphilosophie, Kognitive Wissenschaft und verwandter Felder fördert, und zwar in solchem Ausmaß, dass es bereits einen merkbaren Einfluss auf die Hochschulpolitik hat.[4] Zwar wenden christliche Fundamentalisten in der Regel keine Gewalt an, um ihre Ziele durchzusetzen. Der gewalttätige Angriff auf Angestellte von so genannten Abtreibungskliniken wird von Einzelpersonen durchgeführt und von den meisten Gruppen abgelehnt. Dennoch schaffen sie es, die Gesellschaft der USA stärker zu beeinflussen als alle Gewalttaten. Gerade die Intelligent-Design-Bewegung stellt alle bisherigen Erkenntnisse über die Neue Religiöse Bewegung und auch die Säkularisierung auf den Kopf und ist daher eine größere Gefahr für die Gesellschaft, zu deren Grundlagen die Meinungs- und Religionsfreiheit gehören, als ein Selbstmordattentat.

Und damit komme ich zum dritten Punkt der Bedeutung der Religionsforschung für das Verständnis der Ideen, die uns inspirieren und von denen wir uns selektiv bedienen. Vor kurzem kam ein Student in meine Sprechstunde und beklagte sich, dass er im letzten Semester einen Kurs belegt hatte, der ihn verwirrte. Es handelte sich dabei um eine Einführung in den Koran, und der Student, der sich zum Christentum bekennt, wurde durch die Einführung in eine andere Religion verunsichert. Vermutlich hatte er aufgrund einer gewissen Ähnlichkeit zwischen der Bibel und dem Koran diesen Kurs belegt, und meine junge Kollegin hatte es zumindest geschafft, ihn diesbezüglich etwas zu erschüttern. Dennoch ging er auch nach dem Kurs weiterhin davon aus, dass allein die christliche Bibel die gesamte Wahrheit enthielt, so dass er – zur Vermeidung weiterer Verunsicherungen – nun auf jegliche Kurse bei mir oder meiner Kollegin verzichten wollte. Mit seiner Klage offenbarte er die Begrenztheit seines Denkens, denn, wie Smart in einem ähnlichen Fall sagte, „man muss schon jede Menge gelesen haben, um zu wissen, dass Buddhismus mit der christlichen Bibel unvereinbar ist" (Smart 1993: 10, frei von mir übersetzt). Ich überredete meinen Studenten dennoch, im folgenden Semester einen Kurs zu Ritualtheorien bei mir zu belegen, da dort neben anderen auch christliche Rituale behandelt würden. So wie dieser Student durch die Begegnung mit einer fremden Religion verwirrt wurde, werden wir tagtäglich mit Ideen konfrontiert, die viele von uns, würden wir die Hintergründe kennen, erschüttern würden. In der Regel werden Vorstellungen allerdings gerne aus dem Kontext gerissen und entfremdet, bevor sie popularisiert werden. Ein Beispiel ist die Kabbala, die seit Madonnas offenem Bekenntnis dazu in aller Munde ist. Mit Kabbala (auch Qabbalah geschrieben) wird eine mystische jüdische Bewegung bezeichnet, die zwischen 1150 und 1300 in Spanien und der Provence entstand. Als Haupttext gilt das *Sefer ha-Zohar*, das aus über 20 Einzelstücken besteht, einige in Aramäisch. Nach Gershom Scholem ist Moses de Leon der Hauptautor am Ende des 13. Jahrhunderts (Alexander 2005: 713). Das Zohar beinhaltet die Lehre über den *Ein Sof*, den unsichtbaren Gott, und über *Sefirot*, die zehn Mächte, die von Gott abstammen. Laut Philip Alexander bietet das Zohar die erste umfassende mythische Theologie des Judentums (2005: 713). In Ergänzung zur theosophischen Kabbala führt

Alexander außerdem noch eine ekstatische Kabbala an, die mit dem Namen Abraham Abulafia (1240–1291?) verbunden ist, sowie weitere Formen, die im Anschluss daran entstanden sind (einschließlich einer Form von jüdischem Sufismus sowie Hassidim). Nach kabbalistischer Tradition gehen die Grundlagen der Kabbala auf eine rabbinische Tradition in der Zeit des zweiten Tempels zurück. Manche führen sie sogar auf die Zeit der Schöpfung, auf Adam zurück, und sie wurden jahrhundertelang von einem Propheten zum anderen mündlich weitergegeben. Zur Zeit der Kreuzzüge im 10. Jahrhundert erhöhte sich die Zahl der Pogrome gegen Juden und die spirituellen Anführer entschieden, dass die Tradition (die Kabbala) geheim gehalten und der Zugang zum Wissen beschränkt würde. Noch heute besagen die Regeln, vor allem im orthodoxen Judentum, dass eine Person vor dem Studium der Kabbala mindestens 40 Jahre alt und verheiratet sein muss. Bereits seit dem Mittelalter verbreitete sich die Kabbala (bzw. Teile der Kabbala) über das Judentum hinaus. So begegnete mir die Kabbala in einem völlig fremden Kontext, und zwar in der Yoruba-Orisha Baptist Church in Brooklyn, New York City. Es handelt sich bei dieser Gemeinde um eine Richtung der Spiritual Baptists (daher auch Shouter genannt), die in Trinidad und Tobago das Baptistentum mit Elementen der Yoruba-Religion (daher auch Shango genannt) verband. Ich besuchte die Gemeinde mehrmals während meiner Feldforschung über Religionen karibischer Migranten in New York und war von Anfang an fasziniert über die Mischung unterschiedlicher religiöser Elemente in einem überaus flexiblen und dynamischen Glaubenssystem. Während die Mischung aus Shouter und Yoruba in der Literatur gut belegt ist und ich darauf gespannt war, überraschte mich die offene Präsenz kabbalistischer Zeichen und Zeremonien, wobei letztere allerdings mehr im Verborgenen, meist im Keller, praktiziert wurden. Bereits bei meiner ersten Begegnung mit dem Leiter der Gemeinde wies er mich während einer Führung durch die Kirche auf einen Baum hin, der nach seinen Angaben kabbalistisch sei. Ich interpretierte seinen deutlichen Verweis auf die Kabbala als Hinweis auf die kosmopolitische Ausrichtung seiner Gemeinde. Einige Wochen später erlebte ich allerdings, dass die Kabbala nicht nur als ein dekoratives Element des Kirchenraums diente, sondern in die religiöse Praxis eingegangen war, denn im Anschluss an einen Gottesdienst fand im Keller eine kabbalistische Zeremonie statt, bei der sich eine kabbalistische Macht (in der Literatur mitunter auch Geist genannt) in dem Anführer der Gemeinde manifestierte. Auf meine Frage nach den Wurzeln wurden mir nur ausweichende Antworten gegeben, obgleich die Kabbala durchaus als jüdische Mystik anerkannt wurde. In der Literatur zu der trinidadischen Religion fand ich den Hinweis, dass über den Ursprung der Kabbala in Trinidad wenig bekannt sei. Die Kabbala sei „vermutlich von

Spaniern, Franzosen und anderen europäischen Kolonisten jüdischen Glaubens nach Trinidad importiert [worden]; [sie] steht [...] heute generell für etwas Geheimnisvolles und wird als *white man's magic* bezeichnet" (Schmidt 2002: 96, mit Verweis auf Houk 1992: 114). Houk beschreibt die Kabbala als „esoteric corpus of mystical and religious knowledge that is thought by some to contain essential teachings regarding the spiritual mechanics of the cosmos" (Houk 1992: 112). Wenngleich Houk kurz die jüdische Herkunft der Kabbala erklärt, entsteht dennoch der Eindruck, dass der jüdische Kontext bei der Integration kabbalistischer Elemente in das Glaubenssystem der Spiritual Baptists keine Rolle spielte, im Gegenteil, Kabbala wird nach Houk in Trinidad als afrikanische Aktivität angesehen. Laut Houk wurde die Kabbala in Trinidad wahrscheinlich seit der frühen Kolonialzeit praktiziert, wird aber erst seit den 1970er Jahren offen mit der Orisha-Religion assoziiert (Houk 1995: 91). Mit Verweis auf zwei bedeutende Kabbalisten schreibt Houk weiter, dass vor 1970 Kabbala-Bankette in Trinidad fast immer private und geschlossene Veranstaltungen waren. Auch zur Zeit seiner Forschung (zwischen 1985 und 1992) werde Kabbala in Trinidad aufgrund „diabolischer Obertöne" und weil die meisten Orisha-Gläubigen Kabbala als eine böse Praktik ansehen, meistens privat und in einem beschränkten Rahmen praktiziert. Sogar die Teilnahme an öffentlichen Banketten sei durch Einladungen kontrolliert (Houk 1995: 91–92). Das entspricht auch meiner Erfahrung in der trinidadischen Kirche in New York, allerdings handelte es sich nicht um formelle (schriftliche) Einladungen, sondern um mündliche. Im Unterschied zu den Orisha-Festivals, die in der Kirche groß angekündigt wurden, wurde die kabbalistische Zeremonie nicht offen erwähnt, sondern per Mundpropaganda weitergegeben.

Aber was hat das alles, so interessant es auch sein mag, mit dem Thema der Relevanz von neuen Religionsstudien zu tun? Zum einen zeigt es, wie Religionen sich verändern und daher stetig Neues entdeckt bzw. etwas neu gesehen werden kann. Zum anderen zeigt es aber auch, wie wichtig es ist, zu verstehen, aus welchem Kontext neue Ideen kommen. Ich habe oben beiläufig die Manifestation eines kabbalistischen Wesens bei der Zeremonie erwähnt und in Klammern die Bezeichnung Geist eingefügt. Ich beziehe mich dabei auf Houk, der die englische Bezeichnung „entities" verwendet und sie durch den Verweis „The term used to refer to Kabbalah spirits" ergänzt (1995: 92). Es handelt sich hier allerdings um eine trinidadische Interpretation, denn wie ich weiter oben schrieb, geht es in der Kabbala um den unsichtbaren Gott und um die *Sefirot*, die zehn Mächte, die von Gott abstammen und bei der Schöpfung eine Rolle spielten. Die zehn Mächte werden, je nach Autor, unterschiedlich benannt. Smart beispielsweise listet folgende Namen auf: Krone oder Gedanke, Weisheit, Verständnis, Größe oder Barmherzigkeit, Macht oder

Urteilsvermögen, Erhabenheit, Ewigkeit, Pracht, Fundament und Königreich (Smart 1993: 264). Die Liste zeigt, dass es sich bei den *Sefirot* keineswegs um individuell gedachte Geister handelt, sondern eher um Aspekte oder um Eigenschaften des *Ein Sof*, des unsichtbaren Gottes. Die kabbalistische Praktik der Orisha-Baptists scheint somit aus der prophetischen oder ekstatischen Kabbala zu stammen, die, basierend auf den Vorstellungen von Abraham Abulafia, glaubt, dass es möglich ist, mittels bestimmter Techniken und Praktiken eine Einheit mit dem Göttlichen herzustellen (siehe Alexander 2005: 715–716). Die ekstatische Kabbala betont somit die mystische Erfahrung des Individuums und umfasst bewusstseinsverändernde Praktiken – ähnlich wie bei den Orisha-Baptisten. Im Gegensatz zu populären Auffassungen der Kabbala, die auch die Rezeption in Trinidad beeinflussen, deutet sich hier meiner Ansicht nach eine inhaltliche Entsprechung an, die allerdings erst durch ein genaues Studium der jüdischen Kabbala bestätigt werden könnte. Dennoch zeigt es, wie wichtig es ist, den Kontext religiöser Vorstellungen und Praktiken zu erkunden, anstatt einfach populäre Ansichten zu verbreiten.

Anmerkungen

1 In Schmidt 1995 zeige ich, auf welche Weise Ethnizität im Puerto Rico des 19. Jahrhunderts auf der Basis des puertoricanischen Spiritismus entstand und dass der Spiritismus Ende des 19. Jahrhunderts, d. h. in der Phase der Unabhängigkeitsbewegung, wichtige Funktionen erfüllte.

2 Diese Vorstellung führt u. a. dazu, dass Sozialprojekte nicht durchgeführt werden. So berichtete ein US-amerikanischer Kollege auf einer Tagung, dass ihm abgeraten wurde, seine Zeit mit den Straßenkindern in Port-au-Prince zu verbringen, denn sie seien Zombies, d. h. ihnen sei nicht mehr zu helfen, da die Sucht nach Lösungsmitteln sie willenlos, aggressiv und bindungsunfähig gemacht habe.

3 Eine gute Zusammenstellung von Artikeln zum religiösen Fundamentalismus weltweit befindet sich in dem Buch *The Freedom to do God's Will*, herausgegeben von Gerrie ter Haar und James J. Busuttil (2003). Ich stelle einige Artikel im zweiten Teil dieses Buches näher vor.

4 Die John Templeton Foundation steht zwar einigen Ansichten nah, distanzierte sich allerdings 2007 öffentlich von der Intelligent-Design-Bewegung. Dennoch ist auch ihr zunehmender finanzieller Einfluss auf die Hochschulen aufgrund der Finanzierung bestimmter Forschungen bedenklich (siehe dazu Richard Dawkins *The God Delusion*, 2006).

II Themen der Religionsethnologie

In diesem Teil werde ich ausgewählte Themen der Religionsethnologie vorstellen. Meine Auswahl basiert zum einen auf eigenem Interesse und zum anderen auf einer Durchsicht der Literatur. Wenngleich nicht alle Themen, die derzeit diskutiert werden, vorgestellt werden können, so hoffe ich, mit meiner Auswahl doch einen aussagekräftigen Überblick über die Debatten in der Religionsethnologie zu geben. 1967 schrieb John Middleton, dass Menschen ihren Glauben auf unterschiedliche Weise mittels Mythen, Legenden und Märchen in Zeit und Raum ausdrücken, aber auch durch Opfer, Gebet und gleichartige Handlungen (Middleton 1967: IX). Damit beschrieb er die wichtigsten Themen der damaligen Religionsethnologie, denn seinerzeit wurde vor allem die Art und Weise untersucht, mit der Menschen ihre Gesellschaft und die Welt, in der sie sich befanden, wahrnahmen. Auch heute sind dies noch zentrale Themen der religionsethnologischen Forschung. Wir untersuchen, wie Menschen glauben, auf welche Weise sie ihren Glauben ausdrücken und wie sie ihn praktizieren. Diese Fragen sind, wie wir heute erkannt haben, mit anderen Feldern verbunden, wie beispielsweise Geschlecht, Körper, religiöser Identität, Rationalität und auch Gewalt und Umwelt. Die folgenden Kapitel präsentieren eine Auswahl aus diesen Bereichen.

Poiesis – Die Schaffung der Welt

„Am Anfang der heutigen Welt lebten zwei steinerne Brüder an den äußersten Enden der Erde, ganz weit flussaufwärts der eine, ganz weit flussabwärts der andere. So zumindest erklärte es mir ein Mythenerzähler der Kaborí, einer kleinen Untergruppe der kleinen Ethnie der Makú im äußersten Nordwesten Brasiliens. Mehr weiß ich nicht.

Einer der beiden Brüder fand im Wald die Sonne. Er wollte sie jedoch nicht behalten, sondern warf sie flussabwärts, zum anderen Bruder. Auch der aber wollte die Sonne nicht, sondern warf sie seinerseits wieder flussaufwärts. Dort fing der erste Bruder die Sonne auf und warf sie zurück. Und so ist es weitergegangen, bis heute. Als Ball der beiden gewaltigen, steinernen Ballspieler fliegt die Sonne morgens flussaufwärts, abends wieder zurück. So zumindest wurde mir erzählt. Mehr weiß ich nicht." (Münzel 2000: 205, auf der Basis von Münzel 1972: 164).

Diese Geschichte überliefert Mark Münzel, hier jedoch nicht im Wortlaut, sondern in einer freien Nacherzählung, inspiriert von einer literarischen Wiedergabe indianischer Mythen. Auf diese Weise erhält Münzel den Erzählstil der Mythenerzähler im Amazonasgebiet, die sich in ihrer Darstellung ebenfalls von den Mythen distanzieren.

Die Schaffung der Welt hat in jeder Religion eine zentrale Stellung. In jedem Glaubenssystem gibt es Vorstellungen, wie die Menschen auf die Welt kamen und wie die Welt, so wie wir sie kennen, geschaffen wurde. Mitunter gibt es sehr detaillierte Beschreibungen des Schöpfungsablaufs – zuerst Wort, dann Licht, dann Sterne und so weiter und so weiter bis am Ende der Mensch erscheint (siehe die Genesis) –, allerdings werden bestimmte Schwerpunkte gesetzt – wie das Zwillingspaar in der Kaborí-Makú-Mythe –, mit denen wiederum bestimmte Elemente der Sozialstruktur der Ethnie vorgestellt und erklärt werden (im Fall der Kaborí-Makú die duale Opposition ihrer Sozialorganisation). Ist der Schöpfungsmythos somit nur eine Familiengeschichte? Gerhard Schlatter betont die Unmöglichkeit, Mythen endlich zu fassen: „Es gibt keinen Anfang (sowenig es ein Ende des Unendlichen gibt). Es gibt keinen Anfang des Mythos, der Geschichte, der Zeit, des Raumes" (Schlatter 1989: 10). Amerikanische Fundamentalisten würden (sofern sie denn Veröffentlichungen der kritischen Wissenschaft wahrnehmen würden) widersprechen. In den USA entsteht derzeit ein Museum, in dem die Evolution anhand der

Genesis dargestellt wird. Und da nach der göttlichen Schöpfung keine neuen Lebewesen kreiert wurden, wurden auch Dinosaurier in der Arche Noahs vor der Sintflut gerettet. Im Unterschied zu den Schamanen im Amazonasgebiet gehen die Kuratoren der Ausstellung von einer starren Erzählweise des Schöpfungsmythos aus, es sind keine Variationen möglich, keine Entwicklungen, keine Dynamik. Diese Form der Mythenerzählung wurde auch in der Ethnologie lange betrieben. Frühe Mythensammler veröffentlichten ihre Aufzeichnungen oftmals unter starren Titeln wie „Die Schöpfungsgeschichte der Yanomami“ oder „Der Mythos der Yoruba“. Sie ignorierten damit die Rolle der Erzähler, denn erst durch die Erzählung entsteht die Schöpfung. In dem Moment, in dem eine Mythe aufgeschrieben und gedruckt wird, stirbt sie, und damit ist die Schöpfung beendet.

Ursprünglich war ich auf der Suche nach einer ansprechenden Schöpfungsmythe, die ich zu Beginn dieses Kapitels zitieren wollte. Ich hatte schon an *Watunna* von Marc de Civrieux gedacht und wollte mit dem Schöpfungszyklus der So'to (Makiritare) beginnen, entschied mich dann aber doch dagegen. Für die Religionsethnologie ist die Kosmologie ein zentrales Thema. Um zu verstehen, warum Gläubige bestimmte Rituale praktizieren und warum sie bestimmte Vorstellungen befolgen, ist es erforderlich, ihre Vorstellungen vom Ursprung der Welt zu kennen. Eine Einführung in die Religionsethnologie erzählt jedoch keine Geschichten und berichtet nicht nur von einer Religion. Es geht vielmehr um wissenschaftliche Ansätze, die sich widersprechen oder ablösen können, und um Interpretationen der Geschichten (so schön sie auch zu lesen sind). Erzählungen von der Schaffung der Welt dienen dazu, ihr bzw. bestimmten Aspekten Bedeutung zu verleihen. Wir klassifizieren, ordnen, hierarchisieren und regulieren unsere Welt, indem wir bestimmten Bestandteilen und Bereichen unserer Umwelt Bedeutungen zuweisen. Eine Aufgabe der Religionsethnologie ist es, diese Bedeutungsmuster zu verstehen und zu deuten. Ich beginne dieses Kapitel daher mit einem Abschnitt über Symbole und deren Interpretation, bevor ich auf Mythentheorien eingehe. Anschließend wechsle ich zum Inhalt der Mythen, und beschäftige mich zuerst mit Kosmologien und abschließend mit Moralvorstellungen.

Symbole und deren Interpretation

Symbole sind ein Schlüsselthema religionsethnologischer Forschung.[1] Die Ethnologie versucht, Symbole fremder Kulturen zu verstehen und zu erklären und untersucht, wie die Symbole in der Kultur definiert und eingesetzt werden. Die 1970er Jahre sahen den Höhepunkt der Publikation von Studien über religiöse Symbole und deren Verwendungsformen, vor allem strukturalistischer bzw. sozio-struktureller Ausrichtungen. Seitdem erscheinen kontinuierlich neue Symbolanalysen, wenngleich seit einiger Zeit das Hauptaugenmerk auf der Untersuchung religiöser Erfahrungen statt auf Ritualstudien liegt. Ohne Verständnis religiöser Symbole bleibt die Bedeutung von Mythen, Kosmologien und Religionen verhüllt. So bleibt die christliche Religion ein Rätsel für jemanden ohne Kenntnisse über die Eucharistie. Wer die symbolische Bedeutung des Korans nicht kennt, wird die islamische Religion nicht verstehen. Und wer nicht begreift, warum Uluru (Ayers Rock) nicht bestiegen werden soll, wird nie tiefer in die australische Religion eintauchen. Bevor ich religiöse Inhalte vorstelle, muss zuerst geklärt werden, was Symbole sind und wie sie religionsethnologisch untersucht werden können.

Wir verwenden das Wort „Symbol" tagtäglich und schmücken uns fortwährend mit Symbolen, beispielsweise mit Nationalfahnen bei der Fußball-Weltmeisterschaft, mit roten Schleifen am Welt-Aids-Tag oder mit Tattoos, Piercings oder Glatzen als Bekenntnisse politischer Gesinnungen. Symbole werden nicht nur im religösen Bereich gbraucht, sondern sind ein kulturelles Phänomen. Das Problem ist, dass mit dem Wort „Symbol" unterschiedliche Dinge bezeichnet werden, mitunter sogar gleichzeitig, wie Clifford Geertz schreibt. Er beginnt seine Definition von Religion mit folgender Aussage:

> „Heilige Symbole haben die Funktion, das Ethos eines Volkes – Stil, Charakter und Beschaffenheit seines Lebens, seine Ethik, ästhetische Ausrichtung und Stimmung – mit seiner Weltauffassung – dem Bild, das es über die Dinge in ihrer reinen Vorfindlichkeit hat, seinen Ordnungsvorstellungen im weitesten Sinne – zu verknüpfen. [...] Religiöse Symbole behaupten eine Grundübereinstimmung zwischen einem bestimmten Lebensstil und einer bestimmten (wenn auch meist impliziten) Metaphysik und stützen so jede Seite mit der Autorität des jeweils anderen." (Geertz 1991: 47-48)

Diese Erläuterung verweist bereits auf die große Bedeutung religiöser Symbole, erklärt aber nicht, was Symbole eigentlich sind.

Etymologisch bedeutet das Wort „Symbol" Sinnbild, Zeichen bzw. Kennzeichen. Es ist vom lateinischen Wort *symbolum* entlehnt, das wiederum vom griechischen *sýnbolon* (für Kennzeichen, Zeichen) abstammt. Abgeleitet wird es von den griechischen Wörtern *syn* (=zusammen) und *bállein* (=hineinwerfen), d. h. von zusammenwerfen, zusammenfügen. Dem Duden nach bezeichnet es ein zwischen Freunden oder Verwandten vereinbartes Erkennungszeichen, das aus Bruchstücken besteht – als Beispiel wird auf Stücke eines Ringes verwiesen –, die zusammen ein Ganzes ergeben und die Besitzer der Bruchstücke verbinden. Ernst Cassirer, der den Menschen als *animal symbolicum* bezeichnet, d. h. Symbolismus zusammen mit Sprache als die Hauptkennzeichen der menschlichen Kultur betrachtet, unterscheidet folgendermaßen zwischen Zeichen und Symbol: Ein Zeichen gehört zur physikalischen Welt, es hat einen Anwender und es besteht eine intrinsische Beziehung zwischen Zeichen und dem, was das Zeichen bezeichnet. Ein Symbol dagegen ist „künstlich" geschaffen, es bezeichnet etwas und gehört damit zur menschlichen Welt, anstatt zur physikalischen (Morris 1987: 219, nach Cassirer 1944). Der Ethnologe Raymond Firth dagegen ordnet das Symbol als eine von vier Formen dem Zeichen unter (in: *Symbols: Public and Private*, 1973). Firth definiert die vier Typen wie folgt: Ein Index ist ein Zeichen, das direkt mit dem, was es bezeichnet, verbunden ist (z. B. ein Pfotenabdruck eines Löwen). Ein Signal ist ein dynamischer Aspekt eines Index. Ein Icon ist ein Zeichen, das sensorische Ähnlichkeit mit dem, was es darstellt, hat (z. B. eine Statue eines Löwen). Und ein Symbol ist ein Zeichen mit einer komplexen Serie von Assoziation, aber ohne direkte Ähnlichkeit oder Verbindung zu dem, was es darstellen soll (z. B. der Löwe als Symbol von Tapferkeit).

Ein Symbol repräsentiert etwas Sinnbildliches. Es kann im Prinzip alles als Symbol verwendet werden, sofern es die traditionellen Konventionen erlauben (Bowie 2006: 36). Symbole sind stets kulturell konstruiert und haben selten universelle Bedeutung, es sei denn, die kulturelle Konstruktion wird auf andere Kulturen übertragen. In unserer Kultur haben Pfeile symbolische Bedeutung, da sie einen Wegweiser repräsentieren, eine geografische Richtung. Wollten wir der Firth'schen ethnologischen Definition folgen, dann sind Pfeile bei uns eher Zeichen als Symbole. In anderen Kulturen sind es Waffen, sowohl Jagdwaffen als auch Kriegswaffen. Sie können daneben allerdings auch symbolische Bedeutung haben, freilich in einem anderen Sinn als in Europa. So zeigt Mona Suhrbier in ihrer Arbeit über *Die Macht der Gegenstände* (1998) die Bedeutungsvielfalt von Pfeilen bei den Alto-Xingú-Indianern in Brasilien. Sie verbinden mit Pfeilen unterschiedliche Vorstellungen, welche ihnen „Bedeutungen verleihen und einen entsprechenden Umgang mit diesen erforderlich machen" (1998: 93). Pfeile stehen in einem Zusammenhang mit rituellen Übergängen, mit Sterblichkeit und Wiedergeburt, d. h. mit der Menschwerdung (Suhrbier 1998: 128). Zwar handelt es sich bei einem Pfeil zum einen um eine Waffe, mit der Xinguanos Tiere erlegen, dennoch verfügt er auf der anderen Seite über eine symbolische Bedeutungsebene, mittels derer ein Einblick in die religiöse Vorstellungswelt möglich ist. Folglich ist das Studium des kulturellen Kontexts unabdingbar, um die Bedeutung eines Symbols verstehen zu können. Die Bedeutung eines Symbols ist nicht intrinsisch, d. h. nicht im Wesen des Symbols eingebettet. Ein Objekt kann daher unterschiedliche symbolische Bedeutungen haben, je nach kulturellem und historischem Kontext. Bowie verweist auf den Ring, der in westlichen

Kulturen als Symbol einer Ehe betrachtet wird, bei den Bangwa in Kamerun allerdings als Zeichen eines Sklavenstatus gilt (2006: 36). Ein anderes Beispiel ist das Hakenkreuz, das durch die Verwendung im Nationalsozialismus mit einer bestimmten Bedeutung versehen wurde, die noch heute die ursprüngliche überlagert. Ein Objekt, das in einer Kultur als Symbol gebraucht wird, kann in einer anderen lediglich als Schmuck verwendet werden und muss als solcher über keinerlei symbolische Bedeutung verfügen. Nicht nur die Bedeutung eines Symbols, sondern auch die Art und Weise, wie wir den Begriff verwenden, ist somit überaus divers, mitunter sogar diffus, wie die folgenden drei Beispiele aus der ethnologischen Literatur zeigen.

Clifford Geertz versteht unter Symbol – im Anschluss an Susanne K. Langer (*Philosophy in a New Key*, 1942, auf Deutsch 1965) – „Gegenstände, Handlungen, Ereignisse, Eigenschaften oder Beziehungen, die Ausdrucksmittel einer Vorstellung sind, wobei diese Vorstellung die ‚Bedeutung' des Symbols ist" (Geertz 1991: 49). Als Beispiel nennt Geertz die Zahl 6, die stets ein Symbol ist, ob sie nun geschrieben, mit Steinen gelegt oder in Computersprache formuliert wird. Symbole sind demnach „fassbare Formen von Vorstellungen [...], aus der Erfahrung abgeleitete, in wahrnehmbare Formen geronnene Abstraktionen, konkrete Verkörperungen von Ideen, Verhaltensweisen, Meinungen, Sehnsüchten und Glaubensanschauungen" (Geertz 1991: 49). Aber schon sein zweites Beispiel, das Kreuz im Christentum, offenbart einen Mangel seiner Theorie, und zwar die Missachtung dynamischer Veränderungsprozesse. So ist das Kreuz zwar ein christliches Symbol, früher war es allerdings ein Hinrichtungsinstrument und heute ist es oftmals nur ein Schmuckstück. Während also eine Zahl stets ein Symbol ist, kann ein Gegenstand einmal ein Symbol sein und ein anderes Mal lediglich ein Ornament, je nach historischem Kontext, denn trotz gleichem kulturellem Zusammenhang kann sich die Bedeutung aufgrund historischen Wandels verändern.

Ein weiterer zentraler Punkt ist die soziale Relevanz von Symbolen, die vor allem Mary Douglas in ihren Studien hervorhob (in *Purity and Danger*, 1966, auf Deutsch erschienen unter dem Titel *Reinheit und Gefährdung*, 1985). Sie zeigt mit ihren Ausführungen über rituelle Unreinheit, wie Menschen ihre Realität mit Bedeutung versehen und wie diese Realität mit Symbolen ausgedrückt wird. Aufgrund ihres andauernden Einflusses will ich ihr Werk etwas ausführlicher vorstellen. Der Ausgangspunkt ihrer Erläuterungen ist die irreführende Kategorisierung von Religionen Ende des 19./Anfang des 20. Jahrhunderts auf der Basis des Umgangs mit Schmutz und Reinheit. Sie beschreibt, dass damals die Ansicht bestand, dass „je weniger Unreinheit mit physischen Zuständen zu tun hatte, und je mehr sie eine spirituelle Unwürdigkeit bezeichnete, um so eindeutiger konnte die betreffende Religion als fortschrittlich eingestuft werden" (Douglas 1988: 24). Während so genannte „primitive" Religionen den Kontakt mit materiellen Dingen (wie z. B. Leichen, Blut oder Speichel) als gefährlich ansehen, haben scheinbar „fortschrittliche" Religionen diese in Küche und Bad, d. h. in den säkularen Bereich der Gesellschaft, verdrängt (Douglas 1988: 23). Douglas verweist hierbei vor allem auf W. Robertson Smith, Autor von *Lectures on the Religion of the Semites* (1889, auf Deutsch unter *Die Religion der Semiten*, 1899), dessen Einfluss über seinen Schüler James Frazer weit ins 20. Jahrhundert reichte. Douglas zeigt dagegen, dass Symbole in Ritualen entsprechende Funktionen übernehmen, so dass Religion letztendlich nicht bezüglich ihrer Vorstellungen von Verunreinigungen unterschieden werden kann. Lediglich die Regeln, die definieren, was „nicht dazugehören darf", d. h. was als Schmutz gilt, sind in tribalen Religionen viel ausgeprägter und umfassender, „während sie in modernen Kulturen nur für abgetrennte, gesonderte Daseinsbereiche" gelten (1988: 59). Douglas beschäftigt sich weiterhin mit der Unterscheidung zwischen heiligen und verunreinigten Dingen und den Gründen, warum Dinge, die bestimmte religiöse Bedeutungen haben, dennoch unter gewissen Umständen als verunreinigt, unter anderen Umständen allerdings als heilig gelten. Sie widerspricht damit Durkheims Aufteilung der Gesellschaft in profan und heilig, da Kategorien von Verunreinigung und Reinheit nicht eindeutig zwischen profan und heilig aufgeteilt werden können. Sie treten gemeinsam sowie in Opposition zueinander auf, d. h. sie sind nicht voneinander trennbar. Anstatt zwischen profan und heilig zu unterscheiden, klassifiziert Douglas das soziale Leben, indem sie Verunreinigung durch zwei andere oppositionelle Kategorien definiert: was akzeptabel ist und was nicht. Dieses symbolische System liefert die moralische Ordnung der Gesellschaften und unterstützt das Sozialsystem. Aber es kann auch das Sozialsystem bedrohen. Deshalb muss die Verunreinigung beseitigt werden. Menschen, die einer Verunreinigung ausgesetzt waren, müssen beispielsweise durch Rituale gereinigt werden, um ein dadurch mögliches Chaos zu verhindern. Douglas betont, dass Dinge nicht an sich verunreinigt sind, sondern erst als Bestandteil eines Systems von Kategorien, die Menschen sowie nichtmenschliche Kategorien von animierten und nichtanimierten Objekten einschließen. Diese Kategorisierung von Symbolen beeinflusst die Sozialordnung, wie Douglas, bezugnehmend auf ihre Untersuchung bei den Lele, äußert. Die Regeln der Lele, die sie vor der Verunreinigung durch Schmutz beschützen sollen, resultieren in einer absoluten Kontrolle der Frauen durch die Männer. Mitunter werden Frauen sogar als Währung behandelt, wie Douglas schreibt. Trotzdem kontrollieren sie auch die Männer, da Frauen ihre Ehemänner absichtlich in Gefahr bringen können, wenn sie sich beispielsweise während der Menstruation nicht rituell reinigen und dadurch ihre Umgebung verunreinigen und schwächen (Douglas 1988: 195–200).

In einer späteren Studie setzt sich Douglas stärker mit dem Körper und der Körpersymbolik auseinander (*Natural Symbols*, 1970, auf Deutsch *Ritual, Tabu und Körpersymbolik*, 1986). Sie argumentiert darin gegen die Existenz natürlicher Symbole – auch gegen die Reduktion des menschlichen Körpers auf einen bloßen Symbolträger – und betrachtet den Körper als kulturelles Konstrukt.

Ihre Ausführungen basieren auf Überlegungen von Marcel Mauss, der 1936 in einem Aufsatz über Körpertechniken die These vertrat, dass es kein natürliches Verhalten und folglich auch keine angeborenen Bewegungen gibt (auf Deutsch erschien der Aufsatz 1975 in der Sammlung *Soziologie und Anthropologie, Band 2*). Jede körperliche Aktivität – er zählte u. a. Essen, Trinken, Laufen, Ruhen, Tanzen, Schwimmen, aber auch den Geschlechtsverkehr auf – wird nach seiner These durch soziale Lernvorgänge vermittelt. Sein Ausgangspunkt waren seine Beobachtungen über veränderte Schwimm- und Tauchtechniken bei seiner Generation. Daraus schloss er, dass es eine Technik des Tauchens und eine Technik der Erziehung zum Tauchen gibt. Jede Methode hat eine besondere Eigenart, die nur schwer wieder zu ändern ist, wenn sie einmal erlernt wurde. Sie variiert je nach Gesellschaft, Erziehungswesen, Generation, Sozialbedingungen, Geschlecht und natürlich auch Moden. D. h. nicht nur die Kleidung, auch die Art und Weise, wie der Körper sich bewegt, unterliegt einem Wandel bzw. wird kulturell geprägt. Dies kann jeder bestätigen, der im Ausland einmal mit kleinen, fast unbewussten Bewegungen, wie winken oder über den Kopf streichen, Abwehrreaktionen der fremden Umgebung hervorgerufen hat.

Douglas hat nun Mauss' Ausführungen zu einem Zwei-Körper-Modell ausgebaut, wobei sie zwischen dem physischen und dem sozialen Körper unterscheidet. Ihr Hauptaugenmerk ist auf die Beziehungen zwischen den beiden Körper-Formen gerichtet, d. h. auf das, was zwischen dem Körper als sozialem Gebilde – dem Selbst eines Individuums – und dem Körper als physischem Gebilde – der Gestalt der Gesellschaft – passiert. Nach Douglas steuert der Körper als soziales Gebilde die Art und Weise, wie der Körper als physisches Gebilde wahrgenommen wird. Gleichzeitig manifestiert sich in der physischen Wahrnehmung des Körpers eine spezifische Gesellschaftsauffassung. Der Körper ist somit ein wichtiges Ausdrucksmedium, an dem gesellschaftliche Prozesse abgelesen werden können. Gleichzeitig gibt es soziale Kontrollen, die – je nach Gesellschaft schwach oder stark ausgeprägt – dem Gebrauch des Körpers Schranken auferlegen. In allen Formen der Ruhe und der Bewegung – Douglas zählt u. a. die Körperpflege, die Nahrungsaufnahme, die Therapien, auch die Erträglichkeitsgrenzen bei Schmerzen auf – wird der soziale Druck, den die Gesellschaft ausgeübt, offenbar. Daneben beeinflusst die entsprechende Situation, der Anlass oder der Rahmen einer Tätigkeit die Art und Weise, wie der Körper gestaltet wird. So sind Kleidung, Frisur, aber auch Begrüßung und Auftreten einer Person nicht nur von Kultur zu Kultur, sondern auch je nach Zeit und Ort verschieden. Der Körper ist demnach sowohl ein physisches als auch ein symbolisches Gebilde, das ebenso natürlich wie auch kulturell konstruiert und stets in bestimmten historischen Prozessen verankert ist. Der Körper dient als Vorlage kultureller Vorstellungen, als Metapher für Gesellschaftsformen und religiöse Weltanschauungen (Luig 1995). Er ist Schnittstelle kultureller Wahrnehmungen und der physischen Realität.[2]

Douglas untersucht Symbole und Symbolismus mittels einer sozio-strukturellen Methode, wobei sie – genau wie Edmund Leach – sozio-strukturelle und strukturalistische Ansätze kombiniert. Allerdings distanziert sich Douglas – im Unterschied zu Leach – von Lévi-Strauss und seinen universellen Strukturen, da diese die kulturelle Variabilität nicht berücksichtigen (Morris 1987: 226). An ihren Studien, vor allem ihren späteren Werken, wird jedoch der Eurozentrismus kritisiert, da sie die Beziehung zwischen Individuum und Gesellschaft aus westlicher Perspektive analysiert und auf andere Gesellschaften überträgt.

Eine ähnlich einflussreiche Symbolanalyse stammt von Edmund Leach, wenngleich ihm seine starke Anlehnung an Lévi-Strauss oftmals vorgeworfen wurde. Leach bietet, ähnlich wie Firth, ein komplexes Modell über Zeichen, Symbol und Index an, entwickelt aber freilich andere Unterscheidungen. Für Leach ist die Beziehung zwischen dem Zeichen und dem Objekt, auf das sich das Zeichen bezieht, metonymisch (Morris 1987: 219, siehe z. B. Leachs Studie *Culture and Communication*, 1976, auf Deutsch 1978). D. h. es handelt sich nicht um eine zufällige Assoziation, basierend auf einer Metapher, sondern es besteht ein inhaltlicher Zusammenhang zwischen Objekt und Zeichen, wie sein Beispiel der Krone als Symbol für Souveränität verdeutlicht. Davon ausgehend unterscheidet Leach zwei Typen von Symbolen: Ein Zeichen verweist auf eine intrinsische Beziehung, d. h. Zeichen und symbolisiertes Objekt gehören zum gleichen kulturellen Kontext, ihre Beziehung ist metonymisch. Ein Symbol repräsentiert dagegen etwas, das einem anderen kulturellen Kontext angehört, so dass die Beziehung zwischen Symbol und symbolisiertem Objekt metaphorisch ist. Leach möchte mit seiner Trennung Mittel anbieten, mit denen symbolische Systeme wie Mythen, Magie und Religion strukturalistisch analysiert werden können. Dabei wird der Einfluss von Lévi-Strauss nicht nur in seiner Analyse sichtbar, sondern auch in seiner Kritik gegenüber Firth. Während Firth beispielsweise Symbolismus anhand spezifisch empirischer Kategorien untersucht und die übergeordnete kulturelle Relevanz abstreitet, argumentiert Leach, dass der Inhalt der symbolischen Kodes universell sei und dass es sich lediglich um kulturelle Transformationen handele. Auch wenn seine strukturalistische Interpretation einige Lücken offenbart (siehe die Kritik bei Morris 1987: 222–223), zeigt Leach sehr gut, dass Symbole nie isoliert verstanden werden können. Obgleich es einige gemeinsame symbolische Themen gibt, wie z. B. den zweideutigen Status verheirateter Frauen in exogamen, patrilinealen Gruppen, existiert kein universeller Symbolismus. Symbole erhalten ihre Bedeutung stets in Kontrast zu anderen Symbolen als Teil eines Gesamtsystems, wobei Mythen, Kosmologie und Religion als Beispiele solcher Gesamtsysteme gelten.[3]

Mythentheorien

Mythen sind seit dem Beginn der Ethnologie beliebtes „Sammelobjekt“. Besonders die Romantiker waren fasziniert von Mythen. Sogar wenn es sich nicht um religionsethnologische Untersuchungen handelte, zeichneten Forscher weltweit Mythen auf, die sie als Auskunftsmittel über soziale Konzepte deuteten. Aber Mythen gehören nicht nur zum Schatz früher Reisender und Ethnografen, sie sind auch postmodern, wie die Herausgeber des Sammelwerkes *Texte zur modernen Mythentheorie* schreiben. Allerdings wird das Wort „Mythos“ heute im Alltag unterschiedlich verstanden und eingesetzt, zum einen mit einer negativen Konnotation im Sinne von Erfindung, Illusion oder Legende, und zum anderen positiv im Sinne von „kultig“ und legendär (Barner/Detken/Wesche 2003: 8).

Das Wort Mythe stammt vom griechischen *Mythos* ab und bedeutet ursprünglich Rede oder Diskurs, wurde später jedoch oft im Sinne von Fabel oder Legende verwendet. Mythe wird oftmals beschrieben als eine Erzählung vergessenen oder unbestimmten Ursprungs mit grundlegender religiöser oder übernatürlicher Prägung, die einen oder mehrere Aspekte der Welt oder der Gesellschaft zu erklären oder zu rationalisieren versucht. So erklären Mythen, warum die Welt, so wie wir sie kennen und täglich erfahren, existiert; warum es Menschen, Tiere, Pflanzen gibt; warum die Sonne morgens aufgeht und abends wieder untergeht; wie die Sterne in den Himmel gekommen sind; wie Feuer von Menschen entdeckt wurde; warum sich Frauen und Männer unterscheiden und vieles mehr. Mitunter werden Mythen als sakrale Erzählungen charakterisiert (siehe z. B. Bowie 2006: 268), allerdings ist diese Definition bedenklich, da der Begriff sakral, so wie er im westlichen Diskurs definiert wird, nicht auf alle anderen Kulturen übertragbar ist. Bezugnehmend auf Robert Segal

(2004) bietet Bowie folgende Arbeitsdefinition von Mythe an: Demnach ist eine Mythe eine Erzählung, deren Protagonisten Persönlichkeiten sind, die etwas Bedeutendes für die Anhänger, die die Mythe befolgen, schaffen (nach Bowie 2006: 269). Der Begriff Persönlichkeiten bezieht sich nicht nur auf Menschen, sondern schließt auch andere Wesen ein, wie beispielsweise einen Jaguar oder Bär, die gerade in amerikanischen Mythen häufig erscheinen.

Barner, Detken und Wesche zitieren dagegen – basierend auf Christoph Jamme – eine etwas andere Definition von Mythos. Demnach ist ein Mythos der mündliche Kommentar einer Kulthandlung: „Er hat eine Erzählstruktur, erzählt werden bestimmte wiederholbare Ereignisse, die außerhalb von Raum und Zeit liegen und ansetzen an bestimmten Knotenpunkten der menschlichen Existenz. […] Mythen treten immer auf im Zusammenhang mit Ritualen; sie sind der kognitive Teil der kultischen Praxis" (Barner/Detken/Wesche 2003: 10, nach Jamme, *Gott an hat ein Gewand*, 1999: 21). Im Unterschied zu Bowie und Segal, die Mythen für sich genommen betrachten, werden Mythen hier also in einen direkten Zusammenhang zum Ritual gesetzt, was die Betrachtung von Mythen einschränkt. Beide Definitionen illustrieren bereits die Vielfalt der Ansätze in der Mytheninterpretation.

Das Wort Mythos wird zum einen als Plural von Mythe verwendet, zum anderen allerdings auch als abstraktes Denksystem. Diese zweite Bedeutung ist vor allem im philosophischen Diskurs geläufig. Hans Blumenberg beispielsweise lokalisiert Mythos in seinem Meisterwerk *Arbeit am Mythos* (1979) im Spannungsfeld zwischen Terror und Poesie (siehe dazu auch Prinz 1999: 29).

Die meisten Mythenforscher gehen übereinstimmend davon aus, dass Mythen zu einem gewissen Zeitpunkt von den Menschen der Gesellschaft, welche die Mythen erzählen oder deren Ursprung in der Mythe erklärt wird, als wahr betrachtet wurden. Eine Mythe ist somit von einer Allegorie und einer Parabel zu unterscheiden, da deren Inhalt erfunden wurde, um einen moralischen Aspekt zu illustrieren, der aber nie als wahr angesehen wurde. Einige Mythen beschreiben tatsächliche historische Ereignisse, freilich in einer ausgeschmückten und durch die Erzähler so oft umgestalteten Weise, dass es nicht mehr möglich ist zu ermitteln, was sich wirklich historisch ereignet hat. In diesem Punkt haben Mythen eine legendäre und eine historische Gestalt. Hier zeigt sich eine Gemeinsamkeit vieler früher Mythentheoretiker: die Kategorisierung der Mythen als Täuschung sowie die daraus folgende Gegenüberstellung von Mythos und Logos. Basierend auf Platon wird radikal zwischen *mythei* als teilweise lügenhaften Göttergeschichten und *logoi*, den beweisbaren Aussagen, getrennt (siehe Prinz 1999: 31). Die daraus entwickelten Mythentheorien verknüpften damit evolutionistische Grundannahmen, die Mythen in ein heute überwundenes Stadium der menschlichen Entwicklung verbannten (siehe dazu auch Barner/Detken/Wesche 2003: 12). Wie bereits Jean-Pierre Vernant betont, hat der Mythos „in Zivilisationen, in denen die mündliche Überlieferung überwiegt, [...] keinen Ort“ (Vernant 1984: 10). Vernant vertritt demnach einen diskursiven Ansatz und verweist auf das undogmatische und variable Verständnis von Mythologie, das auch der Beweglichkeit des griechischen Geistes im Umgang mit Religion entspräche. Er fordert daher nachdrücklich: „Schluss mit dem Mythos also, wenn man darunter eine bestimmte Kategorie sakraler Erzählungen versteht, die überall zu finden sein sollen“ (1984: 10). Folgerichtig bricht Vernant aus den Engen der philosophischen Mytheninterpretation aus und bezieht ethnologische und andere Ansätze in seine Analysen ein (Küpper 2003: 240).

Mythen wurden und werden von unterschiedlichen Disziplinen untersucht. Nach Middleton (1967: IX) sind Folkloristen hauptsächlich an den Motiven (den Erzählelementen) und deren Entwicklung und Verbreitung interessiert; Psychologen untersuchen Mythen, um etwas über die individuelle Psyche zu erfahren; Linguisten untersuchen die Sprache und die Struktur der Mythen und Theologen die Moralvorstellungen, die durch Mythen vermittelt werden. In der Ethnologie haben sich funktionalistische Mytheninterpretationen durchgesetzt, die Mythen in ihrem kulturellen Kontext untersuchen. Auch die Auswahl der Mythen ist unterschiedlich. Religionshistoriker sind (ebenfalls nach Middleton) hauptsächlich an Mythen der weltweit verbreiteten Religionen interessiert (an Text-Religionen), Altertumsforscher (Klassizisten) beschränken sich auf die Analyse griechischer und römischer Mythen, während die Ethnologie an Mythen indigener Völker interessiert ist, wobei der Begriff Mythe in einem ahistorischen Sinn für eine Geschichte verwendet wird, die etwas über die Gesellschaft aussagt (Bowie 2006: 267). Mythen werden in der Ethnologie als kollektive Repräsentationen betrachtet, die (nach Durkheim) eine soziale Funktion erfüllen. Eine Mythe beschreibt beispielsweise den Platz, den ein Individuum in der Gesellschaft und im Universum innehat. Es handelt sich allerdings um symbolische Angaben, so dass wir die Realität erkunden müssen, die hinter der symbolischen Ebene liegt.

Bereits die ersten Religionsethnologen, Tylor und Frazer, erkannten die Bedeutung der Mythen für Religionsstudien. Sie gingen im Gegensatz zu vielen ihrer Zeitgenossen davon aus, dass Mythen keineswegs „schlechte Geschichten“, sondern soziale Institutionen seien. Mythen gehörten ihrer Ansicht nach uneingeschränkt zur physikalischen Welt, da sie religiöse Erklärungen von physikalischen Ereignissen anböten, beispielsweise für das Phänomen des Regens (Segal 2006: 339). Tylor beschrieb den Mythos als „primitive Wissenschaft“, die die gleichen Funktionen erfülle wie die Wissenschaft in modernen Gesellschaften, d. h. Tylor charakteresierte den Mythos als ebenso rationalistisch und auf ähnlichen Methoden basierend wie die moderne Wissenschaft (siehe *Primitive Culture*, 1871). Frazer, obwohl auch er diese Gegenüberstellung vornahm, betrachtete den Mythos eher als ursprünglichen Zustand des Denkens, den er als irrational einstufte. Seiner Ansicht nach waren alle Mythen ursprünglich mit der Fruchtbarkeit der Natur verbunden, z.B. mit der Geburt, dem Tod und der Auferstehung der Vegetation als konstant auftretendem Motiv (siehe *The Golden Bough,* 1890). Beeinflusst von Tylor betrachten Frazer und die in Cambridge um ihn entstandene Schule die damals bereits weltweit gesammelten Mythen als Überbleibsel einer Kultur (*survivals* nach Tylor), als Fossilien einer linear verlaufenen Menschheitsentwicklung. Mythen berichteten den halbvergessenen Ursprung der Menschheit sowie natürliche und andere Katastrophen, die in der Geschichte und Vorgeschichte stattfanden (Middleton 1967: x). Im Unterschied zu anderen Mythenforschern betonte die Cambridger Schule bereits, wie eng Mythos und Ritual zusammenhängen. Demnach beschrieb ein Mythos ursprünglich das, was im Kult dargestellt wurde. Mit der Zeit wurden die Rituale vergessen – sie starben –, während die Mythen weiterhin erzählt wurden, wobei aber ihre Bedeutung verloren ging (siehe Jane Harrison 1903).

In der Schweiz vertrat Johann Jakob Bachofen (*Das Mutterrecht*, 1861) die Ansicht, dass Mythen ernst zu nehmende Geschichtsquellen seien und über einen hohen historischen Wahrheitsgehalt verfügten (siehe Prinz 1999: 37). Diese wörtliche Auslegung von Mythen ist außerhalb der Wissenschaft immer noch weit verbreitet, wie die unzähligen Versuche, Beweise für die biblische Sintflut oder Sodom und Gomorra zu finden, belegen. Ein extremes Beispiel dieser Richtung sind die bereits erwähnten Kreationisten, welche die Schöpfungsgeschichte in der Genesis als wissenschaftlich korrekt betrachten. Sie als Mythe zu bezeichnen, würde bei ihnen sicherlich auf Widerstand stoßen (siehe Segal 2005: 355).

Heute sind Religionsethnologen von dem Versuch abgerückt, inhaltliche Entsprechungen in allen Mythen weltweit zu suchen. Untersucht werden nun die spezifischen Kontexte, in denen Mythen auftreten. Hauptaugenmerk liegt auf den Funktionen, die Mythen erfüllen, und die von Kultur zu Kultur differieren können. Mythen werden somit als symbolische Repräsentationen analysiert, die bestimmte soziale Erscheinungen, wie hierarchische Machtbeziehungen oder andere Formen sozialer Ordnung, erklären.[4] Sigmund Freud war an der Irrationalität der Mythen interessiert. Er argumentierte, dass Mythen aus der gleichen Quelle entstammen wie Träume und daher auch mittels Traumdeutung psychologisch interpretiert werden sollten. Träume und Mythen seien symbolische Reflektionen des Unterbewusstseins und drückten Ängste aus. Diese Ängste seien universelle Aspekte der Menschheit bzw. bestimmter Gesellschaften. Bronislaw Malinowski war zwar beeinflusst von Freud, widersprach allerdings dessen eurozentrischer Grundannahme, die er mittels seiner eigenen Beobachtung nichtwestlicher Gesellschaften korrigieren wollte. Bei seinen funktionalistischen Studien von Mythen ging es ihm stets um die psychologische Motivation der Individuen innerhalb der kollektiven Sozialeinheit, was ihn – nach Bowie – in die Nähe von C. G. Jung, Mircea Eliade und Joseph Campbell bringt (Bowie 2006: 272). Joseph Campbell (1904–1987), dessen Bücher, ähnlich wie *The Golden Bough* von Frazer, vor allem wegen ihrer zahllosen Geschichten weiterhin beliebt sind, wurde sehr stark von Jung und dessen Archetypen beeinflusst. In *The Hero with a Thousand Faces* (1949, auf Deutsch 1978) plädierte er erstmals für die Existenz eines Monomythos, d. h. eines universellen Musters (analog eines Archetyps bei Jung), dem alle Heldengeschichten weltweit folgen. Seiner Theorie nach kann die Reise jedes Helden in drei Etappen untergliedert werden: Aufbruch oder Trennung, Initiation und Wiederkehr. Zwar nennt Campbell auch weibliche Beispiele, seine Ausführungen weisen jedoch darauf hin, dass sein Monomythos eine Geschichte mit einem männlichen Protagonisten ist (Bowie 2006: 286), wie auch die zahlreichen Beispiele in Literatur und Film illustrieren (z. B. Heldenfiguren wie Frodo Baggins in *Herr der Ringe* und Luke Skywalker in *Star Wars*). Campbell ignoriert in seinem Modell somit weibliche Protagonisten, die, wie neuere Studien zeigen, einem anderen Muster folgen.[5]

Claude Lévi-Strauss dagegen untersucht nicht die gemeinsamen Motive und Elemente der Geschichten, sondern ihre formellen Eigenschaften. Der Mythos wird zu einer Art Metasprache, zu einem intellektuellen Problem (Prinz 1999: 52). Lévi-Strauss trennt mehrere Untersuchungsebenen. Der Mythos gehört sowohl in den Bereich des gesprochenen Wortes als auch in das Gebiet der Sprache. Lévi-Strauss trennt zwischen dem reinen Text der Mythenerzähler und dem Mythos als Denksystem. Somit existiert der Mythos historisch und ahistorisch zur gleichen Zeit. Lévi-Strauss zieht zur Verdeutlichung den Vergleich zur Poesie heran. Auf der ersten Ebene wird der Mythos wie ein Gedicht analysiert. Es handelt sich hierbei um die Analyse der Oberflächenstruktur, die in der Linguistik als *parole* (Ferdinand de Saussure) bezeichnet wird. Auf der zweiten Ebene wird der Mythos als Sprache, *langue* (de Saussure), betrachtet, denn genau wie die Poesie eine besondere Form der Sprache ist, ist es auch der Mythos. Der Unterschied zu ihr ist allerdings, dass Poesie nur schwer übersetzt werden kann, während der inhaltliche Wert des Mythos „trotz der schlimmsten Übersetzung" bestehen bleibt. Lévi-Strauss folgert daraus, dass der Mythos über eine dritte Ebene verfügt, auf der er als absolutes Objekt existiert.

„Die Substanz des Mythos liegt weder im Stil noch in der Erzählung oder der Syntax, sondern in der *Geschichte*, die darin erzählt wird. Der Mythos ist Sprache, aber eine Sprache, die auf einem sehr hohen Niveau arbeitet, wo der Sinn, wenn man so sagen darf, sich vom Sprachuntergrund ablöst, auf dem er anfänglich lag." (Lévi-Strauss 1991: 231, ursprünglich erschienen in *The Structural Study of Myth*, 1955)

Nach Lévi-Strauss ist es möglich, auch bei Unkenntnis der Kultur und der Sprache den Mythos auf dieser dritten Ebene zu verstehen, indem der Mythos auf die Geschichte, die er erzählt, reduziert wird. Sein Ausgangspunkt für die Mythenanalyse ist folglich die Zusammenfassung des mythischen Handlungsverlaufs. Die narrativen Inhalte außerhalb dieser Grundstruktur sind lediglich Ornamente und daher bedeutungslos.

Lévi-Strauss zerlegt den Mythos in konstitutive Einheiten, genau wie ein Sprachgebilde in Phoneme, Morpheme und Semanteme zerlegt werden kann. Wichtig für die Interpretation ist es, diese Einheiten zu erkennen und herauszulösen. Im Gegensatz zu den linguistischen (Morpheme etc.) liegen die konstitutiven Einheiten des Mythos auf einem höheren Niveau, denn der Mythos ist keine Rede oder beliebige Erzählung. Lévi-Strauss folgert daraus, dass der Mythos im ersten Schritt auf dem Satzniveau untersucht werden muss: die Ereignisse des Mythos müssen in kurzen Sätzen wiedergegeben werden, dann muss jeder Satz auf eine Karteikarte übertragen und mit einer Nummer versehen werden. Jeder Satz enthält an sich bereits eine bestimmte Beziehung (Prädikat zum Subjekt), dies sind allerdings keine isolierten Beziehungen, sondern Beziehungsbündel, die nun kombiniert werden können, um eine Bedeutungsfunktion zu erlangen. Lévi-Strauss geht dann noch einen Schritt weiter und fordert, jeden Mythos „durch die Gesamtheit seiner Fassungen" zu definieren (1991: 71). Anstatt einen Mythos isoliert zu betrachten oder gar die „authentische", die ursprüngliche Fassung zu suchen, sollten die Variationen in der Analyse berücksichtigt werden. Er kritisiert, dass die Strukturanalyse von einer Mythosvariante eines Dorfes zu einem zweidimensionalen Schema führt. Erst die Untersuchung mehrerer Varianten in einem Dorf oder einer Ethnie führt zum notwendigen Verständnis des mehrdimensionalen Bezugssystems des Mythos. Erst wenn die Struktur des Mythos deutlich ist, ist auch seine Bedeutung ersichtlich. Oder, wie Prinz Lévi-Strauss zusammenfasst, „die Mythen selbst bedeuten [...] nichts als sich selbst. Ihre Wahrheit liegt in der Struktur des Mythos." (Prinz 1999: 52, bezugnehmend auf einen Radiovortrag von Lévi-Strauss über den Mythos, veröffentlicht in Lévi-Strauss 1980). Letztendlich ist das Ziel seiner strukturalistischen Mytheninterpretation, Strukturen in Mythen von sehr unterschiedlichen Kulturen zu ermitteln, und diese Strukturen dann in einem weiteren Schritt auf binäre Oppositionspaare zu reduzieren: Natur/Kultur, Eigen/Fremd, Kalt/Warm und so weiter. Nach Lévi-

Strauss ordnet das menschliche Gehirn alle Wahrnehmungen in Kontrasten, er schlussfolgert daraus, dass bestimmte Oppositionen universell sind.

Malinowski auf der anderen Seite verwies – genau wie Douglas – auf den kulturellen Kontext, ohne dessen Kenntnis keine Mythen interpretiert werden können. Auch wenn Mythen in unserer Biologie entstehen, kann ihre Bedeutung nur im sozialen und historischen Kontext ermittelt werden, da jedes Individuum, jede Gruppe Mythen anders erfahren und ausbauen. Malinowski beurteilte Mythen zwar letztendlich als falsch, aber dennoch als essenziell für jegliche Religionsstudie. Sie seien keineswegs primär symbolisch oder gar historisch zu interpretieren. Mythen dienten in allen Gesellschaften bestimmten Funktionen, wobei Malinowski keinerlei Unterscheidungen zwischen den „zivilisierten" und den „primitiven" Gesellschaften macht.

„Der Mythos, wie er in einer primitiven Gemeinschaft existiert, das heißt, in seiner heutigen Form, ist nicht nur eine erzählte Geschichte, sondern eine gelebte Wirklichkeit. Er hat nicht den Charakter einer Fiktion, wie wir sie heute in einem Roman finden, sondern er ist eine lebendige Wirklichkeit, die – wie man glaubt – sich in uralten Zeiten ereignet hat und die seitdem weiterhin die Welt und menschliche Schicksale beeinflusst. Dieser Mythos bedeutet für die Primitiven dasselbe wie für einen gläubigen Christen die Biblische Geschichte, die von der Schöpfung, dem Sündenfall und von der Erlösung durch den Opfertod Christi erzählt. Der Mythos ist in seiner Funktion für die Primitiven unserer Heiligen Geschichte vergleichbar, die in unserem Ritual und in unserer Ethik lebendig ist, die unseren Glauben beherrscht und unser Verhalten leitet." (1983: 83, im Original erschienen in *Myth in Primitive Psychology*, 1925)

Nach Malinowski ist es falsch, Mythen lediglich textkritisch zu analysieren, wie es Altertumswissenschaftler machen, die keinerlei oder nur geringe Informationen über den religiösen Kontext der Mythen des klassischen Altertums haben. Der Mythos steht in einem engen Zusammenhang zur Religion. Um also seine Bedeutung genau erfassen zu können, ist es nach Malinowski unabdingbar, einen Mythos zu untersuchen, „der noch am Leben ist" (Malinowski 1986: 143, im Original in: *The Role of Myth in Life*, 1926). Malinowski betrachtet Mythen als „pragmatische Charter" des Glaubens und des moralischen Wissens. Damit brachte Malinowski die ethnologische Mythenforschung aus der Ecke der Welterklärung heraus. Anstatt den Ursprung des Mythos in der Weltdeutung zu suchen und mit dieser Sichtweise Gefahr zu laufen, den Mythos als kindlich, irrational oder prälogisch zu kategorisieren, lenkte Malinowski die Mythenforschung zur „gelebten Wirklichkeit" hin. Der Fokus wechselte durch die Herangehensweise von Malinowski sowie von Lévi-Strauss unwiderruflich vom Mythos zu Mythen (Prinz 1999: 51).

Darauf aufbauend entwickelte sich in den 1980er Jahren die diskursive Mytheninterpretation, die im Unterschied zu früheren Mythendeutungen nicht mehr auf den Inhalt abzielt, sondern auf die Form der Erzählung, die Mythen als Kunstwerk betrachtet. Mark Münzel kategorisiert die beiden unterschiedlichen Mytheninterpretationsformen zum einen als „mythologisch“ und zum anderen als „poetisch“ (Münzel 1987: 129). Die diskurszentrische Mytheninterpretation entstand unter dem Einfluss des von Richard Bauman und anderen entwickelten Ansatzes der *verbal art* (siehe z. B. *Verbal Art as Performance*, 1977), der Texte im narrativen Kontext analysiert, d. h. am Vorgang des Erzählens. Dadurch wird der Mythos zur Performance. Anstatt das Augenmerk auf die mythischen Symbole zu richten, wird der Text in Beziehung zum Erzähler und zum Zuhörer gestellt. Dennis Tedlock versucht beispielsweise, den künstlerischen Charakter der Mythen durch die Verwendung von narrativen Stilmitteln zu bewahren (z. B. narrative Pausen, Wiederholungen etc., siehe Tedlock 1992). Ein Beispiel dieser Art von Mythenerzählung ist auch der Ausschnitt der von Mark Münzel erzählten Mythe, mit dem ich dieses Kapitel begann. Die diskursorientierte Mythenforschung betont die Freiheit des mythischen Diskurses (Prinz 1999: 61), bei dem die Mythe während jeder Erzählung neu geschaffen wird. Dadurch entsteht allerdings, wie Ulrike Prinz schreibt, das Problem der überindividuellen Tradition (1999: 63), und der Inhalt der Einzelerzählung rückt bei der Interpretation in den Hintergrund. Münzel (1992) schlägt aus diesem Grund vor, zwischen MythE und MythOS zu unterscheiden. MythE ist der konkret analysierbare Text, den Ethnologen aufzeichnen, während MythOS der Komplex der Vorstellungen ist, die in der Mythe verborgen sind (Münzel 1992, Schreibweise übernommen). Mythe repräsentiert somit den Inhalt und Mythos die äußere Form, die variabel ist und auf den Inhalt einwirken kann.

Am Ende des kurzen Überblicks über die ethnologische Mytheninterpretation möchte ich den Mythos zurück zur Religion führen. Wenngleich einzelne Mythenforscher seit Frazer immer wieder auf den engen Zusammenhang zwischen Mythos und Ritual hingewiesen haben, überwiegt doch eine isolierte Betrachtungsweise des Mythos. Eine Ausnahme ist Adolf E. Jensen, der wie Frazer auch von einer engen Beziehung zwischen Mythos und Ritual überzeugt war (*Mythos und Kult bei den Naturvölkern*, 1951). Im Unterschied zur Cambridger Schule sprach er sich indes gegen einen kausalen Zusammenhang zwischen beiden aus und verbindet sie stattdessen durch eine mythische Welterkenntnis. Die mythische Welterkenntnis beeinflusst „alle Lebensformen des Menschen“, so dass Jensen sie als „geistige Grundlage“ betrachtet, nicht nur im Kult, sondern auch in vielen anderen Bereichen „menschlicher Lebensgestaltung“ (Jensen 1992: 71). Er betrachtet Mythe und Kult als religiöse Ausdrucksformen, als eine nicht zu trennende Einheit, als Formen einer „gestalteten Welterkenntnis“. Jensen verknüpft somit Mythos und Ritual innerhalb eines übergeordneten religiösen Komplexes. Ulrike Prinz (1999) unterstützt (unbewusst) seine These, indem sie die Mythen der Karajá und Alto-Xinguanos in Beziehung zu Initiationsfesten und anderen Feiern setzt und davon ausgehend die Geschlechterbeziehung interpretiert. Sie erklärt die teilweise stark voneinander abweichenden Interpretationen des Mythen- und Ritualkomplexes in der Literatur mit einer unvollständigen Betrachtung der Feste, „denen nicht immer die entsprechenden Mythen zugeordnet werden konnten“ (Prinz 1999: 254). Während Prinz somit die Deutungsvariationen mit unsorgfältiger Zuordnung begründet, hätte Jensen vermutlich gefordert, dass Forscherinnen wie Basso und Modon-Becquelin, auf die sich Prinz bezieht, erst einmal die Verbindung zwischen Mythos und Ritual, das hinter beiden Teilen verborgene religiöse Prinzip extrahieren sollten. Prinz dagegen lokalisiert Mythen und Riten im Spannungsfeld von Terror und Poesie und betrachtet damit den Urschreck oder, in Anlehnung an Blumenberg, den „namenlosen Schrecken“ als verbindendes Element (1999: 279). Am Ende bleibt allerdings eine Frage offen: Wie sollen wir nun mit Mythen in der Religionsethnologie umgehen? Robert Segal bietet uns als Ausweg aus dem Dilemma, Mythen entweder als wahr oder falsch zu kategorisieren, eine dritte mögliche Sichtweise an. Basierend auf der Untersuchung von Spielen des Kinder-Psychiaters und Psychoanalytikers D. W. Winnicott betrachtet Segal Mythen als *make-believe*. Dieser Ausdruck wird oftmals mit Scheinhaftigkeit, Phantasie oder Vorspiegelung übersetzt, aber das trifft den Inhalt nicht genau, wie Segals Ausführungen zeigen. Anstatt zwischen Täuschung und Realität zu wählen, erlaubt die dritte Option, Mythen als wahr zu betrachten, und zwar nicht nur gegenüber der sozialen Welt, sondern auch gegenüber der physikalischen. Winnicott betrachtet Spiele als Verbindung zwischen der individuellen Beziehung zur inneren Realität und deren Beziehung zur äußeren Realität (Winnicoo 1964, nach Segal 2006). “Play links the realms by constructing an external world to fit the fantasy” (Segal 2006: 352). Ein Spiel kann einen Löffel in einen Zug verwandeln, einen Teddybär in die Mutter. Obgleich den Kindern der Unterschied durchaus bewusst ist – ein Löffel bleibt ein Löffel, ein Bär ein Bär – verwandeln sich im Spiel die Objekte und werden (make-believe) zum Zug, zur Mutter und so weiter. Das gleiche gilt für Mythen, wie Segal anhand von Hollywood-Stars erläutert:

> “The deification of celebrities, above all of Hollywood stars, turns them into superhuman figures, into ‘gods’. They are credited with extraordinary accomplishments in not only the social world – ending poverty, canceling Third Word Debt – but also in the physical world – saving species, ending pollution. Their power often exceeds that of even heads of state. The devotion of fans amounts to ‘worship’. At the same time that worship is in the form of make-believe. Hagiographical biographies of celebrities constitute myths” (Segal 2006: 354).

Während ich das Buch in Großbritannien schreibe (2007) wird ein anderer Mythos zelebriert. Zehn nach dem Tod von Prinzessin Diana ist ihre mythische Form nahezu präsenter als ihre physische zu Lebzeiten.

Religion, Kosmos und Umwelt

An dieser Stelle wechsle ich von den Theorien der Mythen zu ihren Inhalten und ihren Funktionen. Die Religionsethnologie betrachtet Religion und deren Einzelelemente stets als Bestandteil eines größeren Systems. Die Ethnologie ist eine ganzheitliche Disziplin (Bowie 2006: 117). Wir untersuchen menschliche Verhaltensweisen aus unterschiedlichen Blickwickeln, und Religion ist eine davon. Deshalb betrachten heutige Religionsethnologen Mythen und deren Symbolik auch nicht isoliert, sondern kontextualisiert, vernetzt mit anderen Bereichen der sozialen und kulturellen Welt. Auf den folgenden Seiten betrachte ich verschiedene Bereiche, die in Verbindung zu Mythos und Umwelt stehen, und weise damit auch auf mögliche neue Arbeitsfelder zukünftiger Mythenstudien hin.

Clifford Geertz betont, dass Menschen Kulturmuster, d. h. „geordnete Mengen sinnhafter Symbole", entwickeln (1991: 136), welche Verhaltensregeln vorschreiben und dadurch Lebensentscheidungen beeinflussen. Referenzpunkt ist dabei, wie die folgenden Ausführungen zeigen, der Mythos, auf dem die Kultur bzw. die Religion als ein Aspekt der Kultur basiert. Mythen von der Schaffung der Welt enthalten folglich stets auch Verhaltensregeln, die den Menschen zeigen sollen, wie sie mit der Umwelt umzugehen haben. Mitunter werden der Kosmos und mit ihm die Ordnung der Welt anhand der materiellen Kultur deutlich sichtbar symbolisiert. So zeigen die abstrakten Muster auf den Keramikgefäßen der Shipibo in Peru beispielsweise den Kosmos mit Ober-, Mittel- und Unterwelt an sowie die in diesen Bereichen verweilenden Wesen, und illustrieren darüber hinaus mythische Geschichten, deren Interpretationen Ethnologen bis heute beschäftigen (siehe Illius 2005, 1988). Ein anderes Beispiel ist die *Maloca*, das typische Gemeinschaftshaus im Amazonasgebiet, die als Symbol für den Kosmos steht und somit auch die Stellung der Menschen darin symbolisiert. In Vodou-Tempeln befindet sich stets ein *poteau-mitan*, eine Art Weltenbaum, der die drei kosmischen Ebenen, Ober-, Mittel- und Unterwelt, verbindet und die Stelle im Tempel symbolisiert, über die *lwa* die Ebene der Menschen erreichen. Diese Beispiele der materiellen Kultur illustrieren die Kosmologie und erinnern die Menschen an ihre Stellung im Kosmos und an ihre Pflichten gegenüber der Schöpfung.

In jeder Kultur gibt es Geschichten von der Schaffung der Welt (Kosmogonie). Nach Freya Mathews helfen diese Geschichten den Menschen, sich in der Welt zu orientieren (Kosmologie). Mathews schreibt in *The Ecological Self* (1991, Taschenbuchauflage von 1994), „cosmology furnishes the indispensable context for the social and normative thinking that informs a culture, and even for the individual's own experience if his or her self" (1994: 43). Kosmologien erklären den Mitgliedern der Gemeinschaft somit, wer sie sind und in welcher Beziehung sie sich zum Rest der Schöpfung befinden. Indessen entstehen Kosmologien keineswegs aus dem Nichts, sondern durch den Einfluss vieler unterschiedlicher historischer, technologischer, psychologischer, sozialer und auch umweltbezogener Faktoren (Mathews 1994: 13). Es besteht demnach eine komplexe Vernetzung zwischen Kosmologie, Umwelt und Verhalten. Der Begriff Umwelt umschließt sowohl die natürliche Welt als auch die von Menschen geschaffene. Durch die Übertragung der Kosmologie von Generation zu Generation wird ein Band durch die Zeit geknüpft sowie im Raum verankert, denn Individuen und Familien werden nicht nur miteinander, sondern auch mit der Erde in Beziehung gesetzt (siehe Whitt et al. 2001: 4). In den Anden symbolisiert beispielsweise der Begriff *ayllu* ein solches Netz, durch das ein Gefühl der Zugehörigkeit zueinander und zur Umwelt geschaffen wird. *Ayllu* bezeichnet eine Gemeinschaft von Individuen, die an einem bestimmten Ort miteinander leben. Als Mitglieder eines *ayllu* gelten neben Menschen auch Tiere, Pflanzen, Sterne, Hügel, Seen, Steine und vieles mehr, d. h. alles was zueinander gehört. Dieses Band, dessen Ursprung in den Mythen über den Ursprung der Welt beschrieben wird, ist unzerstörbar, wie Laurie Ann Whitt und ihre Kollegen schreiben: "If a people belongs to a land, and land inheres in a people, it cannot be alienated or disowned. It cannot be reduced to a commodity. It cannot be replaced or done without" (2001: 7).

Catherine J. Allen bietet in ihrem Buch *The Hold Life Has: Coca and Cultural Identity in an Andean Community* (1988) eine gute Beschreibung eines *ayllu* und dessen Bedeutung als grundlegende Sozialeinheit der indigenen Bevölkerung Perus. Der Ursprung der *ayllu* liegt in der mythischen Urzeit, als Wiracocha die ersten Menschen zum Titicacasee sandte und diese mittels unterirdischer Wasserwege an Seen, Quellen, Höhlen und anderen Orten auf die Erde kamen und dort jeweils einen *ayllu* gründeten. Über viele Generationen sind die heutigen Mitglieder des *ayllu* daher mit dem Ursprungsort und den Urahnen verbunden (mitunter erkennbar an den Nachnamen) (Allen 1988: 96–97).[6] Als Peru 1821 die Unabhängigkeit von Spanien gewann, wurde das gemeinschaftliche Eigentum zugunsten von Privatbesitz abgeschafft. Damit verloren *ayllus* die Anerkennung als korporative Institution und konnten sich nicht mehr gegen den Verkauf von Land an Fremde wehren. Die Folge waren

Landzerstörung, z. B. in Form von Rodung und Zerstückelung, ja sogar Zerschlagung von Gemeinschaften. Erst 1925 wurden indigene Gemeinschaften in der Verfassung als korporative Einheiten anerkannt und durften als solche Land besitzen. Ein *ayllu* hat heute als eingetragener Landbesitzer das Recht, das Land an Mitglieder zu verteilen. Im Prinzip wird das Land allerdings, wie Allen schreibt, in Familienbesitz bewirtschaftet. Nur wenn eine Familie abwandert, keine Erben das Land bewirtschaften wollen oder zwei Familien sich über den Besitz streiten, verteilt der *alcalde* (Gemeinschaftsvorsitzender) das Land neu (Allen 1988: 100-101). Ein *ayllu* stellt somit eine soziale, politische und religiöse Einheit durch die Beziehung zu einem als sakral verehrten Ort dar, wobei nicht nur die Lebenden, sondern auch deren Vorfahren als Mitglieder anerkannt werden (1988: 108). Alle *ayllu*-Mitglieder haben bestimmte Aufgaben für die Gemeinschaft zu erfüllen – z. B. die Mithilfe bei der Instandhaltung der Wasserleitungen, der Straßen oder des Schulgebäudes, oder bei der Bearbeitung des Gemeinschaftslandes –, die gemeinsam in einer Versammlung diskutiert und vereinbart werden. Laut Allen entscheiden dabei hauptsächlich Männer (1988: 116). Einige Jahre später habe ich in Ecuador beobachten können, wie aufgrund der starken Abwanderung der Männer immer mehr Frauen die Aufgaben ihrer Ehemänner übernahmen, auch rituelle Aufgaben, wie beispielsweise bei der Organisation von religiösen Festen, die zum Gewinn bzw. Erhalt von Ansehen wichtig sind (siehe Schmidt 1999). Erst wenn ein Ehepaar als *fiesta alcalde* fungiert hat, gilt es als vollwertiges Mitglied der Gemeinschaft. Alle *cargos* (Lasten), sowohl die körperliche Mithilfe bei den Gemeinschaftsarbeiten als auch die religiösen Pflichten bei der Organisation der Feste und Wallfahrten, werden in der Regel an Familien verteilt, die dann wiederum die Aufgabe an die Mitglieder, die noch im Ort leben, weitergeben. Familienmitglieder, die zeitweise außerhalb des Ortes leben, müssen sich finanziell beteiligen. Denn wird das Fest ein Misserfolg oder verabsäumt eine Familie, genügend Helfer, etwa bei der Reparatur des Schulhauses zu stellen, trifft die Schande die gesamte Familie. Als religiöse Einheit tritt ein *ayllu* bei Festen wie der Feier zu Ehren des Schutzheiligen oder Fronleichnam sowie bei Wallfahrten auf. Es handelt sich bei den Bräuchen in der Regel um eine Mischung aus spanischem Volkskatholizismus und präkolumbianischen Traditionen, die trotz steigender Anzahl von Protestanten weiter bestehen. Die Teilnahme an den Festen ist weiterhin zentrales Ritual eines *ayllu* und markiert die Zugehörigkeit zur Gemeinschaft. Wie wichtig dies ist, zeigt sich darin, dass sich viele Konvertierte nach Jahren wieder vom Protestantismus lösen, um erneut Teil der Dorfgemeinschaft zu werden (siehe Rohr 1991).[7] Durch die Konversion zum Protestantismus löst sich der Einzelne bewusst vom *ayllu* ab und trennt auf diese Weise auch die Verbindung zu den

Urahnen. Allen beendet ihr Buch in einem relativ positiven Ton, trotz der zur Zeit ihrer Forschung stattfindenden Massaker an der indigenen Bevölkerung in Peru. Ihrer Deutung nach werden die Runakuna (Eigenbezeichnung der Quechua-Bevölkerung in den Anden Perus, bei denen Allen geforscht hat) sogar Phasen der Zerstörung überleben, so wie sie in der Vergangenheit ähnliche Phasen bereits häufiger überstanden haben. Ihre Kosmologie basiert somit auf einem zirkularen Weltbild, bei dem alle Handlungen letztendlich zurückkommen (Allen 1988: 226-227). Inwieweit die *ayllus* der Runakuna auch die Individualisierung aufgrund der Missionierung überstehen, muss sich allerdings erst noch zeigen.

Während sich hier die Auflösung der Kosmologie ankündigt, lenkt Roy Rappaport in *Ecology, Meaning and Religion* (1979) unsere Aufmerksamkeit auf die negativen Seiten der Kosmologien, indem er zwischen der Wirkung von funktionalen und dysfunktionalen Kosmologien unterscheidet. Als besonders dysfunktional gilt bei Rappaport die westliche Welt, wobei er vor allem auf den zerstörerischen Gegensatz zwischen unserem Bild von der Natur und der aktuellen Struktur des Ökosystems, in dem wir leben, hinweist (Rappaport 1979: 97). Dem westlichen Materialismus und der umweltzerstörenden Konsumorientierung setzt Rappaport eine romantisierend positive Beschreibung traditioneller Gesellschaften (z. B. der Ituri-Pygmäen) gegenüber. Sein Buch markiert gewissermaßen den Beginn der Friedensbewegung der 1980er Jahre, die im Anschluss daran in Deutschland und anderen europäischen Ländern zu einer politischen Öko-Bewegung führte. Es zeigt sich hier deutlich, wie stark Zeitströmungen und Modebewegungen wissenschaftliche Diskurse beeinflussen – und umgekehrt. Damit soll Rappaports wissenschaftliches Werk keineswegs als Trenderscheinung deklassiert werden; vielmehr soll die Wechselbeziehung zwischen Wissenschaft und Gesellschaft verdeutlicht werden. Einige Jahre später übertrug Robert Edgerton Rappaports Kritik am Umweltverhalten der westlichen Gesellschaft auf andere Gesellschaften und bot dadurch ein viel differenzierteres Bild von der Verflechtung von Umweltverhalten, Kosmologie und Kultur (in *Sick Societies: Challenging the Myth of Primitive Harmony*, 1992). Zwar folgt Edgerton Rappaports Kategorisierung der Kosmologien in gut und schlecht, gleichzeitig betont er aber, dass dysfunktionale Gesellschaften auf der ganzen Welt vorkommen, d. h. nicht nur auf den Westen beschränkt sind. Edgerton widerspricht mit dieser Aussage vehement dem Bild von in Harmonie lebenden kleinen Gemeinschaften, das so lange die Ethnologie beherrschte. In einem anschließend veröffentlichten Artikel gibt Edgerton als Grund für diese Fehleinschätzung seitens der Ethnologie an, dass diese zu lange der Vorstellung der kulturellen Evolution folgte: "Impressed by the wisdom of biological evolution in creating such adaptive miracles as protective coloration or feathers for flight, most scholars have assumed that cultural evolution too has been guided by a process of natural selection that has retained traditional beliefs and practices that meet people's needs." (Edgerton 2000: 128). Falls in einer Gemeinschaft Einrichtungen vorgefunden worden waren, die augenscheinlich keinem Sinn entsprachen, waren diese als von Außenseitern beeinflusst gedeutet worden (z. B. von Missionaren, Kolonialbeamten oder Soldaten). Oder aber es war versucht worden, die soziale Funktion von Praktiken, die auf Außenstehende furchterregend wirkten, hervorzuheben (z. B. Kannibalismus, Beschneidung, Gruppenvergewaltigung und Kopfjagd). Keinesfalls waren Praktiken als irrational oder in einem anderen negativen Sinn kategorisiert worden. Edgerton dagegen spricht von *maladaptive* (schlecht angepasst). Menschen seien nun einmal nicht immer weise, und Gesellschaften und Kulturen entwickelten mitunter Mechanismen, die nicht ideal sind, sondern in unsinnige Grausamkeit und unsinniges Leiden münden sowie die Beziehungen untereinander und zur Umwelt gefährden (2000: 131). Edgerton betont, dass es mehrere Gründe für derart schlechte Anpassungen gäbe. Als Beispiele nennt er etwa die Umweltveränderung, aber auch die Art und Weise, wie Gesellschaften Probleme lösen; keine Gesellschaft sei perfekt. "Not only are humans capable of error and of misjudging the ecological circumstances that they must learn to cope with, but they are given to pursuing their own interests at the expense of others and to preferring the retention of old customs to the development of new ones" (2000: 138).

Trotz dieser Entmythologisierung traditioneller Gesellschaften und deren Umweltverhaltens führte das steigende Umweltbewusstsein im Westen zu einer Ideologisierung ausgewählter traditioneller Umweltkonzepte, wie beispielsweise dessen der Traumzeit in Australien. Die australischen traditionellen Religionen der Aborigines haben die Religionsethnologie von Anfang an beschäftigt, wie bereits der Überblick über die Wissenschaftsgeschichte zeigte. Vor allem Durkheims Ausführungen über den australischen Totemismus, den er als elementares religiöses Konzept hervorhob, und Freuds Interpretationen dessen haben die Religionsethnologie lange geprägt. So lange bis schließlich Lévi-Strauss widerlegte, dass Totemismus eine Religion oder gar eine frühe Form religiöser Systeme ist. Er beschrieb den Totemismus als eine soziale Einheit (in *Le Totémisme aujourd'hui*, 1962, auf Deutsch *Das Ende des Totemismus*, 1965). Wenngleich der Begriff Totem aus der nordamerikanischen Ojibwa-Sprache stammt (im Sinn von „verwandt sein mit“, siehe Morris 1987: 270), wurde Totemismus häufiger anhand australischer ethnografischer Beispiele behandelt. Totems klassifizieren die Angehörigen einer Gruppe in Untergruppen und regulieren deren Beziehung zueinander und zur Natur (siehe auch Lévi-Strauss 1991: 135). Nach Lévi-Strauss (1965: 12, bezugnehmend auf A. A. Goldenweiser 1910) lässt sich der Totemismus auf einige „Denkweisen“ reduzieren. Totemismus verbindet sich mit der Aufteilung einer Gemeinschaft in exogame Klane und der rituellen Verknüpfung eines Klans mit Namen von natürlichen Spezies oder Phänomenen (z. B. Bär, Adler, Regenbogen), die mittels Durchführung bestimmter Rituale fortdauern. Lévi-Strauss argumentiert, dass Totemismus zwei unterschiedliche Phänomene beschreibt, zum einen die Beziehung zwischen Menschen und der Natur und zum anderen die Abstammung der Gruppen von Tieren und vegetativen Aspekten. Seiner Ansicht nach sollten beide Formen als voneinander getrennte Systeme betrachtet werden. Totemismus sei keine einfache Form von Religion, sondern illustriere eine besondere Form des Denkens.

Totemismus wird gerne mit dem australischen Konzept der Traumzeit assoziiert. Traumzeit beschreibt die mythische Urzeit, während der die Urahnen an bestimmten Plätzen entstanden und nach einer kurzen Zeit wieder in der Landschaft eintauchten. Traumpfad-Erzählungen (*song lines*) berichten von der Reise der Urahnen auf der Welt und verbinden alle Lebewesen und Naturphänomene miteinander, denn aufgrund des Wirkens der Urahnen entstanden Felsen, Berge, Wasserstellen, Flüsse, aber auch Vögel, Fische und so fort. Diese Urahnen wurden dann die Totems bestimmter Klane, die ihnen gegenüber rituelle Pflichten haben. Bowie betont (bezugnehmend auf Veronica Strang 1997), dass die Traumpfad-Erzählungen Sprachgrenzen überschreiten und Beziehungen zwischen verschiedenen Gruppen von Aborigines herstellen, sie somit als dynamisch charakterisiert werden können (2006: 129). Wichtig ist besonders die Zeitform der Erzählungen: Das Land macht ..., die Geschichte entsteht ... – Traumzeit bezieht sich keineswegs auf eine lang vergangene Zeit, sondern schließt die Gegenwart mit ein. Die Traumpfade sind folglich keineswegs statisch in einer mythischen Urzeit festgefroren. Sie werden weitererzählt und -entwickelt, und sie bewahren auf diese Weise bis heute die Verbindung zwischen den Menschen und dem Land. Das Land wird in den Erzählungen ebenfalls als lebendig betrachtet und mit einem Bewusstsein versehen (“If the young people don’t come back to this country, the country will feel that, [...] so this country will just sort of die away” Johnny Clarke, in Strange 1997: 253, zitiert nach Bowie 2006: 129). Es stellt somit auch eine Gefahr dar und muss mit Respekt behandelt werden. Wer allerdings die Geschichten nicht kennt, geht gewissermaßen blind durch die Landschaft. Graham Harvey beschreibt beispielsweise, dass es möglich sei, durch Alice Springs zu gehen, mit Handzetteln ausgestattet und geführt durch Informationstafeln heilige Stätten anzusehen und sich währenddessen die Geschichten aus der Traumzeit durchzulesen, ohne zu bemerken, dass ein

Vulkan ausbricht: "Although the signs draw attention to what the land is doing, and encapsulate its unfolding or emerging story, they permit the visitor to pass by without disturbance" (2005: 67). Als ich weiter oben in meiner Erklärung der Traumzeit die Bezeichnungen Urahne und Urzeit verwendete, übertrug ich Begriffe aus der europäischen Denkschule auf Konzepte, die eigentlich etwas anderes beschreiben. Diese Simplifizierung fremder Denkkonzepte durch die Übersetzung mit Begriffen, die oftmals einen christlichen Ursprung haben und einer kartesianischen Denkweise entspringen, ist ein häufiges Problem in der Religionsethnologie. Ohne erst einmal die Grundlagen der Denkweisen und der Kultur der Aborigines zu erklären, ist eine Kurzdefinition von Traumzeit nicht möglich. Aborigines verwenden die Bezeichnung Traumzeit als ungefähre Bezeichnung dessen, was dem Aborigine-Konzept entspricht, da es kein präzises Äquivalent in einer europäischen Sprache gibt. Es ist noch nicht einmal möglich, einen Begriff aus einer Aborigine-Sprache zu verwenden, da jede Sprache einen eigenen Begriff hat (z. B. *Tjukurpa* in Pitjantjatjara und *Altjiranga ngambukala* in Arrente, siehe Harvey 2005: 68). Traumzeit beschreibt die Schaffung der Welt, die Kultur und die Lebensweisen der Aborigines, ihre Werte und Glaubensvorstellungen, ihre Beziehung zu anderen Lebewesen und zur Natur. Es beschreibt die Reisen der Wesen, welche die Menschen geschaffen haben und die noch heute die Landschaft beleben. Das genaue Wissen über die Traumzeit ist allerdings auf die Gruppe, zu der die Geschichte gehört, beschränkt. Diese Gruppe wird als traditioneller Landbesitzer (*traditional owner*) bezeichnet, wobei jedoch die Bezeichnung Besitz eher eine Kustodenrolle meint. Traditionelle Landbesitzer haben die Pflicht, sich um das Land zu kümmern und die damit verbundenen Mythen, Riten und Regeln von einer Generation zur nächsten weiterzugeben. Sie müssen das Land, das sie mit anderen Lebewesen bewohnen, schützen und verwalten (Whitt et al. 2001: 10). Teil des Schutzes ist es, dass das Wissen auf Eingeweihte beschränkt bleibt und nicht an Außenstehende weitergegeben wird. Ausgenommen sind Informationen, die auch Kindern erzählt werden können. Diese Schranke beeinträchtigt die Forschung, denn auch Ethnologen gelten zunächst – wie Kurzbesucher – als Fremde. Wie Harvey schreibt, verwandeln uns Begegnung und Gespräche noch lange nicht in Einheimische. Wir bleiben stets Gäste, auch wenn wir es schaffen, über den Status von Fremden hinauszukommen (siehe Harvey 2003). Wie bereits die Erklärungen des Mythos am Anfang dieses Kapitels gezeigt haben, sind Traumzeit-Erzählungen ohne ihren Kontext nicht verständlich bzw. können lediglich als „nette Geschichten" gelesen werden. So ist zwar der Text als poetische Textgattung lesbar und analysierbar, die Vorstellungen, die darin enthalten sind, bleiben hingegen verborgen. Das verhindert jedoch keineswegs die andauernde Begeisterung des Westens für Traumzeit-Geschichten und deren ästhetische Darstellungen, insbesondere die so genannten *dot paintings*. Im Zuge der Romantisierung der Aborigines-Kultur stieg nicht nur die Zahl der Touristen, sondern auch der Marktwert ihrer Kunst in ungewöhnliche Höhen.

Die Kosmologie der australischen Aborigines gilt heute als Paradebeispiel traditionellen Umweltbewusstseins (siehe dazu auch Whitt et al. 2001). Das Land steht im Mittelpunkt des Mythos und verbindet die Aborigines sowohl mit der Ökologie als auch mit der Geschichte. Deborah Bird Rose bezeichnet es sogar als *Dreaming ecology*. Die zentralen Aspekte dieser Ökologie sind, dass das System sich selbst reguliert, dass die Teile miteinander verbunden sind, ohne aber in einer ständigen Kommunikation zu stehen, dass das System die Fähigkeit hat, aus dem Gleichgewicht zu geraten und das Gleichgewicht wieder herzustellen, und dass es keine Hierarchie oder eine zentrale Institutionen gibt (Rose 2005: 207). Ihre Kultur existiert im Einklang mit der Natur, während westliche Kosmologien – trotz der bereits angeführten Kritik an der Romantisierung traditionellen Umweltverhaltens – in der Regel als selbstzerstörerisch und ausbeuterisch charakterisiert werden. Eine Ausnahme stellen die so genannten *Pagans*, auf Deutsch in der Regel Neue Heiden genannt, dar. Die deutsche Bezeichnung basiert allerdings – genau wie die Einordnung unter die Neue Religiöse Bewegung – auf der Außensicht der Bewegung und übersieht, dass sich ihre Mitglieder auf ältere Traditionen beziehen. Während die Neuen Heiden von außen als eine Erfindung des 20. Jahrhunderts beschrieben werden (siehe z. B. Bowie 2006: 115) und infolgedessen als Reaktion einer westlichen Subkultur auf die dominante westliche Gesellschaft, sehen sich Angehörige der Bewegung als Vertreter einer alten europäischen Religion bzw. sogar der (einzig wahren) alten Religion (Harvey 1997: 191). Sie, wie auch traditionelle Religionen, sind nur schwer zu beschreiben, da jede Gruppe und jedes Dorf mitunter eigene Rituale und spezielle Glaubensvorstellungen entwickeln und auch die Neuen Heiden über kein festgeschriebenes Dogma verfügen, das von einer Institution ausgelegt wird und vor jeglicher Veränderung geschützt ist. Zuweilen wird Paganismus als polytheistische Naturreligion bezeichnet (Harvey 1997: 1), obwohl er eine Vielfalt an Glaubensvorstellungen umfasst (und viele der Pagans sich beispielsweise als Katholiken, Methodisten, Anglikaner oder Baptisten bezeichnen). Nach Harvey ist Polytheismus nicht unbedingt eine Frage der Anzahl an Göttern. "It is, rather, a concern with the many and varied relationships between living things. It is an affirmation of the importance, beauty, and absorbing engagement with ordinary everyday life. It allows both presence and absence, approach and distance, privacy, intimacy and mystery, companionship and detachment" (1997: 176).

Der zentrale Aspekt des Neuen Heidentums ist die Beziehung zur Umwelt. Die Natur wird aber nicht nur geehrt und beschützt, wie es Umweltschützer machen, sondern das Neue Heidentum wird als Religion beschrieben, welche die Natur feiert, wie Harvey anhand der Beschreibung wichtiger Jahreszeitenrituale verdeutlicht (siehe z. B. Harvey 1997: 3-16). Viele Neue Heiden sind zwar auch in Umweltbewegungen aktiv, aber distanzieren sich vehement von militanten Aktivisten (so wie auch nicht jeder Pagan Vegetarier ist oder die Jagd verurteilt, siehe Harvey 1997: 140), so dass es unmöglich ist, zwischen Umweltschutz und Paganismus strikt zu trennen. Gerade in den letzten Jahren gewinnt die Bewegung an Bedeutung, was auch die kontinuierlich steigende Zahl von Angehörigen sowie Publikationen zeigt. Diese Eco-Pagans (Harvey 2005: 82-95) sehen darin eine Alternative zur Umwelt zerstörenden Lebensweise der westlichen Gesellschaft und der damit verbundenen Apokalypse. Gerade angesichts der ersten weltweit spürbaren Auswirkungen des Klimawandels wachsen die Endzeitängste vor allem (aber nicht nur) bei der jüngeren Generation. Aids galt in den 1980er Jahren als Seuche des 20. Jahrhunderts, die zwar auch als bedrohlich wahrgenommen wurde und Ängste auslöste, damals jedoch mit einer bestimmten Lebensweise verbunden wurde und daher (scheinbar) nicht alle betraf. Klimawandel dagegen wird als Bedrohung der Welt und aller Lebewesen angesehen, vergleichbar mit der Angst vor dem ultimativen Atomkrieg während des Kalten Krieges. Mitunter gilt diese Apokalypse sogar als unabwendbar, so dass von einigen bereits erste Vorbereitungen auf die Endzeit getroffen werden. Andere kämpfen um jeden Baum, sogar unter Einsatz ihres Lebens. Überdies kommt es um die Auslegung des Umweltschutzes und um das Konzept Natur immer wieder zu Konflikten, auch zwischen unterschiedlichen religiösen Traditionen. So treten zunehmend Streitigkeiten zwischen indigenen Gruppen und Vertretern der Neuen Religiösen Bewegungen auf, beispielsweise über den Zugang zu heiligen Stätten, die von beiden Gruppen beansprucht werden, oder gar über die Interpretation von Traditionen und die damit verbundenen Praktiken.[8]

Religion, Moral und Hexerei

Malinowski interpretierte, wie bereits erwähnt, den Mythos als Charter des Glaubens und des moralischen Wissens. Mythen erklären nicht nur die Schaffung der natürlichen Welt, sondern gleichzeitig auch den Ursprung von existierenden sozialen Regeln und Institutionen, d. h. den Ursprung der Gesellschaft, der sozialen Welt. Das ist indessen der Aspekt, der heute in der Öffentlichkeit am stärksten hinterfragt wird: die Rolle der Religion als Moralinstanz in der heutigen Welt. Haben christliche Kirchen das moralische Recht oder gar die Pflicht, trotz HIV und Aids die Verteilung von Kondomen zu unterbinden? Verstößt die Forschung mit Stammzellen gegen die moralischen Grundwerte? Ist die Ehe zwischen Personen gleichen Geschlechts wirklich so unmoralisch, dass eine Spaltung der anglikanischen Kirche unabwendbar ist? Welche Rolle darf die Religion in Staaten, die auf einer Trennung von Kirche und Staat begründet sind, noch spielen? Und wie verhält es sich mit Personen, deren Religion auf anderen Moralvorstellungen als denen der dominanten basiert? Malinowski beschäftigte sich in einer Vorlesung 1934/1935, also in einer Zeit, als Europa sich – noch nicht wieder erholt vom Ersten Weltkrieg – auf den Zweiten Weltkrieg vorbereitete, mit der Verbindung zwischen Religion und Moral (*The Foundation of Faith and Moral,* veröffentlicht 1936, auf Deutsch 1986). Er betonte darin,

„... daß die Religion in jeder Kultur ihre spezifische Rolle zu spielen hat; daß dies grundlegend mit dem Glauben an die Vorsehung, an die Unsterblichkeit und an den moralischen Sinn der Welt zusammenhängt; daß dieser Glaube wiederum nach einer Ausdrucksweise verlangt, die Gelegenheit zu Gemeinschaft und Gebet, Offenbarung und Wunder leitet; und daß schließlich jede Religion eine Belohnung der Tugend und die Bestrafung der Sünde beinhaltet" (Malinowski 1986: 145).

Das hört sich logisch und plausibel an, wie sieht aber die Realität aus? Bereits Malinowski betont, dass der Mythos im Kontext des Gesellschaftslebens erforscht werden muss. Während er sich auf eine dörfliche Gemeinschaft auf den Trobriand-Inseln bezieht und anhand seiner Sammlung von Geschichten den Mythos im kulturellen Kontext situiert, will ich auf ein Problem eingehen, das in den letzten Wochen die Medien in Wales (und darüber hinaus) beschäftigte, und zwar der Gesundheitszustand eines Bullen im Skanda-Vale-Hindu-Tempel. Der Bulle namens Shambo gehörte zum Tierbestand dieser walisischen hinduistischen Gemeinschaft, die sich, nachdem er positiv auf Rindertuberkulose getestet worden war, gegen die angeordnete Schlachtung wehrte. Es begann eine weltweite Kampagne zur Rettung Shambos, bei der über 20.000 Unterschriften gesammelt wurden, die sich gegen die Tötung aussprachen. Rindertuberkulose ist übertragbar, so dass das Gesetz zum Schutz anderer Tiere die sofortige Schlachtung vorschreibt. Mit dem Hinweis auf die Religionsfreiheit hat es die Tempelgemeinde geschafft, die Tötung einige Wochen hinauszuzögern (u. a. wurde an das walisische Parlament appelliert). Inzwischen waren andere Tiere im Tempelkomplex positiv getestet worden. Während die Medien sich auf Pressesprecher des Skanda-Vale-Hindu-Tempels konzentrierten und deren Interpretation weltweit präsentierten, offenbarte sich unterdessen eine Spaltung der Hindu-Gemeinschaften in Großbritannien hinsichtlich der Interpretation der *Bhagavad-gita* und der darin verankerten moralischen Regeln. Eines der Grunddogmen ist, dass alles Leben heilig ist, da sich Gott darin offenbart. Jede Art von Tötung ist aus diesem Grund untersagt. Allerdings wurden durch die mangelhafte Isolierung des infizierten Bullen (nach der Schlachtung wurde mittels einer Autopsie nachgewiesen, dass er in der Tat Träger der Rindertuberkulose war) andere Tiere angesteckt, die nun ebenfalls getötet werden mussten (ganz zu schweigen von der Gefahr für die Tiere auf den benachbarten Farmen, deren Milch und Fleisch Teil der menschlichen Nahrungskette sind). Ein Vertreter des Hindu-Forums, Ramesh Kallidai, der sich überaus aktiv und redegewandt für den Bullen einsetzte, verteidigte den Schutz des Bullen mit der *Bhagavad-gita*. Dort wird berichtet, wie Arjuna, ein Kriegerkönig, zwischen zwei Wegen hin- und hergerissen war. Soll er kämpfen und sein Land retten oder soll er sich zurückziehen und das Leben der Soldaten bewahren? Kallidai beschreibt das Dilemma, in dem sich Arjuna in dieser Geschichte befindet, als eine der zentralen Lehren von Krishna, die mit dieser Mythe die Heiligkeit des Lebens als moralisches Dogma verankert. Jay Lakhani vom Vivikananda Centre betont hingegen die moralische Pflicht gegenüber den anderen Tieren und den Menschen und kritisiert die Kampagne des walisischen Hindu-Tempels. Lakhani ist in Großbritannien bekannt als Vertreter eines überaus toleranten Hinduismus, der das Miteinander in einer pluralistischen Gesellschaft propagiert. Seiner Ansicht nach hat die Kampagne dem Ansehen des Hinduismus in Großbritannien geschadet und dessen Glaubwürdigkeit unterminiert. Beide Seiten verweisen auf den Schutz des Lebens als religiöse Pflicht und begründen dieses Dogma mit religiösen Texten und Mythen.[9] Nach Malinowski verleiht die Offenbarung „dem Leben Sinn und löst die Widersprüche und Konflikte, welche die Vergänglichkeit der irdischen Existenz mit sich bringt“ (1986: 166). Die kontroverse Interpretation einer zentralen Moralvorstellung zeigt dagegen, dass die Lösung keineswegs so simpel ist, wie Malinowski in seiner Vorlesung behauptet. Er bezeichnet zwar die Beziehung zwischen Mythos und Dogma als Hauptproblem, beschäftigt sich dann allerdings mehr mit dem Diskurs über Dogma, Ritual und Ethik, die drei Grundzüge jeder Religion. Zwar verweist er nachdrücklich auf die Bedeutung des „situativen Kontextes“ (siehe dazu auch seine Ausführungen in *Coral Gardens*, 1935, auf Deutsch 1981) und betont, dass die Wirkung einer Geschichte „ebenso wichtig (sei) wie ihr Text selbst“ (1986: 153). Meine Ausführungen zeigen dagegen die Bedeutung der emischen Interpretationen einer Geschichte, die sich widersprechen und dadurch Konflikte, sogar Spaltungen, auslösen können. Die Beziehung zwischen Mythos und Moralvorstellungen ist eine überaus komplexe und meistens keineswegs eindeutige. Der Mythos berichtet, nach Malinowski, über die Schaffung der Menschheit und der Welt sowie über Vorschriften, „wie der Mensch die Vorsehung verehren muß, um mit ihr in Berührung zu bleiben" (1986: 149). Die Ausführung variiert jedoch in den meisten Religionen. Es gibt in den wenigsten Fällen eine Instanz, die – wie beispielsweise die Kongregation für die Glaubenslehre im Vatikan – genau vorschreibt, wie der Mythos ausgelegt werden muss, denn sobald Interpretationen fest vorgegeben sind, endet die Anpassungsfähigkeit von Religionen. Die Konsequenz kann Spaltung, aber auch das Ende der Religion sein.

Zu den Moralvorstellungen, die im Mythos erklärt werden, gehören auch Vorstellungen zur Geschlechterbeziehung, die keineswegs in der Biologie, d. h. in den Genen, verankert, sondern jeweils kulturell konstruiert ist. Dabei ist ein gewisser Einfluss durch die Lebensumgebung der Gesellschaft wahrscheinlich, wenngleich die vier Grundmuster, die Peggy Reeves Sanday (1981) ausgearbeitet hat, etwas zu stark simplifiziert sind.[10] Ulrike Prinz geht in ihrer Arbeit (1999) dem mythischen Kampf der Geschlechter bei Amazonasindianern nach und weist auf ein Wechselspiel von Mythen und Ritualen hin, das sich auf die heutige Geschlechterbeziehung auswirkt. Prinz zeigt dabei, dass die Mythe der „streitbaren Weiber" keineswegs Zeichen einer ursprünglichen Frauenherrschaft oder gar der Unterdrückung durch Männer ist. „Sie verweist vielmehr auf das Problem der Geschlechterambivalenz des Initianden, der keinem der beiden Bereiche zugehört bzw. die Geschlechterbereiche wechseln muss." (Prinz 1999: 265) Prinz zeigt in ihren Ausführungen, dass die isolierte Betrachtung von Mythen zu fehlerhaften Interpretationen der Geschlechterbeziehung führen kann. Die Kontextualisierung, d. h. die Verbindung mit dem Ritual, zeigt die Vieldeutigkeit von Mythen. Anstatt also von einer Unterdrückung der Frauen im Amazonasgebiet zu sprechen, weist Prinz – im Unterschied zu vielen anderen Ethnologinnen – auf eine weitgehend egalitäre Geschlechterbeziehung hin. Männer und Frauen besetzen demnach unterschiedliche Bereiche der Gesellschaft, wobei Spannungen erst im Kontakt miteinander auftreten (z. B. bei bestimmten Festen). Es zeigt sich eine „auf Ausgleich der Oppositionen bedachte Struktur" (1999: 259). Prinz bringt mit dieser Interpretation Dynamik in das System. Anstelle von starren Oppositionsstrukturen können, nach Prinz, im indianischen Denken Widersprüche überwunden werden. Dabei verschweigt sie keineswegs die mythisch verankerte Androhung der Gruppenvergewaltigung, die andere Ethnologinnen (z. B. Bamberger 1974) zu einer negativen Deutung der Geschlechterbeziehung leitete. Prinz rückt die Gruppenvergewaltigung in den Bereich der Geister, „die gezähmt werden müssen" (1999: 260). Nur Geister oder „durch Wut verwandelte Menschen" handeln nach ihrer Interpretation gesellschaftsbedrohend. Für Bamberger dagegen sind die Vergewaltigungen und die anderen „Strafen“ real (1974: 275). Im Mythos würden Frauen von wichtigen sozialen und religiösen Ereignissen ausgeschlossen, da sie als fehlerhaft und nicht perfekt gelten. Prinz wiederum streitet ab, dass Mythen „vollständig als Abkehr der Sozialstruktur“ oder „als deren Umkehrung“ zu verstehen seien (1999: 130) und verweist als Begründung auf das Ritual, ohne dessen Verständnis die Bedeutung der Mythen verschlüsselt blieben. Im nächsten Kapitel über die religiöse Praxis werde ich im Zusammenhang mit Ritualstudien darauf zurückkommen.

Die Hexerei ist ein weiterer Bereich, der in der Literatur kontrovers gedeutet wird, und der ebenfalls die Komponente der mythischen Bestrafung enthält. Bei der Hexerei ist sie allerdings (zumindest meistens) nicht gegen eine geschlechtsspezifische Gruppe gerichtet. Wie Malinowski mit Bezug auf die Trobriander schreibt, werden Krankheiten, Unfälle und der Tod auf Hexerei zurückgeführt, wobei Mythen die Erklärung liefern, „wie die Hexerei über die Menschheit kam“ (Malinowski 1986: 159). Demnach gab es auf den Inseln ursprünglich keine Hexerei, sondern sie wurde erst durch Zufall oder – je nach Mythenversion – aufgrund von Heimtücke in ausgewählte Regionen der Inseln gebracht. Die dort lebenden Menschen haben seither besondere Kräfte und gewinnen dadurch – nach Malinowski – Prestige, eine gesellschaftliche Charta (ebd.). Es gibt in der Religionsethnologie zahlreiche ethnografische Studien zur Hexerei, vor allem in Afrika, aber auch in anderen Bereichen der Welt. Die bekannteste Arbeit ist bis heute *Witchcraft, Magic and Oracles among the Azande* (1937) von Evans-Pritchard, auf die ich bereits im Geschichtsüberblick in Kürze eingegangen bin. Bowie unterscheidet vier verschiedene Weisen, wie das Wort Hexerei verwendet wird (2006: 201-202). 1) Im Mittelalter wurde in Europa die Praktik des Verfluchens und Segnens, Heilens und Manipulierens von Objekten und Personen (*malefice*) mit Hexerei bezeichnet und im Laufe der Zeit mit der christlichen Theologie verbunden. 2) Kirchenreformer definierten Hexen als Gegner des Christentums und Vertreter des Teufels. 3) In Schwarzafrika wird mit Hexerei etwas Ähnliches bezeichnet wie im europäischen Mittelalter, d. h. die afrikanische Hexerei ähnelt der mittelalterlichen Form des *malefice* und des bösen Blicks. 4) Seit einigen Jahren tritt nun im Westen (d. h. Europa und Nordamerika) mit dem Wicca-Kult und den Neuen Heiden eine vierte Form der Hexerei auf, die sich eklektisch auf ältere Traditionen bezieht und neue konstruiert. Zu Bowies vier Formen möchte ich ergänzen, dass in Süd- und Mittelamerika Hexerei (*brujeria*) ähnlich wie in Afrika in Verbindung mit dem bösen Blick als eine manipulierende, mitunter auch heilende Kraft verwendet wird. Hexen wurden zwar auch im spanischen Amerika von der Inquisition verfolgt, sie waren jedoch keine Teufelsanbeter oder Antichristen, sondern standen der mittelalterlichen Tradition nahe, die, wie beispielsweise Jeanne Favret-Saada mit ihrer Arbeit über Nordwest-Frankreich zeigt (1979), in einigen ländlichen Teilen Europas weiterhin präsent ist.

Abgesehen von den verschiedenartigen Verwendungen des Begriffs Hexerei gibt es weltweit Glaubensvorstellungen und Praktiken, die eine bestimmte Grundhaltung zur Natur und zu Moralvorstellungen beinhalten und die religionsethnologisch als Hexerei benannt werden können, jedoch je nach Kultur unterschiedliche Bezeichnungen haben. Auch bei der folgenden Charakterisierung folge ich weitgehend Bowies Ausführungen (2006: 200-201), ergänze diese lediglich an einigen Stellen. Hexerei beruht auf der Vorstellung, dass es eine bestimmte Art von Lebenskraft, Essenz oder Energie in den Menschen (bzw. bisweilen in allen Lebewesen) gibt. Diese Energie kann von einer Person mit einer größeren Lebenskraft eingefangen oder geschädigt werden. Im haitianischen Vodou wird beispielsweise zwischen zwei Seelenbestandteilen unterschieden. Ein Seelenbestandteil kann durch einen mächtigen Hexer eingefangen werden, mit der Folge, dass die Person seinem Willen ausgeliefert ist (d. h. sie wird zum Zombie). Der Aggressor bedient sich bestimmter Instrumente und Handlungen, um die Lebenskraft zu mindern. Obwohl es sich dabei um einen psychischen Schaden handelt, sind die Folgen körperlich bzw. materiell: Das Opfer magert ab, verliert an Kraft und kann nur noch stumpf vor sich herblicken. Zwar werden zum Schutz vor dem Seelenverlust Amulette verkauft, ein Erfolg kann aber nicht immer gewährleistet werden. Sobald die Tat vollbracht ist, kann nur noch ein Spezialist helfen, die Lebenskraft zurückzugewinnen und den Angriff abzuwenden.

Neben der Lebenskraft nennt Bowie noch eine weitere Vorstellung, auf der Hexerei basiert, und zwar die Vorstellung von einer begrenzten Existenz von Glück (in Form von Gesundheit, Reichtum und dem allgemeinen Glücklichsein). Hat jemand zuviel Glück (z. B. viele Kinder, Reichtum und gleichzeitig Glück im Leben), dann muss dieser Erfolg zu Lasten anderer gegangen sein. In einigen Teilen Südamerikas ist beispielsweise die Ansicht verbreitet, dass der Erfolg der Nordamerikaner und Europäer auf den Diebstahl von Menschenfett armer südamerikanischer Bauern beruht (neue Varianten sprechen vom Organdiebstahl oder gar dem Kinderdiebstahl). Diese Fettdiebe (*kharisiri* oder *khari khari* der Aymarás und Quechuas oder auch *pishtaku* genannt[11]) wurden früher als katholische Priester (d. h. Spanier) beschrieben, heute dagegen meistens als europäisch aussehende Personen, die sich für Kinder interessieren. Die Opfer leiden an Fieber, Kopfschmerzen, Magenschmerzen, Durchfall, Kraftverlust, Schwächung der Sehkraft, Verletzungen und kontinuierlicher Abmagerung. Am Ende können sich die Opfer kaum noch vom Bett erheben und sterben (siehe Greifeld/Schmidt 2003).

Dieses südamerikanische Beispiel illustriert, dass Hexereivorstellungen keineswegs abflauen, sondern weltweit weiterhin existieren. Einige Studien über afrikanische Hexerei weisen auf einen Zusammenhang zwischen Hexerei und Modernisierung hin (siehe z. B. Comaroff/Comaroff 1993). Hexereianschuldigungen werden zunehmend auch als Grund für die Land-Stadt-Abwanderung angegeben (siehe z. B. Meier 2003: 219).[12] In der medizinethnologischen Literatur werden mitunter Hexereivorstellungen als emische Erklärung für den Aids-Tod angegeben. Hexerei wird dadurch immer mehr auf die soziale Bedrohung reduziert und somit gewissermaßen mit der Vorstellung des Antichristen gleichgesetzt. Infolgedessen gerät der religiöse Rahmen, d. h. die mythische Grundvorstellung, immer mehr in Vergessenheit. Die Frage ist deshalb, was Aids in diesem Kontext symbolisiert. Georgia Rakelmann hat in Botswana festgestellt, wie sich die Wahrnehmung von Aids verändert hat und wie das Leiden von einer nur auf Fremde zutreffenden Krankheit zu einer einheimischen wurde, d. h. wie Aids indigenisiert wurde. So gilt Aids mittlerweile „als Gottesstrafe für die Abkehr von christlicher Lebensführung, als alte Tswana-Krankheit, die mit der Nichteinhaltung von Reinheitsgeboten in Verbindung steht, oder als Viruskrankheit im biomedizinischen Sinne" (Rakelmann 2005: 160).[13] Um daher die Bedeutung von Aids in Botswana verstehen zu können, ist es erforderlich, die symbolische Ebene der Bezeichnung für Aids, die in Botswana verwendet wird, zu verstehen und die Krankheit in das traditionelle Weltbild einzuordnen. Die Aidsforschung hat die Bedeutung des kulturellen Kontexts für eine funktionierende Aidsprävention erkannt. Nun muss sie den kulturellen Aneignungsprozess lernen, denn erst wenn Aids den Schrecken des Fremden abgelegt hat und zu etwas Eigenem geworden ist, ist eine Therapie möglich. Fritz Kramer, auf den sich Rakelmann bezieht, schreibt, dass solche Aneignungsprozesse lange dauern können. Aber „Sinn kann nicht von oben oder außerhalb gesetzt werden, sondern wird durch Praktik oder Gespräch geteilt; auch eine noch so insistierende Volkserziehung, so kann man das Beispiel der Aids Aufklärung in Botswana verstehen, kann diesen Prozess der Sinnerzeugung nicht abkürzen oder umgehen" (Rakelmann 2005: 160).

Anmerkungen

1 Es handelt sich hierbei allerdings um ein etisches Thema, das selten – wenn überhaupt – aus emischer Perspektive betrachtet wird (siehe Asad 1993: 61).

2 Zur Verdeutlichung haben Nancy Scheper-Hughes und Margaret M. Lock (1987) das Zwei-Körper-Modell von Douglas um eine dritte Ebene erweitert, die sie *body politcs* (ungenau mit Körperpolitik übersetzbar) nennen. Darunter verstehen sie den Körper als Konstrukt der sozialen und politischen Kontrolle und betonen gleichzeitig das machtpolitische Beziehungsgeflecht zwischen dem physischen und dem sozialen Körper. Eine weitere Folgestudie hat

Peter Reynolds in seinem Buch *Stealing Fire: The Atomic Bomb as Symbolic Body* (1991) veröffentlicht, wobei er darin Douglas Ansatz über den symbolischen Körper als Methode verwendet, die Beziehung zwischen Physik und Biologie zu untersuchen.
Die Debatte um Douglas' Zwei-Körper-Modell entstammt teilweise Schmidt 2004. Siehe dort weitere Ausführungen zur medizinethnologischen Debatte sowie zur Debatte um die Haut.

3 Ein gelungenes Beispiel ist auch die Arbeit von Angel Montes del Castillo über Machtbeziehung in einer ländlichen Gemeinde in den Anden (*Simbolismo y Poder*, 1989).

4 Siehe beispielsweise die Arbeiten von Elke Mader über die Mythen der Shuar, z. B. die Analyse der Verbindungen von Geschlechterbeziehung mit Weltbild und Identität (Mader 2001).

5 Siehe Caroline Walker Bynum 1991 für Informationen zu religiösen Frauen im Mittelalter und deren Lebensmustern.

6 Es gibt daneben noch andere Definitionen von *ayllu*, das laut Allen eines der schwierigsten Wörter im Quechua ist (siehe Allen 1988: 102ff). Ich verwende es hier so, wie Allens Gewährsleute es ihr gegenüber verwendet haben: eine Gemeinschaft, die über Ort und mythische Abstammung miteinander verbunden ist.

7 Mitunter entwickeln protestantische Gemeinden eigene Feste, um diesem Rückkehrtrend vorzubeugen (siehe Stiles 1996).

8 Siehe z. B. den Konflikt auf Mt. Shasta in Kalifornien zwischen Native Americans und New-Age-Anhängern: Während die erste Gruppe respektvolles Verhalten verlangt (d. h. gemessen an ihrem Standard), besteht die zweite auf dem Zugang zu dem auch für sie heiligen Ort (Helen McCarthy 2004: 174-177).

9 Die Angaben zum Diskurs über Shambo entstammen neben Berichten in den Nachrichten überwiegend einer lebhaft geführten Debatte im Internet; neben Beiträgen in einer E-Mail-Mailingliste gibt es dazu u. a. auch Beträge und Kommentare in der im Internet erscheinenden Zeitung *New Statesman* (www.newstatesman.com).

10 Peggy Reeves Sanday hat in ihrem Werk *Female Power und Male Dominance* (1981) auf den Einfluss der Umwelt auf die Geschlechterbeziehung hingewiesen. Sie unterscheidet vier grundlegende Muster in der Geschlechterbeziehung, die je nach Kultur kombiniert werden: 1) Trennung der Geschlechter, 2) Entscheidungsbefugnis bei einem Geschlecht, 3) Mischung der Geschlechter, 4) Entscheidungsbefugnis geteilt. Die Kombination der Muster wird nun nach Sanday durch die Umwelt beeinflusst, d. h. der Lebensraum wirkt sich auf die Rolle der Frauen in der Gesellschaft aus. Bewirkt eine harsche Umgebung einen Mangel an Sicherheit, so ist die Folge die Kontrolle über die Frauen und die Dominanz der Männer und umgekehrt. Wenngleich, wie auch Bowie schreibt (2006: 122) zahlreiche Gegenbeispiele zu ihrer Theorie existieren, weist Sanday doch auf einen wichtigen Aspekt hin, der in der Ethnologie regelmäßig ignoriert wird.

11 Wenngleich *kharisiri* nicht als Hexen bezeichnet werden, und mit dem spanischen Begriff für Hexe (*bruja*) eine völlig andere Personengruppe bezeichnet wird, lassen sich hier Entsprechungen mit anderen Hexerei-Typen finden.

12 Turnbull (1976) erklärte die Nicht-Existenz von Hexerei bei den Pygmäen in Zentralafrika mit ihrer Mobilität. Sie hätten andere Mittel, Spannungen zu klären. Bowie erklärt darauf aufbauend, dass Hexereianschuldigungen unnötig werden, wenn Menschen wegziehen und damit Konflikten und Unsicherheiten entgehen können (Bowie 2006: 229, Fussnote 3). Die unaufhörlich steigende Zunahme von Hexereianschuldigungen in Südafrika seit dem Ende der Apartheid und damit dem Ende der Wohnbegrenzung widerspricht dieser Schlussfolgerung.

13 Damit verändert sich auch der Zuständigkeitsbereich, denn während die „fremde“ Krankheit als Fall für die westlichen Kliniken eingestuft wurde, fühlten sich für die Tswana-Krankheit traditionelle Heiler zuständig (siehe Rakelmann 2005).

Weiterführende Literatur

An dieser Stelle nenne ich einige neuere Werke, die sich mit den vorgestellten Themen beschäftigen. Ich schließe die klassischen Werke, auf die ich mich im Text beziehe, in der Auflistung aus.

Allen, Catherine J. 1988. *The Hold Life Has: Coca and Cultural Identity in an Andean Community.* Washington: Smithsonian Institution Press.
Allen liefert eine gut geschriebene Dorfstudie, welche die Bedeutung der Gemeinschaft als soziale, religiöse und politische Einheit illustriert. Ihr Werk kann als Beispiel einer Monografie zum Thema Umwelt, Kosmos und Religion herangezogen werden.

Barner, Wilfried, Anke Detken und Jörg Wesche (Hrsg.). 2003. *Texte zur modernen Mythentheorie.* Stuttgart: Reclam.
Diese kleine, aber kompakte Sammlung enthält die wichtigsten Schlüsseltexte zur Mythentheorie und bietet somit einen guten Überblick über die wichtigsten Ansätze verschiedener Disziplinen in der Debatte um Mythen.

Coakley, Sarah (Hrsg.). 1997. *Religion and the Body.* Cambridge: Cambridge University Press.
Diese Sammlung präsentiert eine gute Auswahl von Studien zum Thema Körper und Religion. Während die ersten beiden Teile des Buches theoretische Beiträge enthalten, die überwiegend auf Christentum und Judentum eingehen, werden im dritten Teil Texte über andere Religionen als Fallbeispiele angeführt.

Favret-Saada, Jeanne. 1985. *Les mots, la mort, les sorts.* Paris: Gallimard. [auf Deutsch erschienen 1979 unter dem Titel *Die Wörter, der Zauber, der Tod: der Hexenglaube im Hainland von Westfrankreich.* Frankfurt Suhrkamp].
Das Werk ist eine interessante Studie über Hexereivorstellungen in Bocage, einer ländlichen Region in Westfrankreich, mit anschaulichen Fallbeispielen. Spannend ist vor allem die Diskussion der Probleme, die bei einer Forschung über Hexerei entstehen.

Harvey, Graham. 1997. *Listening People, Speaking Earth: Contemporary Paganism.* London: Hurst & Company.
Harvey gelang mit diesem Buch eine einfühlsame Beschreibung der Glaubensinhalte des Neuen Heidentums (Paganismus) mit Schwerpunkt auf Großbritannien. Es ist eine sehr gute Studie einer neuen Religion, die in der Religionsethnologie leider noch wenig beachtet wird.

King, Ursula und Tina Beattie (Hrsg.). 2004. *Gender, Religion and Diversity: Cross-Cultural Perspectives.* London: Continuum.
Diese Sammlung enthält neunzehn Beiträge aus dem Bereich Geschlechterbeziehung und Reli-

gionen, die unterschiedliche Themen, wie beispielsweise Ethik, Rasse und Identität, ansprechen. Die Autorinnen vertreten unterschiedliche Disziplinen (Theologie, Religionswissenschaft, Soziologie, Ethnologie etc.), so dass neben verschiedenen Religionen auch verschiedene Ansätze präsentiert werden.

Olupona, Jacob K. (Hrsg.). 2004. *Beyond Primitivism: Indigenous Religious Traditions and Modernity*. New York/London: Routledge.
Dieses Sammelwerk ist eine Zusammenstellung von Aufsätzen zu indigenen Religionen und ihrer Auseinandersetzung mit der Moderne. Die Autoren zeigen, dass indigene Religionen keineswegs der Vergangenheit angehören, sondern sich aktiv mit Themen der Moderne auseinandersetzen.

Rose, Deborah Bird. 1992. *Dingo Makes Us Human: Life and Land in an Aboriginal Australia*. Cambridge: Cambridge University Press.
Diese Monografie präsentiert die Traumzeit der Yarralin in Australien als ein ökologisches Konzept der Aborigines. Die Traumzeit-Erzählungen beinhalten eine Theorie, welche das Leben, das Miteinander und damit den Kosmos behandelt.

Schlatter, Gerhard. 1989. *Mythos: Streifzüge durch Tradition und Gegenwart*. München: Trickster.
Schlatter unternimmt in diesem Buch einen Streifzug durch die mythentheoretische Diskussion, der für Studierende hilfreich sein kann.

Segal, Robert A. 1999. *Theorizing about Myth*. Amherst: University of Massachusetts Press.
Segal, Robert A. (Hrsg.). 2000. *Hero Myths: A Reader*. Oxford: Blackwell.
Segal, Robert A. 2004. *Myth: A Very Short Introduction*. Oxford: Oxford University Press.

Segals Werke zu Mythen sind derzeit vermutlich die besten Einführungen zum Thema Mytheninterpretation. Bei meinen Studierenden ist vor allem seine Short Introduction beliebt, in der er einen guten Überblick über die Theorien gibt und seinen eigenen Ansatz vorstellt.

Praxis – Die Ausübung der Religion

„Es herrschte eine beeindruckende Stimmung im Raum. Die Luft wurde immer stickiger; die Frauen, die anfangs noch neugierig die Ankommenden beäugt und kommentiert hatten, verwandelten mit ihren Stimmen den Raum plötzlich in einen sakralen Ort. Ihr Gesang und die Trommelmusik schienen in den Himmel zu steigen – oder zumindest bis in die Karibik, weg von der naßkalten Umgebung in Brooklyn. Jedes Mal, wenn die Musik etwas verebbte, feuerte der *Reverend* oder sein Helfer die Frauen an, stärker zu singen. Erst mit Hilfe der Musik wird ein Gottesdienst ‚erfolgreich', denn die Macht der Lieder ruft, wie ich später erleben sollte, den Heiligen Geist vom Himmel herunter. [...]

Die Luft war zum Schneiden dick. Die Musik dröhnte in den Ohren. Die Manifestationen wurden immer intensiver. Um mich herum fielen nach und nach alle Frauen in Trance. Einige konnten kaum noch von ihren Betreuern gehalten werden. Sie fielen zu Boden, stießen sich gegenseitig an, drängten die anderen an die Wand. Es herrschte ein großes Durcheinander. Auch die Helfer schienen den Überblick verloren zu haben. Die Musik wurde immer mächtiger. Nun fiel auch der *Reverend* in Trance und salbte in diesem Zustand alle Anwesenden mit ölverschmierten Händen, bis er am Ende besinnungslos zu Boden stürzte. [...] Nun bekam eine Frau, die vom „Heiligen Michael" und damit von *Ogun* besessen war, feierlich eine Lanze überreicht. Mit dieser in der Hand wirbelte sie in der Kirche umher, die bis auf den letzten Stehplatz gefüllt war. Auch in Trance schien sie noch zu wissen, was sie tat. Zumindest hoffte ich das, als sie mir immer näher kam" (Schmidt 2002: 189–190).

Dieser Ausschnitt beschreibt ein Fest in Brooklyn, an dem ich 1998 teilnahm und dessen Bilder und Eindrücke mich noch immer begleiten. Mit der Teilnahme trat ich in die Gemeinde ein, die mich anfangs neugierig betrachtete, nach einer Weile aber weitgehend ignorierte (sofern es denn möglich ist, die einzige weiße Person in einer afrokaribischen Kirche zu übersehen). Für die Gemeindemitglieder war das Fest ein wichtiges Ritual, ihre der Zugehörigkeit zur Gemeinschaft zu bestätigen, denn es wurde das 23-jährige Bestehen der Gemeinde gefeiert. Rituale markieren wichtige Momente im Leben Einzelner sowie von Gemeinschaften. An solchen Feiern, wie der oben beschriebenen, teilzunehmen, erfahre ich stets als Bereicherung und weiß wieder einmal, warum ich körperliche Strapazen auf mich nehme und meinen Schreibtisch verlasse, und warum ich mich für die Ethnologie entschieden habe.

In diesem Kapitel beschäftige ich mich mit der Bedeutung religiöser Praktiken. Ich beginne mit Ritualtheorien und präsentiere einen Überblick über aktuelle Ansätze in der Ritualforschung. Anschließend folgen einige Ausführungen über die Wallfahrt als ein wichtiges Beispiel für Rituale. Der zweite Schwerpunkt liegt auf religiösen Erfahrungen. Erneut beginne ich mit einem kurzen Überblick über den theoretischen Diskurs, bevor ich auf Schamanismus und andere Formen der Besessenheit als Beispiele besonderer religiöser Erfahrung eingehe.

Ritualtheorien

In der Alltagssprache werden regelmäßige Handlungen wie Zähneputzen, Händewaschen vor dem Essen oder der Abstecher in die Kneipe nach der Arbeit als „ritualisiert" charakterisiert. Damit sollen bestimmte Handlungen, die regelmäßig wiederholt werden, als etwas Besonderes gegenüber dem Alltagsverhalten hervorgehoben werden. Im *Wörterbuch der Ethnologie* schreibt Fritz Kramer, dass als rituell in der Ethnologie „ein körperliches und sprachliches Handeln dann bezeichnet [wird], wenn es keinem rational-technologischen Zweck dient, sich aber an der Beachtung bestimmter Regeln orientiert" (2000: 210). Kramer schließt in seiner Definition auch den Tanz mit ein und meint, dass das Sprechen die Körperbewegung u. U. auch ablösen oder ersetzen könne. Im *Wörterbuch der Völkerkunde* platzieren Roland Mischung und Klaus-Peter Köpping Ritus und Ritual in einem „meist religiösen" Kontext und betonen, dass sie in der Mehrzahl „der Kommunikation mit spirituellen Wesenheiten gewidmet" sind (1999: 316). Dieses streitet Kramer wiederum ab.

Der Begriff Ritual stammt von den lateinischen Wörtern *ritus* und *ritualis* ab, die sich auf die vorgeschriebene Ordnung einer Liturgie und das Buch, welches diese Ordnung beschreibt, beziehen. Die ersten Religionsethnologen untersuchten Anfang des 20. Jahrhunderts Rituale hauptsächlich bei traditionellen Religionen, obgleich sie der Überzeugung waren, dass diese in allen Religionen enthalten seien. Nach Catherine Bell sollte damit zum einen die Überlegenheit des Christentums hervorgehoben werden; zum anderen sei ein protestantisches Misstrauen gegenüber Ritualen verbreitet gewesen, das teilweise bis heute andauere (sie verweist u. a. auf Arbeiten von Mary Douglas). Eventuell ist auch die von Fritz Kramer beschriebene anti-ritualistische Tendenz der Frankfurter Kulturmorphologie darauf zurückzuführen (2000: 212). Die protestantische Aversion gegen Rituale führte nach Bell u. a. dazu, dass ritualisierte katholische Praktiken mit katholischen Exzessen und Korruptionen gleichgesetzt wurden, wobei die inkonsistente Behandlung von

Ritualen nur durch die weltweite Zerstreuung der ethnografischen Beispiele unentdeckt blieb (Bell 2006: 399). Bowie unterstützt indirekt diese Interpretation, wenn sie schreibt, dass das Ritual kein universelles, kulturübergreifendes Phänomen ist, sondern eine bestimmte Weise, die Welt zu organisieren, und dass wir genauso viel über die Ethnologen und ihre Bezugssysteme lernen wie über die Menschen, deren Verhalten studiert wird (Bowie 2006: 138). Bowie verweist in ihrem Überblick über Ritualdefinitionen besonders positiv auf die folgende Begriffserklärung von Bobby Alexander: „a performance, planned or improvised, that effects a transition from everyday life to an alternative context within which the everyday is transformed“ (Alexander 1997: 139). Rituale beinhalten somit zwei Grundelemente: Performance und Transformation, wobei alle Rituale, einschließlich religiöser, in der Alltagswelt verankert sind. Bowie warnt allerdings vehement davor, Ritual als universelle Kategorie zu verstehen. Es mag zwar bestimmte Verhaltensformen geben, die in diese Kategorie passen, welche außenstehende Beobachter als Ritual verstehen. Das bedeutet aber nicht, dass Zweck oder Funktion eines Rituals selbsterklärend sind (Bowie 2006: 141, bezugnehmend auf Audrey Richards 1956). Aus einem pragmatischen Kompromiss heraus listet Bell sechs Kategorien von Ritualen auf, die auf die Vielfalt der Funktionen verweisen. Obwohl es sich hierbei um eine Konstruktion handelt und die Kategorien sich in der Realität überschneiden bzw. auch weitere möglich sind, bietet die Liste dennoch einen guten Überblick über die Vielfalt von Handlungen, die mit dem Begriff Ritual bedacht werden: 1) Übergangsriten bzw. Lebenszyklusriten; 2) Kalendarische Riten und Gedenkriten; 3) Riten des Austauschs und der Gemeinschaft; 4) Riten der Bedrängnis; 5) Riten des Festessens, Fastens und Feierns; und 6) politische Riten (Bell 1997: 94, im Anschluss daran führt Bell Beispiele für die sechs Prototypen an).[1] Ich werde mich im Folgenden vor allem auf Übergangsriten beziehen, deren Analyse die Ritualforschung stark beeinflusste. Bevor ich mich aber diesbezüglich Arnold van Gennep und Victor Turner zuwende, gebe ich zuerst einen kurzen Überblick über die unterschiedlichen Ansätze in der Ritualforschung, wobei ich mich weitgehend an der Dreiteilung von Bell orientiere. Es gibt zahlreiche kontroverse Aspekte innerhalb der Ritualforschung, beispielsweise das Verhältnis zwischen Mythos und Ritual. Eliade sah das Ritual als eine Aufführung des Mythos an. Während Mythen von den göttlichen Handlungen berichteten, würden diese im Ritual wiederaufgeführt. Die Teilnehmer des Rituals übernähmen auf symbolische Weise die Rolle der Götter und zeigten damit, wie Ordnung geschaffen werde. Mit jeder Wiederaufführung werde folglich der Sieg der Schöpfung über das Chaos erneut erlebt (in Bell 2006: 402, siehe beispielsweise Eliade 1954). René Girard, dessen Buch *La violence et le sacré* (1972, auf Deutsch 1994) ebenfalls in diese Richtung eingeordnet werden kann, beschäftigt sich mit Opferriten, denn Girard sieht den Ursprung der menschlichen Geschichte in einem Gewaltakt. Gewalt sei daher auch der Kern aller Rituale. Ist das vermeintliche Opfer außer Reichweite, suche sich die Gemeinschaft einen Sündenbock. Opferrituale sollen aus diesem Grund die Gemeinschaft schützen und die Harmonie bewahren (siehe auch Bell 1997: 15–16, Bowie 2006: 163–164).

Während hier Rituale als Ausdruck der paradigmatischen Werte von Tod und Wiedergeburt betrachtet werden, sieht eine zweite Richtung der Ritualforschung Rituale als Mechanismus, um ein Individuum in die Gemeinschaft einzuführen und eine soziale Einheit zu etablieren. Durkheim beispielsweise betont die gruppenbindende und gruppenbestätigende Funktion von Ritualen. Sie enthalten die Moralvorschriften, nach denen sich die Gemeinschaft angesichts des Heiligen verhalten muss. D. h. erst durch Rituale wird eine Gesellschaft eine moralische Gemeinschaft und erhält eine grundsätzliche Vorstellung über die Realität (in Bell 2006: 400, bezugnehmend auf Durkheim 1994). Wenn das Ritual allerdings Wirklichkeit kreiert, muss es gleichzeitig mit oder sogar vor dem Mythos entstanden sein. Der kognitive Ansatz in der Ritualforschung, der beispielsweise von Pascal Boyer (1994) vertreten wird, kann ebenfalls in diese Richtung eingeordnet werden. Boyer untersucht vor allem ritualisierte religiöse Episoden, die seiner Ansicht nach für die Übertragung und Bestätigung von Glaubensvorstellungen zentral sind (siehe auch Bowie 2006: 168, Fußnote 2).

Eine dritte Richtung wiederum versteht Rituale als Prozesse sozialer Transformation und verortet sie u. a. in dem Moment der Katharsis. Diese Richtung ist heute die dominierende. Aus ihr sind zahlreiche weitere Ansätze entstanden. Clifford Geertz interpretiert beispielsweise den balinesischen Hahnenkampf im Kontext sozialer Hierarchie, des Güteraustauschs, der Gruppensolidarität und Rivalität. Und nach Maurice Bloch spricht die Beschneidung der Merina in Madagaskar die zentrale Frage nach dem Wesen der menschlichen Natur an, nach Tod und Leben (siehe z. B. Bloch 1986, siehe auch Bowie 2006: 144). Ebenso gehört Victor Turner, dessen Ansatz vom Ritual als sozialem Drama ich gleich vorstellen werde, genau wie Catherine Bell, zu der ich am Schluss komme, dieser Richtung an.

Kramer verweist auf eine weitere Richtung der Ritualforschung, die in Opposition zu den soziologischen und pragmatischen Ritualtheorien entstand: die deutsche Kulturmorphologie, die in englischsprachigen Überblicken in der Regel übersehen wird. Die Kulturmorphologie unterscheidet zwischen symbolhaften Kulten (=Rituale) und sinnentleerten Riten. Riten sind für Kulturmorphologen degenerierte, erstarrte Formen ehemals echter und schöpferischer Kulte (2000: 212). So sieht Jensen Rituale beispielsweise als Ausdruck der Lebensprinzipien, vor allem der Sterblichkeit, Fruchtbarkeit und des Nahrungsbedürfnisses. Die antiritualistische Tendenz offenbart sich nach Kramer in der rituellen Verflachung, trotz der betonten Ergriffenheit. So beruhe nach Jensen das agrarische Weltbild auf „reiner Innerlichkeit, Sinnhaftigkeit und Ergriffenheit von der Natur", drücke sich in schöpferischen Mythen aus und erneuere sich immer wieder im Kult, „bis gerade die Wiederholung zu Äußerlichkeit, Sinnlosigkeit und Zweckhaftigkeit des Handelns führe" (Kramer 2000: 212). Heute hat sich die Aufmerksamkeit allerdings auf den performativen Charakter von Ritualen verschoben.

Der bedeutendste Ritualforscher ist Victor Turner. Er versuchte, die sozialanthropologische Interpretation mit einem symbolistischen Ansatz zu verbinden. Turner untersuchte überwiegend die praktische Seite der Religion, d. h. ihn interessierte vor allem die Interpretation ritueller Handlungen, so dass sein Ansatz zur Erforschung von Religion als ritualistisch beschrieben wurde (siehe Deflem 1991). Nach Turner sind Rituale "prescribed formal behaviour for occasions not given over to technological routine, having reference to beliefs in mystical beings and powers" (Turner 1967: 19). Als eines der wichtigsten Rituale bezeichnet Turner das Übergangsritual (*rite de passage*), welches er mit Bezug auf Arnold van Genneps Buch *Rites de Passage* (1909, auf Deutsch 1986) folgendermaßen definiert: ein Ritual, das den Übergang von einem sozialen Status zu einem anderen im Verlauf des Lebens einer Person begleitet sowie wichtige Punkte im Verlauf der Zeit markiert. Arnold van Gennep war der erste Ritualforscher, der sich mit Übergangsriten beschäftigte.[2] In seinem Werk untersuchte er sowohl Lebenskrisenriten als auch Riten, die einen Statuswechsel begleiteten (wie beispielsweise die Initiation und die Heirat). Diese Übergangsriten von einem sozialen Status zu einem anderen können nach van Gennep in drei Phasen aufgeteilt werden: 1) In der Trennungsphase wird die Person von der ursprünglichen Gruppe getrennt, 2) in der Schwellenphase befindet sich die Person zwischen zwei Status in einer temporären liminalen Phase und 3) in der Wiedereingliederungsphase wird die Person mit einem veränderten sozialen Status in eine neue Gruppe integriert. Die drei Stufen sind nicht in jedem Übergangsritual gleichwertig enthalten, in manchen Ritualen ist die Trennung ausgeprägter, in anderen der Wiedereintritt. Van Gennep betonte, dass ein Übergang so einfach wie das Durchschreiten einer Tür, aber auch überaus kompliziert mit zahlreichen Unterriten und langen Übergangsphasen gestaltet sein könne. Turner baute dann van Genneps Strukturenmodell zu einer Ritualtheorie aus, in der Rituale als soziale Prozesse mit einer dramatischen Struktur betrachtet werden. In *The Ritual Process* (1966, auf Deutsch 1989) verband Turner (in einem dialektischen Wechselspiel, wie Bell schreibt) Strukturelemente der Gesellschaft (z. B. hierarchische Bünde und Verwandtschaftsbeziehungen) mit der Anti-Struktur der Gesellschaft (z. B. egalitäre Zusammenschlüsse von Frauen bzw. Männern und Paradoxien). Turner bezeichnete die Übergangsstufen folglich als Struktur, Anti-Struktur und erneuerte Struktur, wobei er sich vor allem dafür interessierte, was in der mittleren Phase geschah, in der ein Individuum von einem sozialen Status abgelöst ist, aber noch nicht zur nächsten Statusgruppe gehört. Van Gennep hatte für diesen rituellen Übergang den Begriff liminal, abgeleitet von dem lateinischen Begriff *limen* (Grenze), eingeführt. Nach Turner ist die liminale Schwellenphase durch die Bildung der *communitas* gekennzeichnet, denn liminale Personen sind „weder hier noch da; sie sind weder das eine noch das andere, sondern befinden sich zwischen den vom Gesetz, der Tradition, der Konvention und dem Zeremoniell fixierten Positionen" (Turner 1989: 95). In dieser Phase würden sie egalitär behandelt und formten somit eine Gemeinschaft von Gefährten, keine Struktur hierarchisch angeordneter Positionen (Turner 1967: 100) – eine *communitas*. Communitas repräsentiert für Turner die Anti-Struktur der Gesellschaft, die über eine feste Struktur verfügt, während die Communitas in der liminalen Phase keine Struktur hat. Communitas und Struktur beziehen sich somit auf zwei unterschiedliche Modalitäten der Gesellschaft (Deflem 1991: 15), die sich allerdings gegenseitig bedingen, denn die Erfahrung der Communitas verdeutlicht Veränderungen der Struktur und ermöglicht diese. Durch das Ritual wird die Sozialordnung bestätigt und gleichzeitig verändert, so wie eine Tür die Abgrenzung zu einem Raum dadurch aufrecht erhält, dass sie eine Passage in einen anderen Raum schafft (Bell 2006: 403–404).

Basierend auf diesem Struktur/Anti-Struktur-Konzept unterscheidet Turner drei Typen von Communitas (1989: 129, siehe auch Deflem 1991: 15): die existentielle oder spontane Communitas, frei von Strukturen und reich an meist angenehmen Gefühlen; die normative Communitas, ein dauerhaftes soziales System; und die ideologische Communitas, die sich auf ein utopisches Gesellschaftsmodell bezieht. Es ist allerdings zu beachten, dass sich alle drei Typen nur auf Phasen beziehen, nicht auf andauernde Zustände. Turner betont in seinen Schriften stets die Dynamik der Rituale und Symbole, d. h. die kreative Seite. Das ist auch an der Übertragung seines Modells von traditionellen Gesellschaften auf industrialisierte zu beobachten, wobei er zur Abgrenzung den Begriff liminoid zur Kennzeichnung eines quasi-liminalen Charakters kultureller Performances (z. B. Theateraufführungen, Musikkonzerte, Kunstausstellungen) und Freizeitaktivitäten einführte (siehe z. B. *From Ritual to Theatre*, 1982, auf Deutsch 1989). Zusammen mit Geertz bewirkte Turner letztendlich, dass Rituale nicht mehr als isolierte Ereignisse, sondern im

Kontext größerer gesellschaftlicher und psychologischer Prozesse betrachtet wurden (Bell 2006: 404).

Obwohl sich im Anschluss an Turner durchsetzte, Rituale als Performances zu betrachten, sind Rituale nicht mit Theateraufführungen gleichzusetzen. Trotz zahlreicher Parallelen gibt es fundamentale Unterschiede zwischen Theater und Ritual, was u. a. in den Schriften von Richard Schechner deutlich wird. Schechner konstruiert ein Kontinuum von der Wirksamkeit auf einer Seite zur Unterhaltung auf der anderen. Wirksamkeit ist für Schechner die Fähigkeit zur Transformation. Wenn eine Performance diese Fähigkeit besitzt und eine Veränderung zu bewirken vermag, ist es ein Ritual. Ist der Zweck allerdings Unterhaltung, dann ist es Theater (siehe z. B. Schechner 1990). Aber wenngleich Schechner eine Performance anhand von Kontext und Funktion entweder als Ritual oder als Theater klassifiziert, betont er ausdrücklich, dass die beiden Kategorien nicht eindeutig getrennt werden können, es folglich zahlreiche Überschneidungen und Wechselbeziehungen gibt. Es existieren unzählige kulturelle Erscheinungen, die nicht eindeutig zugeordnet werden können, die gewissermaßen „sperrig" sämtliche Kategorien sprengen (siehe auch Schmidt 2002: 158). Um diese „spektakulären" Praktiken unabhängig vom ethnozentrischen Theaterbegriff zu untersuchen, entwickelte die französische *Ethnoscénologie* einen stark erweiterten Ansatz, der alle körperlichen Bewegungen und Handlungen einbezieht, also alles „Theatralische" im weitesten Sinne, sei es nun ein Schauspiel, Ritual oder Tanz (Pradier 1996: 16). Die zentrale Methode ist dabei die Beobachtung von Verhalten und Bewegungen in ihrem kulturellen Kontext. In der *Ethnoscénologie* geht es nicht mehr nur um Rituale, Paraden und Festivals, sondern auch um andere, ähnlich spektakuläre Handlungsabläufe, die aber aufgrund ihrer anderen Struktur oftmals ausgeschlossen werden, wie etwa die Besessenheit. Armindo Bião beschreibt beispielsweise die Trance im Candomblé als zentrales Kulturelement in Salvador da Bahia. Er fordert aus diesem Grund sich mit den Besessenheitsformen der brasilianischen Religion zu beschäftigen, die mitunter von Kollegen im Vergleich zur Religion der Yoruba in Nigeria, Benin und Togo als qualitativ minderwertiger herabgewürdigt wird (z. B. Rouget 1996: 52–53). Bião sieht in der Verurteilung des Candomblé den Eurozentrismus europäischer Intellektueller und fordert, von der europäischen Vorstellung von Unterhaltung abzurücken und auch andere Performance-Formen zu akzeptieren. Dieser Punkt ist, wie ich an anderer Stelle bereits geschrieben habe, „gerade bei der Auseinandersetzung mit religiösen Aufführungen wichtig, da die Unterscheidung, was nun religiös und was touristisch ist, nur emisch getroffen werden kann" (Schmidt 2002: 162).[3] Während einer Theateraufführung haitianischer Volkstänze und Vodou-Rituale in New York City beobachtete ich einmal, wie sich die Atmosphäre auf der Bühne von einem Moment auf den anderen änderte. Eine der Tänzerinnen war eine initiierte Vodou-Priesterin, hatte auf der Bühne allerdings lediglich eine unterstützende Rolle im Hintergrund. Während die Aufmerksamkeit des Publikums auf eine andere Tänzerin im Vordergrund der Bühne gerichtet war, sprang der Assistent der Priesterin von seinem Sitz im Auditorium auf und begab sich auf die Bühne, wo er den Haupttrommler aufforderte, den Rhythmus zu ändern, d. h. das Lied abzubrechen. Was war passiert? *Vodousaints* (in Vodou initiierte Personen) trennen strikt zwischen Theater und Ritual. Auf der Bühne wird die Manifestation eines *lwa* gespielt, es darf aber nicht zu einer realen Manifestation kommen, da diese in der Öffentlichkeit, d. h. außerhalb des sakralen Raumes, nicht gerne gesehen werden. Allerdings kann es mitunter zu spontanen Manifestationen kommen – wie an diesem Abend auf der Bühne der New York University. Als der Assistent der Priesterin erste Anzeichen einer Manifestation bemerkte, forderte er die Änderung des Rhythmus. Durch die Trommelmusik werden die *lwa* gerufen, wobei es spezielle Rhythmen für jede Gruppe von *lwa* gibt. Die Veränderung des Trommelschlags bewirkte, dass plötzlich ein anderer *lwa* gerufen wurde. Die Priesterin konnte sich daraufhin vor der Annäherung des fälschlicherweise angelockten *lwa* schützen und aus der beginnenden Trance lösen. Ihr Assistent führte sie weg von der Bühne, bis sie sich ganz davon befreit hatte und die Aufführung wieder begleiten konnte. Es handelte sich hierbei somit um eine theatrale Performance, die plötzlich – gegen die emischen Regeln – religiöse Qualität erhielt, ohne allerdings zu einem Ritual zu werden.

Während ich bei meiner Arbeit religiöse und kulturelle Performanzen untersuchte, deren Grenzen verschwimmen und im Kontext stetig neu definiert werden, befasste sich eine andere Richtung mit der Syntax der Handlung. Dabei liegt das Hauptaugenmerk auf der Struktur der Handlung abseits jeglicher Funktion und symbolischer Bedeutung. Im Fokus stehen hier Rituale von Religionen mit schriftlicher Überlieferung, die weiterhin aufgeführt werden. Frits Staal untersucht beispielsweise vedische Rituale, die seit dem 8. Jahrhundert vor Beginn unserer Zeitrechnung schriftlich dokumentiert sind und von ihm in den 1970er Jahren in Südwestindien beobachtet werden konnten (in *Rules without Meaning*, 1989). Staal schreibt, dass die vedischen Rituale in Indien zwar ihre Struktur behalten, ihre Bedeutung aber verloren hätten. Verse der Veden seien z. B. allein aufgrund des Metrums und der Betonung zu ritualisierten Mantras transformiert worden. Als Mantra würden die Verse aus dem Kontext gelöst und in eine Reihe von stilisierten Tönen verwandelt, deren Inhalt bedeutungslos sei, mit der Folge, dass viele Brahmanen sie zwar kunstvoll nach den Regeln aussprechen könnten, ihren Inhalt aber nicht kennen würden (zitiert nach Bell 1997: 71). Es sei deshalb nicht wichtig für die

Interpretation von Ritualen, ihre frühere Bedeutung zu kennen. „Like rocks or trees, ritual acts and sounds may provided with meaning, but they do not require meanings and do not exist for meaning's sake." (zitiert nach Bell 1997: 71) Dagegen kann nach Staal die Analyse der syntaktischen Regeln des Rituals dieses selbst viel besser erklären. Anstatt Rituale als Sprache zu verstehen, betrachtet Staal sie als Vorgänger der Sprache, die linguistische Syntax entstamme folglich der rituellen Syntax (siehe dazu auch Bell 1997: 70-71). Rituale sind demnach, wie Kramer zusammenfasst, „primär reine, ‚ideale' Handlungen, die nur teilweise und beiläufig darstellenden Charakter besitzen und an die sich jedenfalls ‚symbolische' Bedeutungen nur sekundär und kurzfristig heften" (2000: 213). Während Kramer bezweifelt, dass sich ähnliche Resultate bei Ritualen ohne eine schriftliche Überlieferung finden lassen, sieht Bowie Entsprechungen in Übergangsriten, wie beispielsweise Geburtstagsfeiern (Bowie 2006: 147). Aber auch abgesehen von der strittigen Frage nach einer möglichen Übertragung auf andere Kontexte erklärt Staals syntaktische Theorie einen wichtigen Punkt, nämlich warum sich Teilnehmer an Ritualen „orthopraktisch" (richtig handelnd) an Regeln halten können, ohne auf die Symbolik zu achten (Kramer 2000: 213). Wie ich im letzten Kapitel bereits anmerkte, ist es oftmals nicht möglich, emische Aussagen über die Bedeutung der Symbole zu erhalten. Zum einen können Fragen in diese Richtung oftmals nicht in die lokale Sprache übersetzt werden, und zum anderen verstehen die Teilnehmer an den Ritualen oftmals den Sinn der Frage nicht. Ein Ethnograf wird daher, wie Asad betont, gleichzeitig zum *analysand* und zum *analyst*, da vor der Interpretation möglicher ritueller Symbole diese zuerst einmal identifiziert werden müssen (Asad 1993: 61). Asad fordert, dass sich die Ethnologie vom Lesen der Symbole hin zur Analyse der Praktiken entwickelt. Anstatt Kultur auf eine isolierte Dimension zu reduzieren, solle die Ethnologie (endlich) die Tatsache akzeptieren, dass kulturelle Werte und Bedeutungen nur in den Handlungen der Menschen existieren, d. h. in ihren Praktiken.

Auch Catherine Bell argumentiert gegen die isolierte Betrachtung von Ritualen und setzt das Ritual in den Kontext allgemeiner sozialer Handlungen. Sie versucht indes zu ermitteln, was rituelles Verhalten von anderen Handlungen unterscheidet. Ihren Ansatz verortet sie in einer Mischung aus der performativen Ritualtheorie und der Theorie der Praktik (bezugnehmend auf Pierre Bourdieus Werk *Le sens pratique*, 1980, auf Deutsch 1987), während, wie sie schreibt, beide Theorien „attempt to articulate how what is done in a ritual – the gestures, words, and physical delineations of space and time – actually accomplishes what a ritual is thought to do" (Bell 2006: 405).[4] Bell betrachtet Ritual als eine Form von kultureller Praktik (in *Ritual*

Theory, Ritual Practice, 1992), wobei sie Versuchen widerspricht, Ritual als autonomes Gebilde oder als Aspekt zu definieren. Beide Ansätze haben nach Bell wenig mit den Kategorien, die für die rituellen Akteure wichtig sind, zu tun. Außerdem gehe das Wesen von Handlung und Praktik verloren (Bell 1992: 72). Bell schlägt daher einen anderen Rahmen für die Analyse von Ritual als Praktik vor. Rituale müssen in ihrem realen Kontext untersucht werden, d. h. zusammen mit anderen Handlungen in der Kultur. Dadurch wird verhindert, dass Rituale bereits a priori als unabhängige Kategorie isoliert betrachtet werden, denn nur in Beziehung zu anderen Aktivitäten kann ein Beobachter lernen, warum die Teilnehmer an dem Ritual bestimmte Handlungen von anderen trennen. Der Fokus liegt daher, laut Bell, nicht auf autonomen Riten, sondern auf der Methode, den Bräuchen und den Strategien der Ritualisierung (Bell 1992: 88–93). Davon abgesehen verweist Bell auf die Bedeutung der Körperbewegungen innerhalb einer praktischen Ritualtheorie, denn das zentrale Kennzeichen von Ritualen sei der Vorrang des Körpers, der sich in einem speziell konstruierten Raum bewege, „simultaneously defining (imposing) and experiencing (receiving) the values ordering the environment“ (Bell 1997: 82). Die Körperbewegung der Ritualteilnehmer definiert auf diese Weise einerseits die Umgebung, und andererseits reagieren die Teilnehmer auch auf die Umgebung. Ohne zu erkennen, dass sie die Umgebung, die auf sie einwirkt, selbst geschaffen haben, gehen die Ritualteilnehmer davon aus, dass „forces from beyond the immediate situation are shaping the environment and its activities in fundamental ways“ (1997: 82). Daher beschreibt Bell als drittes Merkmal ihrer Ritualtheorie die Ritualisierung als eine Handlungsweise, welche sich auf die Autorität von Mächten außerhalb der eigentlichen Situation bezieht (ebd.).[5] Bell möchte mit ihren theoretischen Ausführungen ein Werkzeug anbieten, um Rituale, die verschiedenen Grade von Ritualisierung und die Diversität kultureller Modelle und Ritualisierungsstile analysieren zu können. Statt ein Ritual als Vehikel für den Ausdruck von Autorität zu interpretieren, untersuchen Theoretiker wie Bell, wie ein Ritual ein Vehikel für die Konstruktion der Beziehungen von Autorität und Unterordnung sein kann (Bell 1997: 82). Das ultimative Ziel eines Rituals ist die Schaffung eines ritualisierten Körpers – ein Körper, „in which the ritual schemes [...] are fully absorbed, enabling a person to mold situations that occur outside the rite itself“ (2006: 405). Bell verdeutlicht den Sinn dieser Aussage anhand eines Beispiels aus der chinesischen Tradition. So kann der Körper einer Person, die den Ahnen tagtäglich ein Weihrauchopfer darbringt, mit einigen wenigen Bewegungen die kosmische Orientierung in der Hausmitte definieren, obwohl sich die Person dessen nicht bewusst ist. Während die Großmutter Weihrauch anzündet und die Stäbchen in ihren Behältern im Haus verteilt, sieht sie sich nicht als jemand, der ein komplexes kulturelles System binärer Kategorien rekonstruiert. "Yet performance analysis suggests that the particular efficacy of her actions as actions lies in how she creates and modifies such realities while never quite seeing the creation of the system as such" (Bell 1998: 216, zitiert in Bell 2006: 405-406).

Dieser Überblick über einige ausgewählte Ansätze der Ritualforschung zeigt, dass es keine vorherrschende Theorie zum Ritual gibt, ja mitunter wird gar die Existenz von Ritualen abgestritten und nur noch von ritualisierten Handlungen gesprochen. Dennoch steigt die Bedeutung von Ritualen, sowohl von religiösen als auch säkularen, wie ein Blick ins Fernsehen an Jahrestagen von Katastrophen wie der Zerstörung des World Trade Centers in New York zeigt. Sogar individualisierte Religionsformen wie das Neue Heidentum oder New-Age-Bewegungen entwickeln Rituale, die ein Individuum mit einer Gemeinschaft verbinden oder von ihr ablösen, durch Krisen begleiten oder andere Funktionen erfüllen. Kontinuierlich werden neue Rituale erfunden (Hobsbawm/Ranger 1984), alte Rituale passen sich neuen Bedingungen an oder verlieren ihre Bedeutung. Die Diskurse können sich dieser Dynamik kaum anpassen.[6]

Wallfahrten als Thema in der Religionsethnologie

Die Wallfahrt ist erst seit dem Aufkommen der Performance-Studien zu einem ethnologischen Thema geworden. Auch hier sind Edith und Victor Turner mit ihrem Buch *Image and Pilgrimage in Christian Culture* (1978) gewissermaßen Vorreiter und haben damit den Weg zu einem spannenden Thema bereitet. Zwar ist die Wallfahrt eine seit langem praktizierte Tätigkeit – und das nicht nur im christlichen Mittelalter, sondern auch bei traditionell lebenden Ethnien (siehe z. B. Myerhoff 1980 über die Peyote-Pilgerreise der Huichol in Mexiko)–, dennoch gab es lange Zeit nur vereinzelte Studien über dieses Phänomen. Eric Wolf beispielsweise veröffentlichte 1958 einen Aufsatz über die Virgen de Guadalupe in Mexiko, wobei er sich mehr mit der Symbolik der Jungfrau beschäftigte als mit dem Ereignis der Wallfahrt. Dennoch ist sein Aufsatz nach Bowie die erste ethnologische Studie über einen Schrein in Amerika (2006: 239). Turner und Turner erklären sich die Vernachlässigung der Wallfahrt im wissenschaftlichen Diskurs mit einem generellen Desinteresse an liminalen und marginalen Phänomenen des sozialen Wandels und der kulturellen Dynamik. Das Interesse sei stets auf die Beschreibung und Klassifizierung institutionalisierter „Tatsachen" oder die Etablierung der Historizität wichtiger und einzigartiger Ereignisse gerichtet gewesen (1978: 1).

Das hat sich nun heute geändert, vor allem seitdem sich die Ethnologie nicht mehr auf tribale Kulturen als einziges Forschungssubjekt beschränkt. Da die Wallfahrt in institutionalisierter Form vor allem bei den großen Religionen wie Christentum und Islam, aber auch beim Hinduismus, Buddhismus und Judentum verbreitet ist, hatten Religionsethnologen die Untersuchung von Wallfahrten für eine lange Zeit anderen Disziplinen überlassen. Auch Victor Turner hat in seinem früheren Werk *The Ritual Process* (1966) hauptsächlich die Liminalität bei vorindustriellen Gesellschaften analysiert. Fast zehn Jahre später untersucht er dann zusammen mit seiner Frau Edith Erscheinungen von Liminalität in Kulturen, die durch historische bzw. Erlösungsreligionen dominiert sind (1978: 3), d. h. sie suchten nach Analogien zwischen tribalen und historischen Religionen in Bezug auf die religiöse Liminalität. Und diese Analogie fanden sie in der Wallfahrt zu den bedeutenden christlichen Schreinen Europas.

Turner und Turner unterscheiden vier Kategorien von Wallfahrten: 1) prototypische Wallfahrten, die von dem Religionsgründer, von seinen ersten Schülern oder von Evangelisten initiiert wurden (z. B. Rom und Jerusalem im Christentum, Mekka im Islam, Benares und Kailas im Hinduismus und Kandy im Buddhismus); 2) archaische Wallfahrten, die synkretistische Aspekte enthalten, d. h. auf ältere Glaubensvorstellungen zurückgehen (z. B. Glastenbury in England, Croagh Patrick in Irland, Chalma in Mexiko, und Pandharpur in Indien); 3) mittelalterliche Wallfahrten, die zwischen 500 und 1400 nach Beginn unserer Zeitrechnung aufgrund der theologischen und philosophischen Stimmung in Europa entstanden sind (z. B. Compostela in Spanien, Canterbury in England, Chartres in Frankreich, Assisi in Italien und Köln in Deutschland); und 4) moderne Wallfahrten, die im 19. und Anfang des 20. Jahrhunderts aus einer frommen und anti-darwinistischen Stimmung heraus im Widerstand gegen die steigende Säkularisierung entstanden sind (Turner/Turner 1978: 17–19). Bowie kategorisiert dagegen Wallfahrten nach folgenden Kennzeichen: Wallfahrt zu einem sakralen Ort, Wallfahrt zu einer sakralen Person, Wallfahrt in Verbindung zu einem sakralen Objekt, Wallfahrt als sakraler Text und Wallfahrt als allegorische Reise (Bowie 2006: 246–249, mit Verweis auf Nolan/Nolan 1989). Beide Typologien verweisen auf das unterschiedliche Interesse der Autoren.

Turner und Turner betonen, dass die Wallfahrt für die Pilger stets eine große liminale Erfahrung in deren religiösem Leben war, eine Art von „äußerem Mystizismus“ (1978: 7). Anlass zur Wallfahrt war oftmals die Bitte um Vergebung einer begangenen Sünde. Die Pilger brachen aufgrund einer Strafe zum Schrein auf oder aber wegen der Bitte um Genesung, denn oftmals wurde eine Krankheit als Strafe Gottes empfunden. Die Wallfahrt wird bis heute im Moment der Bedrängnis unternommen, wobei allerdings eine Wallfahrt auch in Vertretung gemacht wird (z. B. Eltern für ein erkranktes Kind, Turner/Turner 1978: 12). Bei ihrer Untersuchung britischer und mexikanischer Wallfahrten geht es ihnen hauptsächlich um die Funktion der Wallfahrt für das Individuum und für die Gesellschaft. Sie betrachten die Wallfahrt als soziales Drama und verorten sie in der mittleren Ritualphase des van Gennep'schen Ritualmodells, d. h. in der liminalen Phase bzw. in der Anti-Struktur. Sie charakterisieren Wallfahrten u. a. mit folgenden Kennzeichen: Ausbruch aus weltlichen Strukturen; homogener Status (sichtbar an einfacher Bekleidung und Verhaltensformen); Entstehung einer Communitas; Bewegung von einem weltlichen hin zu einem religiösen Zentrum; Reflektion von Glaubensinhalten und vieles mehr (siehe 1978: 34). Weil sie allerdings freiwillig ist und keinen obligatorischen Übergang von einem Status zum anderen bedingt, charakterisieren die Autoren die christliche Wallfahrt im Unterschied zu ähnlichen tribalen Ritualen als quasi-liminal, d. h. als liminoid (1978: 35). Der Unterhaltungsfaktor ist nach Turner und Turner ein wichtiges Kennzeichen dieser Rituale: „Pilgrimage devotion, the market, and the fair are all connected with voluntary, contractual activities (the religious promise, the striking of a bargain, the penny ride on the merry-go-round), and with a measure of joyful, ‚ludic' communitas" (Turner/Turner 1978: 37), wobei heute allerdings die Bürokratie die Stimmung stark beeinträchtigt. Dennoch sind Wallfahrten heute weiterhin beliebt. Die Zahl an Besuchern in Lourdes und anderen Stätten steigt sogar kontinuierlich. Turner und Turner führen diese Entwicklung darauf zurück, dass die Wallfahrt gewissermaßen ein Gegengewicht in Zeiten von Kriegen, Revolutionen, industriellen Schäden und Naturkatastrophen anbietet, einen (in Geertz Worten) „metasozialen Kommentar" (Turner/Turner 1978: 38, mit Verweis auf Geertz 1972: 26, auf Deutsch enthalten in Geertz 1991). Die Wallfahrt wurde somit zum Symbol einer unausgesprochenen Kritik an der heutigen Gesellschaft und dem (post)modernen Lebensstil, und damit zum Symbol der Anti-Struktur schlechthin.

Bowie stellt Turners Interpretation der Wallfahrt als soziales Drama in eine Reihe mit Durkheim und Marx. Durkheim versteht religiöse Feiern als Ereignisse, bei denen sich die Gemeinschaft regenerieren kann und ihre moralische Einheit findet (in *Les Formes élémentaires de la vie religieuse,* 1912). Bowie sieht in dieser Betrachtung eine wichtige Parallele zur sozialen Funktion von Wallfahrten. Entsprechend anderer religiöser Feste bildet sich auch bei Wallfahrten eine Gemeinschaft aus Personen unterschiedlicher Herkunft, wie andere Studien im Anschluss an Durkheim bestätigt haben. Bowie verweist beispielsweise auf den bekannten Fall des Malcolm X, der den Islam als anti-weiße Bewegung feierte, bis er beim Hadsch in Mekka die universalistische und egalitäre Seite des Islam für sich erlebte und geprägt durch seine Erfahrung zu der Überzeugung kam, dass es keinen ausschließlich schwarzen Islam gäbe (Bowie 2006: 230, ohne weitere Literaturangaben). In einer marxistischen Interpretation würde dagegen argumentiert werden, dass die Erfahrung der Gleichheit bei der Wallfahrt lediglich die Ungleichheit in der Gesellschaft bestätigt und sogar legitimiert (Bowie 2006: 239). An allen drei Interpretationen (Durkheim, Marx und Turner) kritisiert Bowie deren universalistischen Geltungsanspruch. Wenngleich die Interpretationen in manchen Fällen zutreffen würden, gäbe es doch auch zahlreiche Gegenbeispiele, bei denen statt Harmonie und Homogenität Streit und sogar Gewalt ausbrechen würden. Beim Hadsch z. B. treten regelmäßig ethnische und religiöse Spannungen auf, die bisweilen in Gewalttaten münden. Als weiteres Gegenbeispiel verweist Bowie auf den Marienschrein in Walsingham (England), zu dem parallel laufend eine römisch-katholische und eine anglikanische Wallfahrt stattfinden (siehe auch Coleman/Elsner 1998).

Obwohl die Kooperation von Turner und Turner wegweisend für die ethnologische Erforschung der Wallfahrt war, führte sie auf gewisse Weise in eine theoretische Sackgasse, wie Coleman und Eade in *Reframing Pilgrimage* (2004) schreiben. Zum einen ist dies auf ihren allumfassenden Charakter, zum anderen auf die Vorannahme, dass Wallfahrten von alltäglichen sozialen, politischen und kulturellen Prozessen getrennt seien, zurückzuführen. Außerdem kritisieren Coleman und Eade an *Image and Pilgrimage in Christian Culture* den orts-zentrischen Ansatz (2004: 2), wobei es doch um die Kultur einer sakralen Reise gehen, d. h. Bewegung das zentrale Motiv sein sollte. Sie dagegen sehen die Bewegung als konstitutiven Aspekt der Wallfahrt an. Dabei geht es ihnen um die Bewegung zu einem Ort wie auch um die Bewegung innerhalb eines Ortes, denn durch sie wird ein, wenn auch oft temporärer, sakraler Raum geschaffen (2004: 3).

Bei einer Wallfahrt in Loja, Ecuador, die vor über zehn Jahren stattfand, konnte ich beobachten, wie eine kleine Statue, die *Virgen del Cisne,* einen solchen sakralen Raum kreierte. Die als wundertätig verehrte Marienstatue (ca. 1590 von Diego de Robles geschnitzt und von Luis de Rivera verziert) befindet sich zehn Monate im Jahr in einer Basilika in El Cisne, einem Dorf ca. 70 km entfernt von Loja, der Distrikthauptstadt, und ein durch die Nähe zur ecuadorianisch-peruanischen Staatsgrenze relativ unbedeutender und isoliert gelegener Ort im Süden Ecuadors. Loja entwickelte von Anfang an eine besondere Beziehung zu der Statue. Bereits 1720 soll die erste Prozession von El Cisne nach Loja stattgefunden haben. Auf Bitten der Einwohner Lojas erließ Simón Bolívar 1822 ein bis heute gültiges Dekret, demzufolge sich die *Virgen de El Cisne* vom 20. August bis Ende Oktober in Loja aufhalten soll. Gleichzeitig findet in Loja eine Handelsmesse statt (die erste ihrer Art in Ecuador), die heute von überaus großer wirtschaftlicher Bedeutung für die Stadt ist.

Seit 1830 wird nun das Fest zu Ehren der Jungfrau Maria am 15. August in El Cisne und am 8. September in Loja gefeiert. Die Prozession mit der Statue um den Hauptplatz der Stadt am 8. September ist bis heute zentrales Ereignis der Wallfahrt, zu dem eine immer größere Anzahl von Pilgern aus dem gesamten Umkreis kommt. Sogar Migranten versuchen, zu diesem Ereignis zurück nach Loja zu reisen. An diesem Tag finden kontinuierlich Gottesdienste in der Kathedrale statt, damit die zahlreichen Pilger beichten und die Eucharistie empfangen können. Das Hauptereignis ist allerdings die Prozession. Das Gedränge ist einfach unbeschreiblich. Aus Angst vor einer Beschädigung der Statue fordert der Bischof regelmäßig Polizeischutz für sie an. Hier ein kurzer Auszug aus meinen Beobachtungen:

„Um 10.30 Uhr beginnt die Prozession. Durch das Haupttor verlassen Bischof und Priester langsam die Kathedrale. Die Menschen, die seit Stunden geduldig vor der Kirche gewartet haben, atmen auf. Dann verläßt die *Reina de El Cisne* das Gotteshaus: Applaus und Blütenregen. Gläubige drängen nach vorne, um das Podest zu berühren. Kurze Zeit herrscht Chaos, bis Polizisten die Jungfrau abschirmen. Dennoch geschieht ein kleines Versehen, das keinen besonders aufregt: Der Bischof und sein Gefolge gehen links herum um den Platz, die *Virgen* und ihr Gefolge rechts herum. Während den Bischof zu diesem Zeitpunkt keiner beachtet, versuchen alle einen Blick auf die Jungfrau zu werfen, und wenn möglich ein Foto von ihr zu machen. Ein Mann mit Weihrauch bereitet ihr den Weg. Dann folgt sie, umgeben von Polizisten und getragen von Gläubigen. Hinter ihr gehen einige Frauen mit Kerzen, während sich die Musikanten etwas in der anschließenden Menge verlieren. In der Mitte des Weges treffen sich beide Prozessionshälften: Nun bereitet der Bischof mit seinem Gefolge den Weg, und die Königin von El Cisne folgt. Nach einer kurzen Prozession um den Hauptplatz der Stadt betritt Maria wieder die Kathedrale, um dort erneut auf ihrem Platz über dem Altar zu residieren. Der Hauptteil der Feier ist zu Ende. Obwohl auch an diesem Abend wieder ein *castillo* [=eine beliebte Feuerwerksattraktion] präsentiert wird, verlassen einige Pilger bereits die Stadt. In den nächsten zwei Tagen findet ein regelrechter Exodus aus Loja statt, mit Bussen und Autos reisen Tausende Pilger wieder nach Hause, im Gepäck ein Bild oder ein anderes Andenken von der *Virgen de El Cisne*." (Schmidt 2000: 137–138)

Für die Bewohner Lojas beginnt das Fest allerdings bereits einige Wochen früher, denn für sie ist das Hauptereignis die Ankunft der Figur in Loja, am Abend des 20. August. Wenn nach stundenlangem Warten die *Reina de El Cisne* endlich vor den Toren der Stadt eintrifft, sind alle Menschen versammelt, es begrüßt sie nicht nur der Bischof, sondern auch der Kommandant der Infanterie-Brigade in Loja ehrfürchtig und begleitet die Prozession zur Kathedrale. Durch die Ankunft der Statue verändert sich der Gehalt der Stadt, nicht nur für Katholiken, sondern im Sinne einer Heterogenisierung der Gemeinde durch den tagtäglichen Zuwachs an Pilgern aus anderen Regionen Ecuadors. Während der Hauptplatz um die Kathedrale als gewissermaßen „virtueller" Ort beim Festzug am 8. September, dem offiziellen Prozessionstag, einen sakralen Charakter erhält, so verwandelt das vorangehende Ereignis der Ankunft der Statue und die zu ihren Ehren durchgeführte Prozession zur Kathedrale diese verschlafene Stadt in einen wahren sakralen Ort, dessen religiöser Gehalt auf alle Einwohner einwirkt. Indessen ist der sakrale Ort nicht nur zweidimensional definiert, denn durch die Feuerwerke wird auch der Himmel mit einbezogen. Es handelt sich hierbei nicht um eine Anti-Struktur, welche durch die Communitas die Struktur der Gesellschaft bestätigt, sondern eher um ein hybrides Fest (García Canclini 1982: 123–130), das durch das Zusammenspiel mehrerer Gruppen (einschließlich der Pilger, Stadtbewohner, Migranten, Touristen und Händler) dynamisch in jedem Moment neu geschaffen wird. Zwar werden in einem sehr begrenzten Maß soziale und teilweise auch interethnische Trennungen aufgehoben, aber nur kurzzeitig während der gemeinsamen Andacht vor der Marienstatue. Im Anschluss daran feiern Stadtbewohner, Pilger, Händler und andere Gruppen wieder getrennt. Im Unterschied zu Turner betrachte ich die Ereignisse in Loja als einen Wechsel zwischen liminal und liminoid. „Während zu bestimmten Gelegenheiten die Zuschauer ganz bewusst außerhalb des Geschehens standen bzw. fest im Alltag verwurzelt waren (z. B. während der Feuerwerke oder auf dem Messegelände, wo liminoide Elemente überwiegen), entstand bei anderen Momenten (z. B. bei der Prozession oder während der Messen in der Kathedrale) eine nichtalltägliche Zeit, in der es keine Zuschauer mehr gab, sondern nur noch Teilnehmer." (Schmidt 2000: 148). Das feierliche Geschehen ist allerdings nicht als ein harmonisches Ereignis zu verstehen, denn die Zunahme an Taschendiebstahldelikten gehört genauso zum Fest wie die Lieder der Pilger. Es finden, wie ich an anderer Stelle bereits gezeigt habe, mehrere Diskurse gleichzeitig statt, so dass sich vielfältige Interpretationsmöglichkeiten ergeben.

Die meisten Autoren in dem von Eade und Sallnow herausgegebenem Buch *Contesting the Sacred* (1991) kritisieren ebenfalls das Communitas-Konzept von Turner, wobei es ihnen allerdings nicht darum geht die Bewegung einzuschließen, sondern die am Schrein versammelten Menschen und ihre Diskurse heterogen darzustellen. Zur Illustration stellen die Autoren des Sammelwerkes den Schrein in den Mittelpunkt ihrer Untersuchung und beschreiben die sich widersprechenden Diskurse unter den verschiedenen Pilgergruppen. Ähnlich geht Thomas A. Tweed in *Our Lady of the Exile: Diaspora Religion at a Cuban Catholic Shrine in Miami* (1997) vor. Die ethnografische Arbeit hat den wichtigsten kubanischen Schrein außerhalb von Kuba, einen Schrein zu Ehren der Jungfrau Maria in Miami, zum Thema. Es handelt sich hier aber keineswegs um den Schrein einer homogenen frommen Communitas, ganz im Gegenteil. Der Schrein ist das Zentrum der überaus heterogenen kubanischen Diaspora. Ohne feste Anbindung an eine kirchliche Institution gewann er bei allen Kubanern in Miami zunehmend an Bedeutung. Tweed präsentiert demnach keine geschlossene religiöse Gemeinschaft, sondern zeigt anhand seiner Untersuchung, dass der Ort eine sakrale Stätte für die Aushandlung von Identität ist und somit ein Gefühl für Kubanisch-sein im Exil konstruiert. Tweed interpretiert den Schrein als "a transtemporal and translocative symbol, a social site at which the diaspora constructs collective identity" (1997: 115). Er wird von Kubanern aller religiösen und nichtreligiösen Orientierung besucht, von Katholiken, Protestanten und Santeros (Anhängern der afrokubanischen Religion Santería) genau so wie von Atheisten. Es handelt sich also um eine heterogene Zusammenkunft von Menschen an einem sakralen Ort, der ihnen erlaubt, eine gemeinsame Identität zu konstruieren.

Trotz unterschiedlicher Perspektiven zeigen die erwähnten Arbeiten doch die Richtung an, in die sich die ethnologischen Arbeiten über Wallfahrten seit Turner entwickelt haben. Wie Bowie betont, versuchten Ethnologen die Einschränkungen funktionalistischer Ansätze zu überwinden, indem sie auf unterschiedliche Aspekte des Handelns und der Erfahrung der Pilger und anderer Personen in Beziehung zu einer bestimmten Wallfahrt blickten. Bowies Schlussfolgerung daraus ist, dass Turners Communitas-Konzept heute zwar weiterhin als ein interessanter Diskurs zur Wallfahrt betrachtet wird, es daneben aber auch noch andere Möglichkeiten gibt, über Wallfahrt zu sprechen (Bowie 2006: 242–243).

Die Vielfalt der Religionserfahrung

Bisher habe ich mich auf Handlungen konzentriert, auf Abfolgen fest umrissener menschlicher Aktivitäten. Sie bilden einen wichtigen Teil der Religionspraktiken und sind gewissermaßen das Rückgrat der Religionsforschung. Religionen können aber auch auf andere Weisen gelebt und erfahren werden. Aus emischer Perspektive ist die Kommunikation mit den übernatürlichen Wesen der Mittelpunkt der Religionsausübung. Die wichtigste Divinationstechnik ist in vielen Religionen der direkte Kontakt, die Manifestation eines übernatürlichen Wesens im Körper eines Gläubigen und die Reise der menschlichen Seele in andere Ebenen des Kosmos (d. h. die so genannte Besessenheit und schamanistische Trance). Bevor ich mich eingehend damit beschäftige, möchte ich zuerst ganz allgemein auf das Thema der religiösen Erfahrung eingehen und zeigen, auf welche Weise sich die Religionsethnologie damit auseinandersetzt.

Wie ich bereits im ersten Teil verdeutlicht habe, basiert die ethnologische Methodik auf Beobachtungen. Aus diesem Grund sind Rituale – sofern die Gläubigen die Erlaubnis zur Teilnahme geben – ein zentraler Gegenstand aller religionsethnologischen Forschungen. Schwieriger ist es, zu verstehen, was sich nicht ohne Weiteres beobachten lässt: Was geschieht im Inneren der Gläubigen? Zum einen werden die religiösen Erfahrungen in vielen Kulturen gar nicht verbalisiert, d. h. die Gläubigen sind es nicht gewohnt, verbal ausdrücken, was sie erleben. Folglich verstehen sie die Fragen der Fremden nicht, denn oftmals gibt es keine entsprechenden Begriffe aus dem jeweiligen religiösen Kontext, um die Fragen überhaupt aus dem europäischen Zusammenhang heraus übersetzen zu können. Und auch wenn die Forschungssprache eine europäische ist (wie beispielsweise Spanisch bei meiner Forschung in Puerto Rico), dann bedeutet das noch lange nicht, dass Fragen nach Unterschieden zwischen Trance und Besessenheit im Sinne der Eliade'schen Definition auch wirklich verstanden werden. Darauf werde ich später noch ausführlich eingehen. Zum anderen sind die religiösen Erfahrungen in den meisten Kulturen eine höchst private Angelegenheit. Mitunter verbieten es religiöse Regeln, mit Außenstehenden darüber zu sprechen. Viele afroamerikanische Religionsgemeinschaften etwa richten sich weiterhin nach den während der Sklavenzeit entwickelten Regeln, die es nur Eingeweihten erlauben, die inneren Geheimnisse zu erfahren. Sie begründen dies oft damit, dass es zu gefährlich für Uneingeweihte sei. Das sakrale Wissen ist oftmals an Initiation oder Altersgruppen gebunden, wie beispielsweise in vielen australischen Aborigines-Gruppen – dort mit der Folge, dass an Fremde nur das Wissen weitergegeben wird, welches Kindern vorbehalten ist.

Die Erforschung individueller religiöser Erfahrungen wird infolgedessen weniger in der Ethnologie und mehr in der Theologie und Psychoanalyse behandelt. Da allerdings das Interesse an dem Irrationalen, an Gefühlen und mystischen Erfahrungen in der Ethnologie steigt, möchte ich einige theoretische Diskurse vorstellen.

Anfang des 20. Jahrhunderts erschienen mehrere Bücher, die sich auf unterschiedliche Weise mit dem Problem auseinandersetzten, wie etwas, das nicht greifbar ist, dennoch untersucht werden kann. In Frankreich wandte sich Lucien Lévy-Bruhl (1857–1939) mit philosophischem Hintergrund dem Irrationalen zu. Beeinflusst vom Surrealismus widersetzte er sich der seinerzeit vorherrschenden Reduktion von Religion auf gemeinschaftsbestätigende Funktionen und fand in Ethnografien über traditionelle Religionen Beweise einer anderen Logik, die nicht durch die europäische Vernunft gefesselt wurde. Lévy-Bruhl beschrieb diese Form des Denkens als prälogisch (z. B. in *Le surnaturel et la nature dans la mentalité primitive,* 1931). Damit wollte er keineswegs nichteuropäische Denkformen diskriminieren, wie ihm viele Zeitgenossen vorwarfen. Er wehrte sich gegen evolutionistische Modelle und betrachtete die *mentalité primitive* im Vergleich zur europäischen Vernunft keineswegs als schlechter, sondern lediglich als anders (insgeheim vielleicht sogar als besser). Er erkannte in dieser Art der Logik eine größere Freiheit, die „neben den Regeln der Vernunft auch andere Erkenntnisquellen zulässt“, beispielsweise Träume, Trance und Rausch (Streck 2000: 279). Lévy-Bruhl betrachtet – beeinflusst von Durkheim – Religion als kollektive Erscheinung. Wenn er also von Mentalität und Logik spricht, bezieht er sich nicht auf die mentalen Kapazitäten von Individuen, sondern auf kulturelle Denkmuster, d. h. auf kollektive Denkformen, die seiner Ansicht nach in schriftlosen Kulturen völlig anders sind als in europäischen Schriftkulturen. Er wehrte sich dagegen, europäische Entwicklungsstufen auf nichteuropäische Kulturen zu übertragen wie es seine im Evolutionismus verankerten Vorgänger taten (z. B. Frazer und Tylor), da aus der evolutionistischen Perspektive das andere Denken lediglich als kindisch oder falsch bewertet werden könne (siehe auch Evans-Pritchard 1981). Lévy-Bruhl beschreibt das prälogische Denken als im Kern mystisch, wobei er die Welt nicht als auf den europäischen Naturgesetzen beruhend, sondern gefärbt mit Gefühlen und Gedanken über übernatürliche Wesen sieht (Morris 1987: 183). Steine und Bäume werden daher nicht nur als Naturobjekte betrachtet, denn sie besitzen darüber hinaus auch mystische Kräfte bzw. inkorporieren Wesen mit übernatürlichen Kräften. Aus dieser Perspektive unterscheidet sich diese Wahrnehmung der Realität fundamental von der europäischen. Gewissermaßen liegt darin ein Hauptkritikpunkt, denn Lévy-Bruhl sah die mentale Welt schriftloser Kulturen als mystischer an, als sie tatsächlich war. “He portrayed them as living continuously upon the mythical plane, whereas in fact they spent much of their time at the level of common sense, where the Western ethnographer could meet them without any difficulty” (Horton 1973: 256, zitiert in Morris 1987: 185). Dennoch hat Lévy-Bruhl der Ethnologie einen wichtigen Impuls gegeben und die Arbeiten von Evans-Pritchard genauso beeinflusst wie die von Lévi-Strauss, dessen Konzept vom wilden Denken Aspekte von Lévy-Bruhl widerspiegelt.

Ein Zeitgenosse, der sich ebenfalls mit mystischen Erfahrungen beschäftigte und die Ethnologie beeinflusste, allerdings in einem geringeren Maße, ist der Theologe Rudolf Otto (1869–1937).[7] Otto steht in der theologischen Tradition von Friedrich Schleiermacher (1768–1834), der Religion im Kontext von Gefühlen und Beziehungen verankerte. Für Schleiermacher war die Frömmigkeit der Kern aller Religionen, d. h. nicht Gott, sondern das Gefühl, mit dem die Gläubigen ihre Beziehung zum Göttlichen begriffen. Otto kennzeichnete diese Beziehung zwischen den Menschen und dem Göttlichen mit dem Wort numinos (vom Lateinischen *numen*, das Übernatürliche), denn es wird „dienlich sein bei Aufsuchung jenes eigentümlichen Sonderbestandteiles, wenigstens für den vorübergehenden Gebrauch unserer Untersuchung selbst, einen besonderen Namen dafür zu erfinden, der dann bezeichnen soll das Heilige minus seines sittlichen Momentes und [...] minus seines rationalen Momentes überhaupt“ (Otto 1987: 6). Otto bezog sich nicht nur auf das Christentum, sondern er schloss alle Religionen ein. Inspiriert von seinen Reisen nach Afrika und Asien und seinen Beobachtungen von Ritualen anderer Religionen sah Otto in der Erfahrung des Heiligen, des Numinosen, den gemeinsamen Kern aller Religionen, wenngleich es auch graduell unterschiedlich auftaucht. Otto argumentierte sogar, dass Religion nur mittels der Erfahrung des Heiligen verstanden werden könne, wer diese Erfahrung nicht gemacht habe, könne Religion nicht verstehen (Otto 1987: 8). In seinem Hauptwerk *Das Heilige* (1917) beschreibt Otto die Erfahrung des Heiligen als ein irrationales Gefühl angesichts des Numinosen, das ein Gefühl der Ehrfurcht und des Geheimnisses, des mystischen Anderen bewirke. Diese Erfahrung des Heiligen definiert Otto als *mysterium tremendum et fascinas*, als ein einzigartiges individuelles Erlebnis, ein Gefühl der Abhängigkeit und Angst in Gegenwart Gottes, des ultimativen Anderen. Der Begriff *mysterium* verweist darauf, dass Gott letztendlich nicht erfahrbar ist, während *tremendum* den Aspekt der Macht und Erhabenheit betont, der nach Otto alle religiösen Erfahrungen beinhaltet, und *fascinans* die Wechselbeziehung zwischen Ehrfurcht und Faszination hervorhebt (Kunin 2003: 64). Für Otto beschreibt *mysterium tremendum et fascinas* somit die persönliche Erfahrung eines gläubigen Menschen angesichts eines allmächtigen, überwältigenden Numinosen, die völlig anders ist als alles andere im menschlichen Kosmos. Dieses Gefühl der Übermacht bewirkt im Menschen nach Otto die Erkenntnis seines eigenen Wesens, so wie sich Abraham im Angesicht Gottes selbst erkennt. Für Otto beschreibt diese Szene in der Genesis XVIII: 27 das Paradigma religiöser Erfahrung (Thrower 1999: 56). In der Folge liegt keineswegs das Gefühl der Abhängigkeit, sondern die Erkenntnis des Selbst in Beziehung zu etwas außerhalb der eigenen Welt im Zentrum der religiösen Erfahrung weltweit. Otto definierte die Menschen deshalb in erster Linie als *homo religiosis*, “a being fundamentally hardwired with an orientation toward a greater and awesome Other“ (Arnal 2000: 25). In *Das Heilige* beschreibt Otto dann zahlreiche Formen der Begegnung des Menschen mit dem Numinosen, wobei er die Erfahrungen in einer evolutionistischen und ethnozentrischen Weise anordnete, d. h. beginnend mit traditionellen Religionen und endend mit theistischen Religionen, wobei er im Christentum lutherischer Ausprägung die höchstentwickelte Form sah.

Dennoch weist Ottos Buch – wenn wir seinen evolutionistischen Grundton einmal ignorieren – auf eine interessante Wende in der Untersuchung religiöser Erfahrungen hin. Er fragt nicht danach, was die Menschen glauben, sondern wie sie glauben, d. h. auf welche Weise sich mystische Erfahrungen manifestieren. Dahinter steht die Auffassung, dass diese Erfahrungen bedeutsamer sind als dogmatische Details (siehe auch Münzel 2000: 208). *Das Heilige* verteidigt gewissermaßen Individualismus und die unmittelbare religiöse Erfahrung im Unterschied zu Dogmen und Institutionen, wie Eric Sharpe betont (zitiert in Morris 1987: 142). Morris charakterisiert Ottos Ansatz als Theorie des religiösen Instinkts und wundert sich über den Einfluss Ottos auf die Ethnologie, insbesondere auf die beiden amerikanischen Ethnologen Paul Radin und Robert Lowie (Morris 1987: 142, siehe Radin 1937 und Lowie 1924, beides religionsethnologische Einführungswerke). Morris erklärt sich die Wirkung Ottos auf Lowie u. a. mit Lowies Forschung bei den Crow-Indianern, deren Glaubenssystem die Visionssuche als religiöse Erfahrung in den Mittelpunkt stellt und deren Religion somit ebenfalls überaus individualistisch ist. Morris übersieht dabei einen wichtigen Aspekt, der mir immer wieder auffällt, wenn ich mit Studierenden über Otto diskutiere. Otto bietet einen Weg an, eigene Erfahrungen und Gefühle in die Forschung zu integrieren. Die Faszination der Ethnologen bei der Teilnahme an religiösen Ritualen wird durch eine Religionsethnologie in sozialanthropologischer Tradition in der Regel ignoriert bzw. als peinlich betrachtet. Aber Religion lediglich anhand ihrer Funktionen zu betrachten, ergibt, wie ich im ersten Teil gezeigt habe, ein europäisches Konstrukt. Erst ohne dieses vermeintlich objektive wissenschaftliche Mäntelchen fällt auf, wie stark sogar unsere technisierte Welt von Religion geprägt ist. Otto zeigt uns somit, dass Religion nicht auf Institutionen und Schriften beschränkt ist, sondern in Menschen selbst zu finden ist.

Ein weiterer Einfluss auf die Religionsethnologie am Anfang des 20. Jahrhunderts, auf den ich hier hinweisen will, ging von dem US-Amerikaner William James (1842–1910) aus, einem in Harvard lehrenden Psychologen, der sich zunehmend der Philosophie zuwandte. Er hatte einen naturalistischen Zugang zu Religion und sah sie als ein universelles Phänomen. Die Veröffentlichung seiner Gifford-Vorlesungen an der Edinburgh University 1901 und 1902 unter dem Titel *The Variety of Religious Experience* (1902, auf Deutsch 1979) bezeichnet Roderick Main als „first landmark event in the psychology of religion“ (Main 2006: 149). In diesem Werk beschäftigt sich James mit dem Wesen religiöser Erfahrungen, wobei er sich allerdings, im Gegensatz zu Otto, nicht auf eine Erfahrungsform beschränkt, sondern ein sehr viel differenzierteres Bild liefert. So schreibt James, Religion “shall mean for us the feelings, acts and experiences of individual men in their solitude, so far as they apprehend themselves to stand in relation to whatever they consider to be divine“ (James 1968: 50). James verstand den Begriff des Göttlichen sehr weitgefasst und schloss Buddhismus sowie Pantheismus in seine Definition mit ein (Morris 1987: 144). Der Untertitel seines Buches (*A Study in Human Nature*) verweist bereits darauf, dass Religion nach nicht isoliert existiert und daher auch nicht unter einem einzigen Stichwort definiert werden kann; vielmehr betrachtet James Religion als ein komplexes Spektrum menschlicher Reaktionen auf das Leben und auf Probleme der menschlichen Existenz. Religion hat folglich nach James vor allem die Funktion, Aspekte in unserem Leben erträglich zu machen. Morris kennzeichnet James' Ansatz als eine merkwürdige Mischung aus Pragmatismus, den Morris als eine radikale Form des Empirismus beschreibt, und einer Form der transzendentalen Philosophie in der Tradition von Emerson (Morris 1987: 143). Der Pragmatismus basiert auf einer operativen Theorie des Wissens, nach der der Gehalt einer Idee nach deren Nutzbarkeit beurteilt wird. In Anlehnung daran betont James die große Bedeutung der Erfahrung und vermeidet dadurch, wie Morris schreibt, Fragen nach der Unterscheidung zwischen den physikalischen und den spirituellen Aspekten der Welt beantworten zu müssen. "By making nature depend upon experience, and not experience upon nature, James dissolves the independent objective existence of the real world into the subjective reactions of humankind" (George Novack 1975: 69, zitiert nach Morris 1987: 143). Mit dieser Haltung betrachtet James Gott lediglich als eine hypothetische Idee. Da sie aber für einen Großteil der Menschheit funktioniere, sei sie wahr. Er betrachtet Religion somit als subjektive Erfahrung und schließt sogar den Atheismus ein (siehe z. B. James 1968: 54). Sein Buch enthält daher auch – systematisch geordnet – zahlreiche Fallbeispiele religiöser Erfahrungen (z.B. von George Fox, dem Gründer der Quäker-Bewegung, und vom Heiligen Augustin, aber auch von weniger bekannten Personen sowie literarische Beispiele). Er interessierte sich dabei sehr für die Konversionserlebnisse, ging aber auch auf mystische Erfahrungen von Heiligen ein. Wenngleich James auch negative Erlebnisse beschrieb, hielt er sich grundsätzlich bei der Bewertung religiöser Erfahrungen zurück. Morris beschreibt James' Ansatz kritisch als eine psychologische Theorie zur Verteidigung einer theologischen Perspektive (Morris 1987: 144). Auch wird James vorgeworfen, sich zu sehr auf Ausnahmeerscheinungen konzentriert und die Erfahrungen normaler Personen ignoriert zu haben (Main 2006: 152). Dennoch ist sein Versuch, religiöse Erfahrungen von Individuen unterschiedlicher Glaubenshaltung (neben dem Christentum geht James auch auf Erfahrungen von Buddhisten, Hindus und Muslimen ein) in den wissenschaftlichen Diskurs einzubringen, bemerkenswert. Bronislaw Malinowski übernahm beispielsweise seinen subjektiven Ansatz zu Religion, sichtbar vor allem, wenn er die individuelle Erfahrung als Ursprung von Religion hervorhob. So ist das Beerdigungsritual bei Malinowski der religiöse Akt par excellence, denn „religion arises out of an individual crisis, the death" (in Morris 1987: 149). Dennoch geriet James etwas in Vergessenheit, wobei es allerdings Anfang des 21. Jahrhunderts zu einer Wiederentdeckung seiner Arbeiten zu kommen scheint.

Betrachten wir die drei Ansätze, die Anfang des 20. Jahrhunderts versuchten, mystische Erfahrungen mit der wissenschaftlichen Untersuchung von Religionen zu verbinden, fällt auf, dass alle drei – unterschiedlichen Disziplinen entspringend (der Philosophie, Theologie und Psychologie) – von der Realität der Erfahrungen, die sie beschrieben, überzeugt waren. Die Erlebnisse der Gläubigen, ob während der Teilnahme an einem kollektiven Ritual oder während eines privaten Rauschzustandes, wurden Ausgangspunkt der Überlegungen. Anstatt sie als kindlich zu deklassieren, wollten die Forscher verstehen, was geschieht, warum es geschieht oder wem es geschieht. Die Akzeptanz emischer Erfahrung ist auch bei der Frankfurter kulturmorphologischen Schule auf ähnliche Weise erkennbar, deren Konzept die Ergriffenheit als Triebkraft zum Aufbruch jedes Kulturkreises begreift (Münzel 2000: 208). Allerdings werden die Menschen nach diesem Entwurf nicht von einem religiösen Wesen oder einer religiösen Idee ergriffen, sondern von der Idee der Weltordnung, welche auf der Naturbeobachtung fußt. Dennoch verweist Jensen mit seinem Konzept der Ergriffenheit auf die Bedeutung der Fantasie für einen kreativen Prozess hin, auch innerhalb der Wissenschaft. So verbindet er, wie Münzel betont, wissenschaftlichen Ernst mit einem Gespür für das Sakrale und Mythische (2000: 210). Allerdings weist Münzel darauf hin, dass Jensen zwar den Einbruch des Irrationalen akzeptiert, ihn aber gleichzeitig dadurch dämmt, dass er die Ergriffenheit von historischen und materiellen Aspekten ableitet. Eine ähnliche ambivalente Haltung ist auch in Münzels eigenen Schriften erkennbar: Fasziniert von der Teilnahme an Ritualen im Amazonasgebiet versucht er, diese theaterethnologisch zu bändigen und dadurch der Wissenschaft nahezubringen (siehe z. B. Münzel 1994). Wie auch die Ergriffenheit bei Jensen so bietet die Theaterethnologie bei Münzel einen Ausweg aus der Beschränkung der Forschung auf die Sammlung von Fakten und hin zum Einschluss der kreativen Inspiration.[8] Mit dieser Herangehensweise steht die Theaterethnologie der amerikanischen Schule der *Anthropology of Experience* nahe, einer maßgeblich von Victor und Edith Turner entwickelten Richtung der Ethnologie.

Victor Turner, der ursprünglich aus Max Gluckmans *Manchester School of Social Anthropology* kam und über Symbole arbeitete, entwickelte mit der Zeit ein immer stärkeres Interesse an Ritualen außerhalb des traditionellen ethnologischen Forschungsfeldes, insbesondere interessierte ihn das moderne Theater. Seine Zusammenarbeit mit dem Theaterwissenschaftler Richard Schechner verstärkte diese Entwicklung weg von der britischen Sozialanthropologie hin zu einer humanistischen Perspektive, die stark von Schriften des Philosophen Wilhem Dilthey (1833–1911) beeinflusst wurde. Daraus ergab sich die Begründung einer neuen Forschungsrichtung, die Erlebnisse (ein

Kernbegriff aus Diltheys Ausführungen) zum Ausgangspunkt der Interpretation machte. Vertreter der *Anthropology of Experience,* wie beispielsweise Edward Bruner, widersetzen sich einer Beschränkung der Ethnologie auf Handlungsabläufe, denn diese implizierten stets eine Außenperspektive und ignorierten die emische Sichtweise. Eine Alternative bietet demzufolge der Einschluss von Erlebnissen in die Interpretation. "An experience is more personal, as it refers to an active self, to a human being who not only engages in but shapes an action. We can have an experience but we cannot have a behavior; we describe the behaviors of others but we characterize our own experience" (Bruner 1986: 5).

Bruners Erklärung gab Anlass zur Kritik an der *Anthropology of Experience*, da diese fremde Handlungen beschrieb, die wiederum mit eigenen Erfahrungen konfrontiert werden. Die Ursache dafür ist natürlich die Schwierigkeit, fremde Erfahrungen aufzuzeichnen und zu verstehen. Hier greift nun Dilthey, der in seinen hermeneutischen Schriften die Einbeziehung kultureller Repräsentationen fordert, um die Begrenztheit der eigenen Erfahrung zu umgehen. Diese Repräsentationen gelten gewissermaßen als eingeschlossene fremde Erfahrungen, wobei, wie Bruner schreibt, die Unterscheidung zwischen Realität (sofern es eine gibt), Erfahrung und Repräsentation kritisch für eine angemessene Interpretation sein könne (Bruner 1986: 6, siehe Turner 1986).

Geoffrey Samuel fordert eine radikale Kehrtwende, eine multiple Wissenschaft, die dichotomische Trennungen, wie beispielsweise die Trennung zwischen Körper und Geist, aufheben soll. Seiner Meinung nach darf die Ethnologie keiner Entweder-oder-Entscheidung folgen, sondern muss plural orientiert vorgehen. Zur Umsetzung dieser Forderung hat Samuel einen multimodalen Rahmen (multimodal framework, MMF) entwickelt, der Ausgangspunkt der Forschung werden soll. Als Rahmenbedingungen nennt er folgende Punkte: 1) die Auflösung der Dichotomien Individuum-Gesellschaft, Subjekt-Objekt und Geist-Körper; 2) eine explizit anti-empiristische Position, die den Pluralismus an wissenschaftlichen Ansätzen befolgt; 3) eine Bereitschaft, Konzepte anzuwenden, die im westlichen Sinne nicht erfahrungsnah sind; und 4) eine Bereitwilligkeit, etablierte sozialwissenschaftliche Terminologien radikal zu hinterfragen (Samuel 1990: 4). Sein Kernbegriff ist *modal state*, der modale Zustand, wobei er zwischen dem modalen Zustand auf der individuellen Ebene, auf der kulturellen Ebene sowie auf der mannigfaltigen Ebene unterscheidet (1900: 39). Dadurch sei es möglich, Geist und Körper als analytische Einheit zu betrachten. Leider wurde sein Ansatz noch nicht ausführlich in der Ethnologie diskutiert.

Schamanismus und andere religiöse Manifestationen

Eine religiöse Erfahrung, die für Außenstehende schwer zu verstehen ist, wird aus emischer Sicht als ein Zustand beschrieben, bei dem die Bindung zwischen Geist und Körper temporär gestört ist, und zwar entweder dadurch, dass der menschliche Geist den Körper verlässt oder aber dadurch, dass ein anderes geistiges Wesen in diesen eindringt. Diese beiden Formen werden allgemein mit unterschiedlichen ethnologischen Termini bezeichnet, Schamanismus und Geistbesessenheit, wobei der letzt genannte Begriff zunehmend kritisch hinterfragt und (aus emischer Sicht) abgelehnt wird. Der Fokus in der Religionsethnologie war lange auf die sozialen Funktionen der beiden Zustände gerichtet, die Vorgänge im Körper wurden ignoriert.

Der Begriff Schamanismus leitet sich von einer evenkischen Bezeichnung (Sprachgruppe in Ostsibirien, auch Tungusen genannt) für einen religiösen Spezialisten oder eine Spezialistin (*šaman*) ab[9], der/die in der Lage ist, in einem bewusst herbeigeführten Ekstasezustand mit Geistern zu kommunizieren und diese in bestimmte Richtungen zu beeinflussen. D. h. ein Schamane/eine Schamanin schickt seine/ihre Seele in die Ebene des Kosmos, wo sich die Geister befinden, und überredet sie, etwas Bestimmtes für die Klienten des Schamanen zu tun.

S. M. Shirokogoroff definiert Schamanismus anhand der folgenden fünf Punkte: 1) Der Schamane ist Herr oder Herrin der Geister, 2) er oder sie hat eine Gruppe von Geistern unter Kontrolle, 3) es gibt einen Komplex von Methoden und Paraphernalia, die anerkannt und weitergegeben werden, 4) es gibt eine theoretische Rechtfertigung der Praktik, und 5) die Schamanen verfügen über eine spezielle soziale Position (Shirikogoroff 1935: 269, siehe auch Bowie 2006: 181 und Jakobson 1999: 5).[10]

Ähnlich wie der Begriff Totem wurde *šaman* ebenfalls aus dem ursprünglichen kulturellen Kontext herausgelöst, generalisiert und auf andere Kontexte übertragen. Heute wird Schamanismus zur Beschreibung unterschiedlicher Phänomene weltweit verwendet, sogar Jesus wird mitunter als Schamane bezeichnet (Uchtmann 1991: 168, siehe auch Bystřina 1991). Mircea Eliade ging sogar soweit zu erklären, dass der tungusische Schamanismus keineswegs eine Form des klassischen Schamanismus sei, sondern bereits eine kulturelle Degeneration eines früheren „authentischen Schamanismus". Eliade bezog sich in seinem Werk *Le chamanisme et les techniques archaïques de l'extase* (1951, auf Deutsch 1956), bis heute die einflussreichste Studie über Schamanismus, auf die Definition von Shirokogoroff über den tungusischen Schamanismus (1935). Demnach wird die Seelenreise des Schamanen durch die Inkorporation von Geistern im Körper des Schamanen unterstützt (Shirokogoroff 1935: 269).

Eliade allerdings definiert den Schamanismus ausschließlich über die Seelenreise und grenzt die Inkorporation von Geistern aus: „Wie wir festgestellt haben, ist das spezifische Element des Schamanismus nicht die Einkörperung von ‚Geistern' durch den Schamanen, sondern die Ekstase, welche durch die Himmels- oder Unterweltfahrt herbeigeführt wird; Einkörperung von Geistern und Besessensein durch Geister sind allgemein verbreitete Phänomene, doch sie gehören nicht notwendig zum Schamanismus im strengen Sinn." (Eliade 1994: 461) Eliade argumentiert, dass Schamanismus keine Religion sei, sondern eine Technik, die in verschiedenen Religionen und Kulturen praktiziert wird, obwohl zum Schamanismus bestimmte Aspekte gehören, die religiösen Charakter haben. So wird Schamanismus mit einem in drei Welten gegliederten Kosmos, bestehend aus Geistern und anderen Glaubensvorstellungen, Ritualen (vor allem dem der Schamaneninitiation, die mitunter als Zerstückelung beschrieben wird) und Paraphernalia verbunden, die alle um die Person des Schamanen angeordnet sind.[11]

Trotz des weiterhin bestehenden Einflusses dieser Definition[12] wächst der Widerstand gegen die strikte Trennung zwischen Besessenheit und schamanistischer Ekstase, da ethnografische Studien zeigen, dass die religiösen Spezialisten (nahezu) problemlos von Ekstase zur Besessenheit wechseln können (siehe z.B. Johnson 2007: 104). Bereits Ioan M. Lewis widerspricht Eliades eng gefasster Begriffserklärung und lehnt seine Definition wieder näher an Shirikogoroffs ursprüngliche Beschreibung an (in *Ecstatic Religion* 1971, siehe auch das Vorwort zur dritten Auflage, Lewis 2003: XVIII). So betrachtet Lewis Schamanismus „as a general, cross-cultural phenomenon based on the shaman's mastery of spirits and the practise of his art with the aid of spirits" (2003: XIX). Im Unterschied zu Eliade betont Lewis, dass Schamanen regelmäßig besessen werden, und schreibt, dass Eliades Dichotomie auf einer Missinterpretation der ursprünglichen Beschreibungen beruhe (2003: XIII). Samuel folgt in gewisser Weise Lewis, da er Schamanen als rituellen Spezialisten definiert, „who are concerned with the manipulation and balancing of modal states and/or with the introduction of new modal states", wobei diese Prozesse die Kommunikation mit "some supposed other mode of being or real of existence" bedingen (Samuel 1990: 107).

Eine andere Kritik gegen Eliade äußert Joan Halifax, die Schamanismus als universelle Ur-Religion betrachtet (z. B. in *Shamanic Voices: A Survey of Visionary Narratives*, 1991). Sie beschreibt Schamanismus als „an ecstatic complex of particular and fixed elements with a specific ideology that has persisted through millennia and is found in many different cultural settings" (1991: 3). Mit Bezug auf weltweit aufgezeichnete Schamanenerzählungen nennt Halifax zahlreiche Kennzeichnen des Schamanismus (z.B. Initiation,

Visionssuche, Weltenbaum, ekstatische Trance und vieles mehr, siehe Kapitel 1 in Halifax 1991), die ihn als Teil des menschlichen Erbes weltweit charakterisieren. Wenngleich Halifax vor allem eine Leserschaft außerhalb der Wissenschaft anspricht, fällt immer wieder auf, dass Wissenschaftler anderer Disziplinen ihrem Konzept bereitwillig folgen und Schamanismus beispielsweise als das grundlegende Kennzeichen der Religion der Kelten bezeichnen. Schamanismus wurde laut Bowie vor allem so populär, weil es praktisch alles bedeuten kann (Bowie 2006: 179). Zwar versucht eine kleine Fraktion dagegen anzugehen und Schamanismus als ausschließlich nordarktisches Phänomen zu behandeln (z. B. Hultkranz 1992, siehe auch Findeisen 1983), allerdings ist der gegensätzliche Trend kaum noch aufzuhalten. Gerade in den USA wurde Schamanismus zu einer Gegenbewegung zur Mainstream-Gesellschaft. Wenngleich der Schamanismus dort in der Regel mit religiösen Traditionen der Native Americans verbunden wird, wird dennoch behauptet, dass jeder ein Schamane werden könne, mitunter sogar durch Selbststudium (siehe z. B. Michael Harners Buch *The Way of the Shaman*, 1980). Bücher von Carlos Castaneda (1925–1998) über die Lehre des Don Juan trieb die Schamanismusbegeisterung in ungeahnte Höhen. *The Teachings of Don Juan* (1968), das erste von zehn Büchern über Don Juans Lehre, enthält (vermeintlich) autobiografische Schilderungen der ersten Begegnungen von Castaneda mit dem *nagual* Don Juan, der ihn in die Lehre nahm und zum Schamanen ausbildete. Obwohl Castaneda vorgeworfen wird, Don Juan aus mehreren Personen konstruiert zu haben und dass die Lehre nicht wirklich einer indigenen Tradition entspräche (siehe z. B. de Mille 1988), löste er eine große Welle des Interesses am Neo-Schamanismus aus. Heute ist der Schamanismus im Westen Teil eines immer größer werdenden Angebots von alternativen Selbstfindungs- und Heilmethoden (Kalweit 2002).[13] In ihrem Vergleich zwischen traditionellem Schamanismus am Beispiel der grönländischen *angakkut* (plural von *angakkoq*, Schamane) und dem Neo-Schamanismus am Beispiel von Workshops (u. a. von Michael Harner) kommt Merete Demant Jakobsen zu dem Schluss, dass in den Seminaren und Workshops zwar schamanistische Handlungen gelehrt würden, es sich dabei aber nicht um Schamanismus im eigentlichen Sinne handele. In ihrer Definition von Schamanismus steht, in Anlehnung an Shirokogoroff, die Kontrolle über Geister im Mittelpunkt (Jakobsen 1999: 222). Dennoch ist der Erfolg der Kurse bemerkenswert, so berichtet Jakobsen von langen Wartelisten und Gruppen mit einigen Hundert Teilnehmern (1999: 205).

Während Jakobsen sich hauptsächlich auf den *core-shamanism* bezieht, der eher therapeutische Funktionen erfüllt, beschreibt Jenny Blain das Revival der isländischen *seiđkona* und hebt dabei die Bedeutung einer Gemeinschaft für die Legitimierung der Person des Schamanen hervor („you do not call yourself a shaman, others will give you the status", Blain 2002: 147). Im Gegensatz zu dem sehr individualistischen Schamanismus, den Jakobsen beschreibt, stellt Blain, die sowohl als Ethnologin als auch als Praktizierende schreibt, den kollektiven Charakter und die Bedeutung der Rituale in den Vordergrund. Interessanterweise benutzen die *seiđ*-Frauen und -Männer den Begriff Schamane kaum, sondern ziehen die nordische Bezeichnung vor.

Auch außerhalb des Westens kommt es zu einem Revival des Schamanismus, nun allerdings mit identitätsstiftender Bedeutung, vor allem in den neuen Staaten Zentralasiens. Hier dient der Schamanismus gewissermaßen dazu, die Lücke nach dem Zusammenbruch der Sowjetunion zu schließen und gleichzeitig eine vom Kommunismus unabhängige nationale Identität zu konstruieren. Es zeigt sich dabei, wie Harner schreibt, dass Schamanismus erst zu einer Religion wird, wenn die spirituelle Erfahrung von der Politik eingeschlossen wird: "So the renewed interest in shamanism today can be viewed as democratization, returning to the original spiritual democracy of our ancestors in ancient tribal societies where almost everyone had some access to spiritual experiences and direct revelation" (Harner, zitiert in Bowie 2006: 174). Schamanismus übt weiterhin eine ungebrochene Faszination aus. Nach Zinser knüpft sich diese Anziehungskraft an die Erfahrung mit den Geistern. So erinnert „die Vorstellung eines Kampfes mit den Geistern an geisterhafte Erfahrungen der Fremdbestimmtheit in unserer eigenen Gesellschaft [...] und [bietet] einen subjektiven Weg, mit dieser geisterhaften Fremdbestimmung umzugehen [an]" (Zinser 1991: 23).[14]

An dieser Stelle komme ich zurück zu dem bedeutendsten Aspekt des Schamanismus, der Seelenreise, und gehe auf deren Unterscheidung zu anderen Formen der Ekstase ein. Während Eliade Ekstase auf die Seelenwanderung begrenzte und die Manifestation von Geistern im menschlichen Körper nicht mehr als Ekstase akzeptierte, fasst Lewis beide religiösen Erfahrungen unter dem Begriff der ekstatischen Religion zusammen. Für Lewis ist das zentrale Unterscheidungskriterium zwischen beiden Ekstase-Formen die Kontrolle der Geister. Schamanen beherrschen die Geister, während besessene Personen von den Geistern kontrolliert werden. Davon ausgehend charakterisiert Lewis bestimmte Geister als „peripher" (2003: 27): Sie spielen keine direkte Rolle bei der Bewahrung des moralischen Codes der Gesellschaft, oft wird ihr Ursprung außerhalb der Gesellschaft verortet, z.B. in einer feindlich gesinnten Nachbarschaft, und ihre „Opfer" sind häufig Frauen und andere Personengruppen, die nach Lewis eine periphere Position in der Gesellschaft einnehmen. Personen, in deren Körper sich periphere Geister inkorporieren, werden von der Gesellschaft als krank angesehen und müssen behandelt werden. Lewis stellt den peripheren Kulten, die eine nur begrenzte und auf wenige Funktionen spezialisierte Rolle haben, so genannten „zentralen Besessenheitsreligionen“ gegenüber, die er als hoch moralisierende Systeme beschreibt (2003: 29). Lewis nennt hierbei zwei unterschiedliche Gruppen von Geistern: Ahnengeister und Geister, die sich zu autonomen Göttern entwickelt haben. In beiden Fällen sind Priester oder Schamanen dafür zuständig, mit diesen Geistern zu kommunizieren, die Störungen zu diagnostizieren und zu behandeln. Aufgrund dieser Verantwortung erhalten die Schamanen und Priester eine gehobene soziale Position und werden, wie Lewis betont, zum „omni-competent leader“.

Lewis' Gegenüberstellung von peripheren und zentralen Kulten innerhalb ekstatischer Religionen wird bis heute weitgehend befolgt. Er differenzierte zwar hinsichtlich der Geschlechterzuteilung (siehe z. B. seine Ausführung im Vorwort, Lewis 2003: XX), aber dennoch regte sich einige Kritik aus der feministischen Perspektive. So hat Janice Boddy in *Wombs and Alien Spirits* (1989) eines der Beispiele von Lewis für einen peripheren Kult, den Zar-Kult, untersucht und kam zu einer anderen Schlussfolgerung. Während Lewis die Manifestation der Zar-Geister in muslimischen Frauen in Somalia als Rache der Frauen gegen ihre Unterdrückung durch die Männer betrachtet (Lewis 2003: 67–71), widerspricht Boddy der dieser Interpretation zugrunde liegenden Kategorisierung, die Frauen als periphere Randgruppe der Gesellschaft versteht. Ohne diese Grundannahme allerdings fehlt nach Boddy jegliche Begründung, warum die Inkorporation der Zar-Geister eine Form des Protests sein soll, welcher Individuen ohne politischen Einfluss befähige, sich temporär aus ihrer Randposition zu erheben und Macht auszuüben. Boddy interpretiert den Zar-Kult dagegen als Privileg der Frauen (1989: 140) und beschreibt ihn als „counter hegemonic“ für Frauen in einer von Männern dominierten Gesellschaft. Der Zar-Kult helfe den Frauen, sich der als Last empfundenen Pflicht, Kinder zu gebären, zu widersetzen. Außerdem verhelfe er ihnen zu einer Art Individualisierung, denn die Manifestation der Zar-Geister fordere geistige Freiheit (free-thinking) und stärke das kritische Denken und somit das Selbstbewusstsein. Boddy fordert daher, dass wir das untersuchen sollen, was Frauen tun und nicht das, was ihnen untersagt wird, denn dann würden wir sie als aktiv Handelnde und nicht als passive, unterdrückte Wesen am Rande der Gesellschaft wahrnehmen (Boddy 1994: 416). Susan Starr Sered folgt Boddys Argumentationskette und zeigt in ihrer Studie über religiöse Frauenrollen (*Priestess, Mother, Sacred Sister*, 1994), dass die Frauen durchaus säkulare Alternativen gehabt, sich aber für die religiöse Aktivität entschieden hätten (Sered 1994: 65). Sered kritisiert somit vehement die Theorie der grundsätzlichen Benachteiligung (*deprivation*) der Frauen, die weibliche

Aktivitäten stets negativ oder falsch beurteilen würde. So gingen Studien dieser Schule stets davon aus, dass die weibliche Religiosität Ausdruck der Frustration sei. Das sei aber nicht der Fall, wie Sered anhand von zwölf Beispielen, in denen Frauen eine dominierende Rolle in der Religion ausüben, zeigt. In beiden Fällen stellt sich allerdings die Frage, inwieweit sich die Autorinnen bei ihren Analysen von ihren eigenen Positionen als westliche, moderne und emanzipierte Frauen beeinflussen ließen und ihre eigenen Vorstellungen auf die Frauen übertrugen (siehe auch Lewis 2003: XI). So kritisiert Mary Keller an Sered, der sie davon abgesehen beipflichtet, die Betonung der Wahlfreiheit im Sinne von individueller Kontrolle über die gesellschaftliche und religiöse Position, die auf dem Subjektivitätskonzept der Aufklärung beruhe (Keller 2002: 55). Keller selbst argumentiert gegen die Vorstellung von autonomen Agenten und betont die Rolle der Gemeinschaft. Erst durch die Gemeinschaft gewinne ein besessener Körper Macht, ohne sie existiere er nicht. Keller beschreibt in *The Hammer and The Flute* (2002) besessene Körper als *instrumental agency,* um damit den doppelten Charakter des besessenen Körpers zu betonen. So wie sich ein Hammer auch nicht von alleine bewege oder eine Flöte von alleine spiele, gerate auch ein besessener Körper nicht von alleine in diesen Zustand. "Like a flute, hammer, or horse the possessed body is crafted, tempered, and trained such that it can be played, wielded, or ridden to do work for the possessing agency" (Keller 2002: 75). Der Begriff *instrumental* verweist darauf, dass die Körper gewissermaßen als Geräte oder Werkzeuge für die sich manifestierenden Agenten dienen, allerdings nicht passiv, sondern mit aktiven Zügen (so kann sich ein Körper gegen die Manifestation wehren). Ein besessener Körper hat im Zustand der Manifestation mit ambivalenten Kräften zu kämpfen und muss sich damit auseinandersetzen. *Agency* betont die aktive Tätigkeit des Körpers. Der Körper wird nicht als Agent betrachtet, sondern im Handlungsprozess während einer aktiven Tätigkeit gesehen (Keller 2002: 75–78). Keller beschreibt hier ein Paradoxon als Hauptkriterium von Besessenheit: einen aktiven Körper im Zustand der (passiven) Benutzung. Wenngleich Keller keine ethnografische Fallstudie anbietet, sondern ihren Ansatz anhand von Literaturstudien diskutiert, lenkt sie unsere Aufmerksamkeit doch auf einen wichtigen Aspekt für die Analyse der religiösen Manifestationen, und zwar auf den Körper, der in den vorherigen Interpretationen nicht berücksichtigt wurde. Dabei ist die Manifestation lediglich ein Aspekt des Körpers in einem religiösen Kontext. Keller verweist daneben auf den kopfbedeckten, den beschnittenen, den betenden und den heiratenden Körper (2002: 228). Obwohl Ethnologen durchaus Körper erforscht haben – ich habe am Anfang des Kapitels bereits auf die Studien von Mauss und Douglas hingewiesen –, so war der Fokus zunächst nur auf die symbolische Repräsentation gerichtet (Asad 1997: 43). Ethnologen versuchten, Körpersymbole zu entschlüsseln, basierend auf der Vorstellung, dass Symbole ihre Bedeutung im Zusammenhang mit den sozialen Praktiken des Körpers erhalten. Allerdings ist, wie Asad betont, das Wissen des Körpers über die „reale“ Welt nicht von den Symbolen abhängig. Hier schließt sich Asad den Ausführungen von Mauss an, der den menschlichen Körper ebenfalls nicht als passiven Empfänger kultureller Eindrücke oder gar als aktive Wurzel natürlicher Ausdrücke auffasste, sondern – wie Asad schreibt – „as the self-developable means for achieving a range of human objects – from styles of physical movements (for example, walking), through modes of emotional being (for example, composure), to kinds of spiritual experience, (for example, mystical states)“ (Asad 1997: 47–48). Aber inwieweit beeinflusst nun der physische Körper die religiöse Erfahrung? Lewis Unterscheidung zwischen peripheren und zentralen Kulten wurde oftmals als Diskriminierung der weiblichen Religiosität kritisiert, da Lewis hauptsächlich Frauen in die marginale Randposition der Gesellschaft drängte und Männer als im Zentrum der Macht stehend beschrieb. Folglich lag der Schluss nahe, periphere Kulte mit Frauen und zentrale Kulte mit Männern gleichzusetzen. Lewis widerspricht allerdings dieser Deutung seiner Ausführungen und schreibt, dass er keineswegs die Grenzen zwischen beiden Kultformen anhand des Geschlechts gezogen habe, sondern anhand der sozialen Stellung (z. B. im Vorwort der dritten Auflage, 2003: xx). Aber auch wenn (theoretisch) die Besessenheit und die Trance keineswegs geschlechtlich zu verstehen sind, d. h. nicht zu den ausschließlich weiblichen physischen Erfahrungen gehörten, fällt bei einem Studium der Literatur über Besessenheitsphänomene auf, wie häufig Frauen im Moment der Inkorporation von Geistwesen beschrieben werden und wie selten Männer. Anderseits werden häufiger männliche Priester befragt als weibliche. Zum einen liegt es vermutlich am Geschlecht der Forscher, da lange Zeit männliche Ethnologen die Feldforschung und damit auch die ethnografischen Publikationen dominierten. So wurde über die religiösen Erfahrungen von Frauen häufig aus männlicher Perspektive geschrieben. Durre S. Ahmed kritisiert beispielsweise, dass wir noch heute gewohnt sind, Frauen und Religion aus einem männlichen Blickwinkel zu betrachtet, der aus der westlichen intellektuellen Tradition stamme (Ahmed 1997). Und gerade die Erforschung religiöser Erfahrungen gehört, wie bereits beschrieben, zu einem äußerst privaten Bereich, dessen Untersuchung nicht einfach ist, vor allem über Geschlechtergrenzen hinweg. Ahmeds Kritik geht aber weiter, denn sie schließt auch Forscherinnen mit ein, die dem dominanten Diskurs folgen und ebenfalls in der männlichen intellektuellen Argumentationstradition stehen. Auf gewisse Weise fallen auch Boddy und Sered darunter, da sie – trotz einer bewusst feministischen Annäherung an das Thema – doch der westlichen Vorstellung von Subjekt und Religion folgen und damit Kategorien der Aufklärung kritiklos übernehmen. Keller, die dem in einer postkolonialen Weise widerspricht, sammelt dagegen keine eigenen Daten, sondern zieht lediglich Daten aus anderen Forschungen heran – ebenfalls eine westliche Methode. Vielleicht liegt das Problem bereits in dem Begriff Ekstase. Es stammt vom griechischen Wort ekstasis ab, hat allerdings einen Bedeutungswandel durchlaufen. So übersetzt Zinser es zunächst mit Ortsveränderung, dann mit Nicht-bei-sich-sein oder Außer-sich-sein und mit körperliche Verrenkungen. Anfang des 20. Jahrhundert wurde es dann mit einem abnormalen Zustand des Geistes assoziiert. Nach Zinser betont die Herleitung der Ekstase bereits das unfreiwillige Element und den Verlust der Herrschaft über sich selbst (Zinser 1988: 276-277). D. h. in dem Begriff sind bereits negative Konnotationen enthalten, welche die religiösen Erfahrungen in eine Randposition abdrängen. Wie kann sich der Körper aus dieser Falle befreien? Sarah Coakley kritisiert an Ethnografien, dass sie „still image that bodies provide us with [...] a ‚natural' dictum of uncontentious physicality upon which religious traditions have then spun their various interpretations" (Coakly 1997: 3). Um religiöse Manifestationen verstehen zu können, müssen die Kategorien verändert werden. Statt den Körper nur in der Gesellschaft zu lokalisieren, und z. B. nur hinsichtlich der sozialen Bedeutung zu analysieren, sollte beispielsweise auch die andere Ebene – oder, mit Samuels Worten, der als anders betrachtete Modus von Wesen oder Existenz (Samuel 1990: 107) – berücksichtigt werden. Die Manifestation anderer Wesen im menschlichen Körper bietet Zugang zu lokalen Interpretationen von sozialen und politischen Ereignissen. Sie erlaubt, wie Michael Lambek betont, die Koexistenz von eigentlich inkompatiblen Ideologien, ohne eine von beiden zu verdrängen (Lambek 1980: 322). An dieser Stelle komme ich erneut auf Viveiros de Castro und sein Konzept des Perspektivismus als indigene Theorie zurück (siehe auch im Geschichtsüberblick im ersten Teil). Viveiros de Castro illustriert anhand der unterschiedlichen Betrachtungsweisen von Menschen, Tieren und anderen Wesen die Bedeutung, neben unserer eigenen Wahrnehmung bereit zu sein, auch andere Perspektiven, andere Formen der Wahrnehmung in die Interpretation einzubeziehen. Nach Viveiros de Castro können nur Schamanen die innere Gestalt der verschiedenen Wesen wahrnehmen können. Auch wenn wir als außenstehende Beobachter diese innere Gestalt nicht erkennen können, so können wir doch versuchen zu verstehen, was Schamanen sehen.

Anmerkungen

1 An dieser Stelle möchte ich eine kleine Warnung vor der ausschließlichen Verwendung von Sekundärliteratur einschieben. Mitunter kann es passieren, dass Autoren Fehler machen. So ist Bowie bei der Übertragung von Bells sechs Kategorien ein Tippfehler unterlaufen, und statt „life cyle“ schreibt sie „life crisis“. Es handelt sich zwar nur um einen kleinen Fehler, der allerdings eine leichte Verschiebung in der Gewichtung der Übergangsriten bewirkt. Ich warne deshalb davor, sich auf Zusammenfassungen zu verlassen und empfehle die Überprüfung anhand der Originalquellen.

2 Nach Bell war van Gennep der erste Ritualtheoretiker, der seine Theorie nicht auf Opferriten aufbaute, sondern auf Übergangsriten.

3 Analog zu der französischen Richtung entstand auch in Deutschland, ausgehend von der Beschäftigung mit dem Ludischen, ein vielverzweigter Bereich, der sich mit kulturellen Inszenierungen im weitesten Sinne beschäftigt und gewissermaßen eine performative Wende (Klaus Peter Köpping, 1998) in der Ethnologie bewirkte (siehe dazu u. a. die Aufsätze in Münzel/Schmidt (Hrsg.) 1998).

4 Tom Driver vertritt einen ähnlichen Ansatz zu Ritual, betont allerdings stärker als Bell die transformativen Kennzeichen der Rituale (siehe Driver 1998).

5 Bell definiert Ritualisierung, den Kernbegriff in ihrer Theorie, als „a way of acting that is designed and orchestrated to distinguish and privilege what is being done in comparison to other, usually more quotidian, activities“ (Bell 1992: 74). Hughes-Freeland und Crain sehen in der Verwendung des Begriffs von Ritualisierung (in Anlehnung an Bell) eine Möglichkeit, sich anstelle der Behandlung des Rituals an sich stärker mit dem prozessualen Aspekt von Ritualhandlungen auseinanderzusetzen (siehe Hughes-Freeland/Crain 1998). Driver verortet Ritualisierung dagegen aus der Biologie kommend als etwas, das Menschen (genau wie Tiere) machen (siehe Driver 1998: 15).

6 Eine weitere Richtung von Ritualstudien blickt auf Rituale aus einer philosophischen Perspektive. Es geht den Vertretern nicht um rituelle Handlungen oder die Art und Weise, wie Menschen sich in Ritualen verhalten und bewegen, sondern um die Gedankenkonzepte, die mit der Durchführung des Rituals verbunden sind (siehe z. B. Schilbrack 2004).

7 Während Otto von der deutschen Religionswissenschaft weitgehend ignoriert und lediglich von einigen Religionsethnologen rezipiert wird, wird sein Werk im angelsächsischen Sprachraum weiterhin gern gelesen, bietet es doch eine Alternative zum funktionalistischen Reduktionismus. So verweist Ninian Smart bei der Beschreibung der Dimensionen von Religion auf Otto (siehe z. B. Smart 1993: 13).

8 Leider gibt es noch kaum Anwendungen der Theorie auf die Ethnografie, so dass sich erst noch herausstellen wird, ob die Theaterethnologie der dialogischen Methodik treu bleiben wird und die emische Sichtweise einbezieht oder ob sie sich zu einer eurozentrischen Selbstfindung entwickeln wird wie die Ethnopoesie.

9 Die Etymologie ist allerdings weiterhin ungeklärt, wie Zinser schreibt (1991: 18). Mitunter wird es auch aus anderen Sprachen abgeleitet, z. B. Pali, Sanskrit oder Chinesisch (Bowie 2006: 181, Bystřina 1991: 185). Übereinstimmend wird allerdings auf Asien verwiesen sowie auf die ursprüngliche Bedeutung eines religiösen Spezialisten.

10 Siehe auch Alred Stolz 1988 für eine Beschreibung der Paraphernalia von sibirischen Schamanen, Hans Findeisen 1983 für Beschreibungen der arktischen Schamaneninitiation und Oppitz 1991 über die Schamanentrommel.

11 Allerdings kann die Person des Schamanen auch wegfallen, ohne dass das System zusam-

menbricht, wie Bowie mit Verweis auf die stalinistische Phase der Sowjetunion schreibt (Bowie 2006: 181).

12 Laut Zinser liegt die Faszination an dem Buch u. a. an „Eliades Empfehlung der Ekstase und damit die Wiedereinsetzung dessen, was die europäische Aufklärung hatte aufbrechen wollen“ (Zinser 1991: 18).

13 Siehe auch Kalweit 1998 mit einem Anwendungsbeispiel aus seiner Praxis.

14 Siehe auch Kramers Interpretation des Zar-Kultes als Aneignung des Fremden (Kramer 1987).

Weiterführende Literatur

An dieser Stelle folgen wiederum einige neuere Werke, die sich mit den vorgestellten Themen beschäftigen.

Bell, Catherine. 1992. *Ritual Theory, Ritual Practice*. New York: Oxford University Press.
Bell, Catherine. 1997. *Ritual: Perspective and Dimension*. New York/Oxford: Oxford University Press.
Beide Bücher zusammen bieten einen guten Überblick über die Debatte um Ritualtheorien. Im zweiten Buch werden neben den Literaturstudien auch Auszüge ihrer eigenen Untersuchungen (u. a. in China) angeführt, welche die Argumentationen anschaulicher illustrieren.

Blain, Jenny. 2002. *Nine Worlds of Seid-Magic: Ecstasy and Neo-Shamanism in North European Paganism*. London/New York: Routledge.
Die Autorin, die sich selbst als praktizierende Schamanin und Ethnografin bezeichnet, präsentiert einen interessanten Einblick in eine neo-schamanistische Bewegung, die auf nordischen Traditionen beruht. Aufgrund der zahlreichen Ausschnitte aus Interviews und Beschreibungen von Ritualen wird die Lebendigkeit der *Seiðr*, d. h. der schamanistischen Praktiken, deutlich.

Hüwelmeier, Gertrud. *Närrinnen Gottes. Lebenswelten von Ordensfrauen*. Münster: Waxmann, 2004.
Die Autorin präsentiert in dieser Ethnografie einen interessanten Einblick in die Welt eines Frauenordens im Westerwald. Insbesondere durch die zahlreichen Auszüge aus den Interviews werden die Frauen und ihre Erfahrungen anschaulich vorgestellt.

Jakobsen, Merete Demant. 1999. *Shamanism: Traditional and Contemporary Approaches to the Mastery of Spirits and Healing*. New York/Oxford: Berghahn Books.
In diesem Buch stellt die Autorin den traditionellen Schamanismus, wie er in Grönland praktiziert wurde, dem westlichen Neo-Schamanismus gegenüber. Ihr Hauptaugenmerk liegt dabei auf den schamanistischen Praktiken, die in Workshops gelehrt werden und vor allem psychotherapeutische Wirkung haben.

Johnson, Paul C. 2005 (2002). *Secrets, Gossip, and Gods: The Transformation of Brazilian Candomble*. Oxford: Oxford University Press.
Der Autor untersucht in diesem Buch die rituellen Praktiken im Candomblé, u. a. Initiationsriten, die lange im Verborgenen praktiziert wurden und auch heute noch nicht allgemein öffentlich praktiziert werden. Er diskutiert außerdem, wie es möglich ist, trotz der Geheimhaltung Macht und Legitimität zu erhalten.

Meyer, Birgit. 1999. *Translating the Devil. Religion and Modernity amont the Ewe in Ghana.* Edinburgh: Edinburgh University Press.
Diese Ethnografie bieten einen faszinierenden Einblick in die Auseinandersetzung des Christentums (vor allem der Evangelical Presbyterian Church) mit anderen religiösen Traditionen in Ghana, u. a. mit traditionellen Hexereivorstellungen und der modernen Pfingstbewegung. Insbesondere der Schwerpunkt auf Teufelsvorstellungen bei den Ewe macht dieses Buch für die Religionsethnologie interessant.

Parés, Luis Nicolau. 2006. *A Formação do Candomblé. História e Ritual da Nação Jeje na Bahia.* Campinas: Editora da Unicamp.
Diese neue Monografie über Candomblé basiert auf einer siebenjährigen Feldforschung über die historische Erinnerung in zwei Candomblé-Tempeln in Bahia. Der Autor blickt vor allem auf die Konstruktion von Identität sowie auf den Formationsprozess der afrobrasiliansichen Religion. Es ist eine interessante Arbeit, die Geschichte und Ethnografie miteinander verbindet.

Schilbrack, Kevin (Hrsg.). 2004. *Thinking through Rituals: Philosophical Perspectives.* London: Routledge.
Dieses Buch bietet einen guten Einblick in die philosophischen Debatten um Ritual und Ritualtheorien. Einige der Autoren präsentieren in ihren Beiträgen auch ethnografische Beispiele, die das Verständnis von mitunter komplexen Argumentationsketten erleichtern.

Thiele, Maria Elisabeth. 2006. *Trickster, Transvestiten und Ciganas: Pombagira und die Erotik in den afrobrasilianischen Religionen.* Leipzig: Universitätsverlag.
In diesem Buch wird eine in der Literatur selten behandelte Figur, die Pombagira, vorgestellt und im Kontext von Ekstase und Sexualität diskutiert. Die Arbeit führt sensibel an das Thema heran und behandelt mittels Tagebucheintragungen auch Reaktionen der Autorin auf die Beobachtungen in Brasilien.

Religion und Gesellschaft

„Die Migration [...] kann, wie Grinberg und Grinberg schreiben, das Individuum in einen Zustand von Desorganisation versetzen, der wiederum Stress verursachen kann. Die beiden Psychoanalytiker und Migrationsforscher bezeichnen daher die Migration als eine potenziell traumatische Erfahrung, ‚die durch eine Reihe von potentiellen traumatischen Ereignissen gekennzeichnet ist und zugleich eine Krisensituation bildet' (1990: 14). Damit kennzeichnen die beiden Autoren keineswegs jede Migration als eine traumatisierende Erfahrung, [...] nicht die Migration an sich [wirkt] traumatisierend [...]. Erst die [...] Belastungen, der die Migranten und Migrantinnen ausgesetzt sind, bringen sie in eine vulnerablere Lage, in der gesundheitliche Probleme entstehen können (Verwey 2001:253, mit Verweis auf P. Bollini). [...] So erleben viele karibische Migranten und Migrantinnen in der Fremde eine berufliche Dequalifikation mit sozialer Exklusion. Sie finden nur eine beruflich niedrige Stellung mit schlechter Entlohnung und werden wegen Sprache, Herkunft und vor allem Hautfarbe diskriminiert und an den Rand der Gesellschaft gedrängt. [...] Ein Weg, die soziale Exklusion zu verarbeiten und zu bewältigen, ist häufig eine Re-Ethnisierung (vgl. Schiffauer 1988 in Bezug auf türkische Migranten in Deutschland), die mit einer Umkehrung der negativen Bewertung der Eigenschaften und Fähigkeiten ins extreme Gegenteil oder gar mit einer Hinwendung zu religiösen Glaubenstraditionen verbunden sein kann. Die mit nicht-westlicher Medizin und Psychotherapie verbundene Religion stellt dabei neben kulturellen Bezugspunkten auch therapeutische Hilfe in konkreten Problemlagen [...]." (Schmidt 2005: 202–203)

Am Anfang meiner Forschung über karibische Religionen in New York City war ich erstaunt, wie heterogen viele Gemeinschaften zusammengesetzt waren. Ein New Yorker Vodou-Tempel ist zwar weiterhin in erster Linie eine Umgebung für haitianische Migranten, die dort den Stress der Migration hinter sich lassen können (wenn auch nur für einige Momente). Daneben traf ich allerdings auch andere Personengruppen in den Tempeln an, u. a. Nachkommen der früheren Migrantengenerationen, welche die Religionen in der Heimat nachdrücklich abgelehnt hatten. Während sich politische Flüchtlinge aus der haitianischen Oberschicht nachdrücklich von Vodou distanzierten, erleben sie nun, dass ihre Kinder Fragen nach Vodou stellen und sich nach und nach dieser Religion annähern. Stand für die Eltern bei ihrer Ankunft die Integration in die neue Gesellschaft, d.h. die kritiklose Anpassung an die US-amerikanische Mainstream-Kultur im Vordergrund, so ist für ihre Kinder der Besuch in einem Vodou-Tempel eine Möglichkeit, etwas über die Heimat der Eltern zu lernen und ihre Andersartigkeit zu zelebrieren. Die politischen Flüchtlinge verdrängten, was an die haitianische Volkskultur erinnerte, ohne dabei zu verstehen, dass eine rapide Assimilierung die Gefahr birgt, die Nachkommen in die Traumatisierung ihrer Eltern zu verstricken (Verwey 2001: 255). Die nächste Generation versucht nun, die ambivalenten Erfahrungen als Haitian Americans zu kompensieren und sich von den Spannungen, unter denen die Eltern oder Großeltern leiden, zu befreien (siehe auch Drotbohm 2005 über Haitianer in Montreal). Bei diesem Prozess hilft die Zugehörigkeit zu einer Religion, deren exotisch schillerndes Bild mit faszinierender Musik und Tanz sogar Personen anderer kultureller Herkunft anzieht. „In diesem Sinn bedeutet Vodou für die Migrantinnen und Migranten mehr als eine Religion und auch mehr als eine Therapie: Vodou befähigt sie, ihre Situation zu bewältigen und wieder Einfluss auf ihr Leben und auf die Verbesserung ihrer Gesundheit zu nehmen.“ (Schmidt 2005: 207).

Diese Einleitung zeigt bereits, dass ich in diesem Kapitel aus einer völlig anderen Perspektive auf Religionen blicke. Ging es im ersten Kapitel um das Weltbild und im zweiten Kapitel um die Rituale, steht nun Religion im Kontext der Gesellschaft im Mittelpunkt. Es geht mir dabei nicht einfach um eine funktionale Analyse in der Tradition Durkheims. Vielmehr möchte ich zeigen, wie flexibel sich Religionen den Machtveränderungen und anderen Entwicklungen in der Vergangenheit angepasst und auf welche Weise koloniale Strukturen die heutigen Religionen beeinflusst haben. Ich möchte verdeutlichen, welche Bedeutung Religion im 21. Jahrhundert hat und wie stark neue gesellschaftliche und politische Entwicklungen die Religionen prägen. Im Unterschied zu den anderen beiden Kapiteln in diesem Teil des Buches biete ich keinen Überblick über die theoretische Debatte, sondern präsentiere ausgewählte Studien, um Anregungen für Forschungen zu geben. Ich beginne mit den kolonialen Prozessen und zeige den Einfluss von Machtstrukturen auf die Religion. Anschließend gehe ich am Beispiel afroamerikanischer Religionen auf den Diskurs über Synkretismus ein und biete eine neue Interpretation dieser Prozesse an. Im dritten Abschnitt stelle ich Theorien zur Säkularisierung vor und erkläre, warum auch das ein ethnologisches Thema ist. Anschließend behandle ich Religion und Identität und gehe u. a. auf die Bedeutung von Religionen im Kontext der Migration ein. Und im letzten Abschnitt geht es um Religionsformen im 21. Jahrhundert, u. a. um Fundamentalismus und Neue Religiöse Bewegungen (kurz NRM, New Religious Movements, genannt).

Religion im Kontext von Kolonialismus und Modernität

Der *colonial discourse* wird mit dem Werk von Peter Hulme assoziiert, ein Literaturwissenschaftler, der die europäische Eroberung Amerikas, vor allem der karibischen Inseln, anhand der europäischen Schriften (Reisebeschreibungen, Briefe und andere) untersuchte. In *Colonial Encounters: Europe and the Native Caribbean, 1492–1797* (1986) zeigt Hulme detailliert, auf welche Weise die Vorstellung vom Kannibalismus im europäischen Kolonialismus missbraucht wurde, sowohl für die Ausrottung der Bevölkerung als auch für die Konstruktion von ethnischen Grenzen.

Kannibalismus ist ein gewalttätiger Akt, dessen Erwähnung bereits Schrecken und Furcht auslöst. Um allerdings diese Reaktion verstehen zu können, ist es wichtig, Kannibalismus auf der Imaginationsebene zu betrachten, denn er wurde auf dieser Ebene während der europäischen Expansion dazu verwendet, das Andere und damit auf dialektische Weise auch das Eigene zu konstruieren. Bis heute ist der Kannibale Synonym für den wilden, unzivilisierten Menschen, den Europäer jenseits der Grenze europäischer Kultur verorten (Bartra 1997: 1). Natürlich gab es Kannibalismus wirklich. Eduardo Viveiros de Castro führt beispielsweise in seiner Ethnografie über die Araweté (eine Tupi-Guaraní-Gruppe im östlichen Amazonasgebiet) aus, dass der Kannibalismus eine zentrale Rolle in der Kosmologie der Amazonasindianer spielt (in *From the enemy's point of view*, 1992). Darin wird der Fremde durch den kannibalischen Akt in die Gemeinschaft inkorporiert und dadurch wiederum transformiert (1992: 303).[1] Hier geht es mir aber nicht um den ethnografischen Kannibalismus, sondern um den Kannibalismus in der europäischen Vorstellungswelt und die daraus entstandenen Konsequenzen für die indigene Bevölkerung. Kannibalismus wurde, wie Hulme schreibt, als Begründung für die Ausrottung von Ethnien angegeben, wobei lediglich die Indianer als Kannibalen bezeichnet wurden, die sich gegen die europäische „Zivilisation" wehrten und Widerstand gegen die Eroberung leisteten.[2] Je nach Etablierung der Unterschiede wurde die ethnische Identifizierung zu einer „self-fulfilling prophecy", und je nach Auftreten wurden die indigenen Bewohner entweder als Angehörige der friedvollen Ethnie oder als Kannibalen, d. h. als Angehörige der gewalttätigen Ethnie klassifiziert (Hulme 1986: 65–67). Nach Hulme gab es für die Klassifizierung keine ethnografische Begründung, sondern sie entstammte ausschließlich der europäischen Vorstellung über „Wilde", die Hulme bis auf Herodotus zurückführt. Hulme betont, dass Kolumbus mit Erzählungen über anthropophage Wilde zurückkommen musste, da seine Reise ihn außerhalb der Grenzen der europäischen Zivilisation brachte (1986: 85).[3] Obwohl wir von Hulme nichts über die ethnografische Realität erfahren, sind seine

Ausführungen über die europäische Vorstellungswelt interessant, besonders für die Beschäftigung mit fremden Glaubenssystemen, welche die Fremdheit – aus europäischer Sicht – ebenfalls in einer geradezu idealtypischen Weise symbolisieren. Vor allem afrokaribische Religionen wie Obeah, Santería und Vodou scheinen geradezu paradigmatisch für die Repräsentation des Fremden zu sein, wobei sowohl Tieropfer als auch die Besessenheit als Abgrenzungskriterien dienen, mitunter allerdings wird zur Ausschmückung auch Kannibalismus hinzugefügt (siehe Schmidt 2002b). Die heftige Reaktion, die Vodou bis heute bei Außenstehenden hervorruft, ist teilweise darauf zurückzuführen.[4] So existieren, wie ich bei meiner Forschung in New York feststellen musste, trotz der stark anwachsenden Zahl von Vodou-Gläubigen in New York noch immer zahlreiche stereotype Zerrbilder. „Nachbarn fühlen sich unbehaglich, wenn sie am Wochenende die ganze Nacht hindurch Trommeln, die für die Divination in afroamerikanischen Religionen sehr wichtig sind, aus dem Keller nebenan hören. Sie denken gleich an wilde Orgien, blutige Opfer und an Gewalttaten – und rufen die Polizei. Gerade die Divination, die Kommunikation mit dem Numinosen, ruft bei Außenstehenden immer wieder Angst hervor. Für die Religionsgemeinschaften wird die Suche nach geeigneten Räumen, wo sie die Zeremonien abhalten können, immer schwieriger. Auch der Besitz eines eigenen Hauses schützt nicht vor Polizeibesuchen." (Schmidt 2004b: 341). Diese negative Assoziation betrifft Haiti und Vodou bereits seit der Gründung des Staates 1804. Der Sieg über die als übermächtig angesehene französische Armee wurde von Anfang an mit Vodou in Verbindung gebracht. So verbreiteten sich kurz nach Beginn des Sklavenaufstands 1791 Gerüchte über „wilde Schwarze" und ihre grausamen Taten. Die Gerüchte eskalierten dann mit der Behauptung, dass der Anführer der Rebellion, Boukman, ein Vodou-Priester sei, der zu Beginn des Aufstands eine Vodou-Zeremonie durchgeführt habe. Diese Gerüchte bewirkten hysterische Reaktionen nicht nur in der Karibik (siehe Götz 1995 für Jamaika), sondern auch in den neugegründeten USA, wo Seemänner schwarzer Hautfarbe, jeglichen Standes und egal welcher ethnischen Herkunft, in den Häfen angekettet werden mussten, bevor die Schiffe einlaufen durften. 1814 erschien dann das erste schriftliche „Zeugnis" über den Beginn des Aufstands durch die Vodou-Zeremonie (*Histoire de la révolution de Saint-Domingue* von Antoine Dalmas). Heute wird die Zeremonie in haitianischen Schulbüchern als Beginn des Unabhängigkeitskampfes behandelt (obwohl einige Wissenschaftler bezweifeln, dass sie tatsächlich stattgefunden hat).[5] Im Verlauf des 19. Jahrhunderts wurde die Zeremonie literarisch immer mehr ausgeschmückt, bis schließlich auch kannibalische Akte eingefügt wurden. Sogar die ersten Zombie-Filme Hollywoods können letztendlich als Resultat der publikumswirksamen Beschreibungen der haitianischen Revolution betrachtet werden (siehe Schmidt 2001). Ihr Verkaufserfolg maß sich nicht an der ethnografischen Genauigkeit, sondern an der gekonnten Bestätigung europäischer Ängste: Versklavte Menschen schafften es, eine Armee, die Europa in Atem hielt, militärisch zu besiegen, obwohl sie als dessen unfähig betrachtet wurden. Ihr Erfolg wurde aus diesem Grund auf Gelbfieber, d. h. auf die Schwächung der Franzosen durch eine tropische Krankheit, oder aber auf übernatürliche Unterstützung auf Seiten der Sklaven zurückgeführt. In einer paradoxen Weise bestätigten europäische und nordamerikanische Autoren die Existenz und Wirksamkeit eines fremden Glaubenssystems, da sie deren Gläubige verachteten. In ihrer Rezeption hoben sie allerdings lediglich ausgewählte Aspekte hervor, um die erwünschte Wirkung der Ablehnung und Verachtung zu erzielen. Es ging nie um den eigentlichen Glaubenskomplex, sondern stets nur um die Konstruktion des Barbarischen, des absolut Fremden, d. h. um die Fortsetzung des kolonialen Diskurses, den Hulme für die Zeit der Eroberung beschrieb.

In Afrika verlief der Kolonialismus in anderen Bahnen, wie u. a. Jean und John Comaroff in ihren zahlreichen Publikationen beschreiben. Kolonialismus wurde oftmals als zusammenhängender monolithischer Block in der Wissenschaft behandelt, obgleich ein bereits oberflächlicher Blick auf die Entwicklungen in Amerika und Afrika zahlreiche Unterschiede offenbart. Heute wird Kolonialismus deshalb im historischen, kulturellen und sozialen Kontext untersucht, wobei gerade die Publikationen von Jean und John Comaroff deutlich zeigen, dass die Konstruktion von Kolonisierten und Kolonisten ein heterogener Prozess ist. Statt von hegemonialen Gruppen auszugehen, wird heute ein sehr viel differenzierteres Bild gezeichnet.[6] Interessant ist in dieser Hinsicht die Untersuchung über die Bedeutung der Religion der Kolonisten. Ezekiel Mphahlele wies bereits – bevor der koloniale Diskurs unsere Rezeption veränderte – darauf hin, dass das Christentum der Kolonisten nicht nur für die Glorifizierung der europäischen „Zivilisation" verantwortlich war, sondern auch für die Eroberung des schwarzen Geistes. Konsequenterweise fand der Protest gegen die Unterdrückung dann ebenfalls gegen das „Medium der Missionare" statt, trotz dessen Ohnmacht und Unzulänglichkeit (zitiert in Comaroff/Comaroff 1991: 4). Jean und John Comaroff zeigen, dass die Schaffung des modernen Südafrikas auf der Inbesitznahme der Zeichen und Symbole beruhte, und auf welche Weise diese geistige Kolonisierung von den christlichen Missionaren dominiert wurde. Ohne Wissen über die ambivalenten Spannungen im kolonialen Prozess kann die Entstehung von Kolonisierten und Kolonisten und das konfliktreiche Beziehungsgeflecht zwischen den Gruppen nicht verstanden werden (Comaroff/Comaroff 1992: 183).

Das Hauptaugenmerk der Comaroffs ist auf das Südafrika während der britischen Kolonisierung im 19. Jahrhundert gerichtet, d. h. auf eine Zeit, in der grundlegende Paradigmen, welche die Region bis heute prägen, konstruiert wurden. In *Ethnography and the Historical Imagination* (1992) untersuchen sie die britische koloniale Mission in Südafrika (1810–1840). Sie zeigen, wie die britischen Missionare, von denen viele aus ländlichen und durch die industrielle Revolution grundlegend veränderten Regionen Großbritanniens stammten, versuchten, eine ländliche Idylle als Modell für Afrika zu erschaffen (Comaroff/Comaroff 1992: 192). In Großbritannien verlor die Kirche während der industriellen Revolution an Macht und erstmals konnte ihre Autorität offen hinterfragt werden. Das Christentum war nicht mehr das automatische Bezugssystem in der Kultur und für die Kreation der Vorstellungswelt. “There was, however, no reason why a Kingdom of God could not be recreated elsewhere, and nowhere seemed better than the fringes of the European world” (Comaroff/Comaroff 1992: 193). Afrika wurde zu Beginn des 19. Jahrhunderts, unmittelbar vor der Berliner Konferenz, bei welcher der Kontinent unter den europäischen Mächten aufgeteilt wurde, als Vakuum verstanden, dessen Evangelisierung nach der Abschaffung des Sklavenhandels 1807 geradezu ein moralisches Mandat wäre, um die Ungerechtigkeit des Sklavenhandels auszugleichen. Im Besonderen die Nonkonformisten widersetzten sich dabei anfangs der Einmischung des Staates und der britischen Kolonialverwaltung. Ihr Ziel war die Schaffung eines neuen Königreichs Gottes auf Erden; nachdem der englische Garten verdorben worden war, sollte nun ein afrikanischer geschaffen werden – mit einer unabhängigen Bauernschaft und auf den Grundlagen der christlichen moralischen Werte. Sie verkannten, dass sie damit den Weg für das expandierende britische Imperium schufen. Zur Verdeutlichung, dass die Kolonisten keineswegs eine homogene Gruppe darstellten, zeigen Comaroff und Comaroff – basierend auf Archivmaterial der Missionsstationen –, dass zu dieser Zeit drei Formen des Kolonialismus Südafrika prägten: ein staatlicher Kolonialismus, mittels dessen die Kolonialverwaltung die Kolonisierten nach britischem Gesetz „befriedete“, der sich aber vor allem um Infrastruktur, Handel und andere äußere Aspekte kümmerte; ein Siedlerkolonialismus (das *Boer*-Modell), der von den Missionaren überaus negativ beschrieben wurde (die Siedler wurden als monströs beschrieben, ohne einen „wahren“ europäischen Geist); und ein zivilisierender Kolonialismus, der die indigene Bevölkerung evangelisieren und damit „zivilisieren“ wollte (Comaroff/Comaroff 1992: 198–201). Die Missionare sahen sich gewissermaßen als das Gewissen der Kolonialregierung, als ethischen Maßstab des britischen Imperiums, wobei sie die beginnenden Regulierungen des Arbeitsmarktes und die Konsequenzen der Schaffung rassistischer Kategorien, an der auch sie beteiligt waren, ignorierten. Wenngleich vereinzelt Missionare den Tswana im Kampf gegen die Buren sogar Waffen übergaben, ging es ihnen dabei stets um die Durchsetzung ihrer eigenen Vorstellungen. Ihre Vision von Afrika war, wie die Comaroffs schreiben, sowohl von dem Abolitionismusdiskurs geprägt wie auch von einem romantischen Naturalismus (1992: 221). Vorindustrielle Gesellschaften und ihre vermeintlich ländliche Einfachheit wurden gefeiert und ihre Verderbung durch Europa (z. B. durch die Sklaverei) beklagt. Aber nur der „heroische weiße Mann“ war ihrer Meinung nach in der Lage, dem entgegenzutreten und den Garten Eden zu retten. Die Tswana sowie ihre Vorstellungen und Erfahrungen wurden ignoriert. Die Kultur der Tswana hatte bis zum Anfang des 19. Jahrhunderts bereits große Veränderungen durchlaufen, und die Tswana sahen auf eine lange Geschichte von Interaktionen mit benachbarten Ethnien und europäischen Kolonisten zurück (1992: 237). Dennoch fällt der Beginn der Konstruktion einer modernen Tswana-Identität für die Comaroffs mit dem Eindringen der Missionare in das Gebiet der Tswana zusammen. Die Tswana entwickelten durch diese Konfrontation die Vorstellung von *sekgoa*, den europäischen Wegen, und *setswana*, den Tswana-Wegen, während vorher das Gemeinschaftsgefühl mittels kulturinhärenter Symbole (wie z. B. Totem) kreiert wurde (1992: 245). Schon bald lernten die Tswana, dass Begriffe wie z. B. Ahne unterschiedliche Bedeutungen in *sekgoa* und in *setswana* haben, auch wenn dafür das gleiche Wort verwendet wird. Diese Kolonisation der Sprache wurde – den Comaroffs zufolge – zu dem wichtigsten Aspekt der symbolischen Herrschaft, und Begriffe der Setswana-Sprache erhielten eine „Einfärbung“ getreu den Vorstellungen des christlichen Europas (1992: 252). Dadurch veränderte sich die symbolische Bedeutung von bestimmten Wörtern so grundlegend, dass es die Erforschung traditioneller Glaubensvorstellungen bis heute behindert. Setswana wurde gewissermaßen modernisiert, d. h. nach europäischen Vorstellungen christianisiert und dadurch kolonisiert.

Ein Blick auf Indien illustriert anschaulich, wie stark der Kolonialismus die Darstellung von Religionen beeinflusst hat und noch bis heute beeinflusst. So ist unsere heutige Vorstellung vom Hinduismus durch die britische Kolonialzeit geprägt. Allerdings wurde der Mythos der Homogenität in der Beschreibung fremder Religionen, den Richard King kritisiert (siehe Geschichtsüberblick im ersten Teil), nach dem Ende der britischen Kolonialherrschaft von indischer Seite unterstützt. Heute ist der Hinduismus deshalb – trotz eines großen westlichen Einflusses – keineswegs ein ausschließliches Produkt des westlichen Orientalismus (King 1999: 98).

Der Begriff *Hindoo* ist eine persische Ableitung des Sanskrit-Begriffs *sindhu*, der wiederum auf den Fluss Indus verweist, d. h. mit Hindoo wurden auf Persisch Personen bezeichnet, die in einer bestimmten Region lebten. Es war somit ein geografischer Begriff und nicht die Bezeichnung einer bestimmten Glaubensvorstellung. Erst im 19. Jahrhundert, d.h. während der britischen Kolonialzeit, erhielt der Hinduismus seine abstrakte Bedeutung, wenngleich noch ohne die religiöse Komponente. King verweist beispielsweise auf das Hindu-Heiratsgesetz von 1955, das Hindu nicht als religiöse Kategorie definiert, sondern jeden Inder einschloss, d.h. auch Buddhisten, Jains und Sikhs. Lediglich Muslime, Christen, Parsen und Juden wurden nachdrücklich ausgeschlossen. Ähnliches gilt für das Hindu-Erbschaftsgesetz von 1956, obgleich es eine religiöse Komponente enthält. Der Gesetzestext besagt, dass die Regeln auf alle Personen zutreffen, die nach Religionszugehörigkeit Hindu, Buddhisten, Jains oder Sikhs sind, sowie auf alle Personen, die nicht Muslime, Christen, Parsen oder Juden sind (Narayanan 1999: 26–27). Diese Definition reflektiert die historische Entwicklung in Indien. Vor der Unabhängigkeitswerdung 1947 gab es keine indische Nation, nur eine britische Kolonie. Daher wurde kein Begriff benötigt. Erst nach 1947 erhielt der Begriff Hinduismus eine politische Konnotation, da es nun wichtig war, eine gemeinsame Identität zu konstruieren. Die Erfindung des Wortes Hinduismus als Bezeichnung für eine singuläre Religion wurde deshalb, wie King ausführt, von dem Aufkommen eines nationalistischen Bewusstseins in Indien seit dem 19. Jahrhundert getragen. Dabei spielte auch die brahmanische Ideologie eine entscheidende Rolle, die ein abstraktes und einheitliches Denksystem für die überaus heterogenen religiösen Traditionen Indiens konstruieren wollte (King 1999: 98). Die Hindu-Religion ist ursprünglich eine traditionelle Religion mit oral überlieferten Traditionen, insbesondere den Veden. Die Veden existieren vermutlich seit 1500 vor Beginn der europäischen Zeitrechnung, wenngleich andere religiöse Praktiken vermutlich noch älter sind. Der Hinduismus kann, wie David Smith schreibt, als eine Gruppe (*cluster*) von Religionen angesehen werden, anstatt als singuläre Religion (Smith 2002: 15). Smith unterscheidet in der hinduistischen Philosophie zwischen *Brahman* als dem Absoluten, dem formlosen Bewusstsein, über das nichts Definitives gesagt werden kann, und den Göttern, wie beispielsweise Vishnu und Shiva. Der Dynamismus zwischen beiden Aspekten macht eine einfache Definition von Hinduismus unmöglich. Hinzu kommt, dass die vedischen Texte, die in Sanskrit verfasst sind, von der Kaste der Brahmanen, der intellektuellen und spirituellen Anführer, für sich allein in Anspruch genommen wurden. Erst unter britischer Herrschaft wuchs das Wissen über die Glaubensgrundlagen, nicht nur im Westen, wo die Texte aus dem Sanskrit übersetzt wurden, sondern auch in Indien (Smith 2002: 18).

Aus diesen Gründen darf heute nicht vergessen werden, dass der Hinduismus – obgleich das Wort Hinduismus eine Konstruktion der britischen Kolonialverwaltung ist – zur Realität wurde, für Nicht-Hindus und Hindus. Nach Smith verwenden besonders fundamentalistische Hindus in Indien diesen Begriff in seiner autoritären Definition zur Kennzeichnung der Unterschiede zum Islam (2002: 15). King dagegen betont, dass sich im Besonderen Personen indischer Abstammung außerhalb Indiens als Hindus bezeichneten. Mit Verweis auf van der Veer schreibt King, dass gerade diese Personengruppen heute eine Identität benötigten, um sich selbst zu beschreiben, um ihren Kindern von der Heimat zu berichten und um eine Grundlage für kollektive Aktionen zu schaffen. Damit rückt die Bezeichnung erneut auf eine andere Ebene: zuerst von geografisch zu religiös und nun zu nationalistisch. Heute wird mit Hindu eine transnationale Gemeinschaft bezeichnet, die aus in Indien lebenden Personen und der Diaspora besteht. Darüber hinaus bezeichnet Hinduismus allerdings auch ein komplexes Glaubenssystem, dem Personen angehören, die keine Hindus im ethnisch-nationalen Sinn sind.

Synkretismus als Widerstand gegen Unterdrückung

Die Ausführungen im vorherigen Abschnitt haben den hegemonialen Einfluss bei der Konstruktion religiöser Kategorien gezeigt. Es handelte sich hierbei stets um eine Auseinandersetzung mit der europäischen Moderne, die mittels der Kolonialisierung weltweit verbreitet wurde. Ein Spezialfall ist der Umgang mit Religionen, die erst aufgrund der europäischen Kolonisation entstanden sind, den afroamerikanischen Religionen. Obwohl auch hier die Herrschaft über religiöse Symbole und deren Bezugssysteme wichtig ist, gibt es daneben eine andere Lesart, welche die kreative Widerstandskraft hervorhebt. Es geht hierbei um das Überleben unter unmenschlichen Bedingungen, allerdings nicht so sehr das physische Überleben von Individuen, sondern vielmehr das geistige Überdauern kollektiver Vorstellungen. Charles Long unterscheidet – verweisend auf W. E. B. DuBois und seine Ausführungen zum *double consciousness* – einerseits zwischen der ökonomischen, politischen und linguistischen Hegemonie der Herren, die den Unterdrückten keinen Platz zum Ausleben ihrer Menschlichkeit ließ, und andererseits der Ebene der menschlichen Vorstellungswelt, der Religion. “The hegemony of the oppressors is understood as a myth – myth in the two major senses, as true and as fictive. It is true as a structure with which one must deal in a day-by-day manner if one is to preserve, but it is fictive as far as any ontological significance is concerned” (Long 1986: 170). Nach Long mussten die Sklaven, um überleben zu können, mit den Bedingungen der Sklaverei zurechtkommen, während sie sich ihr gleichzeitig widersetzten, u. a. durch die Schaffung einer anderen

Realität (1986: 177). Long sieht somit in den „Religionen der Unterdrückten" eine kreativen Sphäre mit einer utopischen und eschatologischen Dimension, in der die Herren-Sklaven-Dialektik aufgehoben ist. Während sich Long mit der religiösen Erfahrung von Afroamerikanern beschäftigt (z. B. Blues, Black Churches und Black Theology), schaue ich auf die Entwicklung in der Karibik und in Südamerika, wo die Erfahrungen der versklavten Afrikaner zur Gründung vielfältiger afroamerikanischer Religionen geführt hatten. Dabei geht es mir um die Bedeutung der Religionen bei der Bewahrung (oder Konstruktion) kollektiver Erinnerung während der gewalttätigen Ausbreitung der europäischen Moderne.[7] Danièle Hervieu-Léger interpretiert Religion als den Schlüssel zur Formation und Bewahrung von Identität. In *La Religion pour Mémoire* (1993, in Englisch 2000) schreibt sie beispielsweise, dass religiöse Erinnerung sowie jede andere Form der kollektiven Erinnerung durch Prozesse des Vergessens, Siebens und nachträglichen Erfindens geformt werden und überdauern (2000: 124).[8] Religionsgemeinschaften können unter Zuhilfenahme von Texten, Liturgien und ihrem architektonischen Erbe Erinnerungen bewahren, die für die Konstruktion der kollektiven Identität entscheidend sind (siehe auch Coleman/Collins 2004). Hervieu-Léger sieht daher die Mobilisierung der kollektiven Erinnerung, die wichtig für die Bewahrung des Zusammengehörigkeitsgefühls ist, als die zentrale Aufgabe von Religionen. Moderne Gesellschaften würden unter einer Art kollektiver Amnesie leiden und hätten mit dem Verlust der Fähigkeit, Erinnerung zu bewahren, auch den Zusammenhalt verloren. Dieses Vakuum erlaube die Entstehung zahlreicher Ersatzerinnerungen, die „Gefühlsgemeinschaften" (Hervieu-Léger 2000: 150) zur Kompensation des Verlusts schaffen. Um die veränderte Rolle der Religion in der postmodernen Gesellschaft zu verstehen, untersucht Hervieu-Léger in ihrem Buch individuelle Bekehrungserlebnisse sowie kollektive Zusammenkünfte mit anderen Gläubigen, denn beides, die individuelle und die kollektive Ebene, verschaffen uns Erkenntnisse über Religionen und über das, was sie bewahren. Während Hervieu-Léger damit gewissermaßen (indirekt) die zunehmende Verbreitung afroamerikanischer Religionen außerhalb ihrer ursprünglichen ethnischen Basis erklärt, gehe ich an dieser Stelle einen Schritt in die Geschichte zurück und blicke auf deren Entstehungsprozess. In der Regel werden afroamerikanische Religionen als synkretistisch beschrieben, d. h. ihre Entstehung wird als gewaltsame Vermischung einer dominanten christlichen Tradition mit unterdrückten afrikanischen Traditionen erklärt. Synkretismus allerdings beschreibt nur teilweise den Prozess und erklärt auch nicht die Bedeutung dessen, was vorhergegangen ist und bis heute passiert. Warum werden beispielsweise heute, über 100 Jahre nach dem Ende der Sklaverei, immer noch christliche Motive verwendet, wenn die Mischung lediglich aufgrund der Unterdrückung geschah?[9] Diese Kritik am Begriff soll natürlich nicht über die historischen Wurzeln hinwegtäuschen. Aufgrund der bereits beschriebenen Angst der Europäer vor der „spirituellen Macht“ der versklavten Afrikaner und ihrer Ignoranz gegenüber afrikanischen Kulturen wurde die Ausübung afrikanischer Glaubenspraktiken in den europäischen Kolonien in Amerika verboten und rigoros verfolgt. Die versklavten Menschen galten als kulturlos, religionslos und wurden als Objekte behandelt. Eine Ausnahme stellen europäische Kolonialherren dar, die sich als Vertreter der katholischen Kirche in Amerika betrachteten, denn es war eine bereits in Europa umgesetzte Regel, dass getaufte Sklaven das Recht hatten, ihren christlichen Glauben zu praktizieren. Folglich durften versklavte Afrikaner Feiern und Prozessionen zu Ehren katholischer Heiliger in den spanischen und portugiesischen Kolonien in Amerika organisieren. Sogar nachdem jegliche Versammlung außerhalb der Arbeit verboten worden war (im Anschluss an die zunehmenden Aufstände), bot die katholische Kirche den Sklaven einen kreativen Freiraum für kollektive Praktiken. Die Folge war die Identifizierung afrikanischer Götter und Geister mit den katholischen Heiligen: Changó wurde zur Heiligen Barbara, Ochún zur Jungfrau Maria und so weiter. Dennoch ist es zu einfach, diesen Prozess als simple Überschreibung afrikanischer Traditionen mit christlichen Motiven zu bezeichnen. Eine solche Manteltheorie ignoriert die Kreativität bei der Schaffung der neuen Religionssysteme und erklärt auch nicht, warum dieser Synkretismus nach Abschaffung der Sklaverei nicht nur überdauerte, sondern sogar jahrzehntelang zunahm.

Anstatt also von einer oberflächlichen Überlagerung zu sprechen, interpretiere ich die afroamerikanischen Religionen als *lieux de mémoire*, um ein Begriff von Pierre Nora (1998) in die Afroamerikanistik zu übertragen, d. h. als Erinnerungsorte. Nora verwendet den Begriff Erinnerungsort (bezugnehmend auf Frankreich) in einer symbolischen Weise nicht nur für konkrete Plätze, sondern auch für Romane, Lieder und Ideen, die alle kollektive Erinnerungen bewahren können (Nora 1984). Afroamerikanische Religionen haben es geschafft, die Erinnerung an Afrika in einer entsprechenden Weise zu bewahren, allerdings nicht an ein reales Afrika, sondern an ein utopisches (siehe auch Gilroy 1993: 189). Roger Bastide hat ebenfalls auf diese Kennzeichen afroamerikanischer Religionen hingewiesen und gezeigt, auf welche Weise afrobrasilianische Religionen Erinnerungen bewahrt und geholfen haben, die Lücken im kollektiven Gedächtnis der unterdrückten Menschen zu füllen (1970). Nach Bastide wurden Elemente allerdings nicht einfach adaptiert, sondern vielmehr in einem kreativen Gestaltungsprozess neu geordnet und zuweilen mit neuen Inhalten versehen. Die grundlegende Bedeutung wurde indes nicht verändert – ein Stuhl blieb weiterhin eine Sitzmöglichkeit, auch wenn ein Stuhlbein durch etwas völlig anderes ausgetauscht wurde (Bastide 1970: 100). Bastide bezog sich in diesen Aussagen auf Maurice Halbwachs und dessen Buch *Les cadres sociaux de la mémoire* (1925, auf Deutsch 1985). Halbwachs argumentiert darin, dass individuelle Erinnerungen nicht lange bewahrt werden könnten, dagegen im Gedächtnis einer Gruppe sogar Erinnerungen an frühere Lebenserfahrungen erhalten blieben. Bastide überträgt nun dieses Konzept auf afroamerikanische Gesellschaften, betont allerdings im Unterschied zu Halbwachs den lokalen Einfluss. Bastide argumentiert, dass der Prozess des Erinnerns nicht mechanisch ablaufe, sondern abhängig sei von der Situation, der Zeit und der Umgebung, und sich außerdem ständig erneuere. Zur Verdeutlichung dieser kontinuierlichen Bewegung nennt Bastide diesen Prozess *bricolage*, eine von Claude Lévi-Strauss in die Ethnologie eingeführte Bezeichnung als Metapher für das mythische Denken traditioneller Gesellschaften (1962). Mit Verweis auf Marcel Mauss nimmt Bastide allerdings eine andere Wendung. Nach Bastide hilft uns Bricolage, den Akkulturationsprozess zu verstehen. Bricolage bedeutet demnach keine spezielle Denkweise, sondern es kennzeichnet nach Bastide das kreative Re-Arrangement afrikanischer religiöser Rituale in Brasilien (1970: 97).

An dieser Stelle wird deutlich, warum die Manteltheorie die Schaffung der afroamerikanischen Religionen nicht erklärt. Die Einbindung christlicher Elemente war mehr als ein simpler Ersatz für die verbotenen afrikanischen Götter und Geister. Der Sklavenhandel verursachte Lücken im kollektiven Gedächtnis. Der Ahnenkult, eine in vielen afrikanischen Kulturen zentrale Praktik, brach ab; die Ausbildung von rituellen Spezialisten wurde verboten und damit die Weitergabe des Wissens über traditionelle Glaubensvorstellungen unterbunden. Die Ausübung kollektiver Praktiken und mit ihr die Ausbildung eines Gemeinschaftsgefühls, die für die Identitätskonstruktion wichtig ist, wurde unter Strafe gestellt. Als Ersatz dafür standen Praktiken des Volkskatholizismus zur Verfügung, kollektive Praktiken, die eine Gefühlsgemeinschaft (im Sinne von Hervieu-Léger) kreieren. Durch den Einschluss der christlichen Elemente wurden Lücken gefüllt, wobei sich diese Komponenten dadurch allerdings veränderten. Sie sind nun nicht mehr Teile des Volkskatholizismus, sondern der afroamerikanischen Religionen. Ein Beispiel soll diesen Prozess illustrieren. Im haitianischen Vodou wird Dãmbala mit dem Heiligen Patrick assoziiert. Die Manteltheorie erklärt diese Gleichsetzung allein ikonografisch. Dãmbala ist der Herr des Wassers, der über Flüsse, Quellen und Sümpfe herrscht. In der Yoruba-Mythologie wird er als Schlange repräsentiert, und von Dãmbala inkorporierte Personen bewegen sich schlangengleich auf dem Boden. Der Heilige Patrick dagegen hat Irland nach der Legende von Schlangen befreit, so dass er heute häufig mit Schlangen zu seinen Füßen abgebildet wird. Trotz inhaltlich gegensätzlicher Aussagen besteht somit dennoch eine oberflächliche Analogie. Joan Dayan widerspricht allerdings dieser Herleitung und führt eine andere Erklärung an, die sich auf inhaltliche Entsprechungen bezieht. Allerdings nennt Dayan diese Assoziation eine ungleiche Reziprozität zwischen den Göttern der Neuen Welt und den Heiligen der Alten Welt. Die Erfahrungen der Heiligen wurden in der katholischen Hagiografie minimiert und dann in karibische Erfahrungen transformiert. Dadurch sei der ursprünglichen eine andere narrative Bedeutung angehängt worden, wie beim Heiligen Patrick im Vodou erkennbar ist. Statt ihn als denjenigen zu verehren, der Irland christianisierte, wird sein Sieg über die Sklaverei zelebriert. Nach der Legende wurde der Heilige Patrick im Jahr 406 von irischen Piraten gefangen genommen und als Sklave nach Irland verkauft. Er konnte nach langem Leiden fliehen, kehrte dann aber wieder nach Irland zurück, da ihm im Traum der Auftrag erteilt wurde, Irland zu evangelisieren. In der Karibik wurde seine Lebensgeschichte dann als Geschichte der Sklaverei und der Wiedergeburt in Freiheit gelesen. "In St. Patrick's dual sea crossings, back and forth from bondage to escape, from one kind of freedom to another, Haitians remembered how their ancestors died into life, saved by descending into the waters and arriving reborn in Guinea" (Dayan 2003: 47). Dayan argumentiert, dass die Analogie zwischen dem Heiligen Patrick und Dãmbala eine tiefere, intimere Bedeutung ausdrücke als eine oberflächliche Adaption. Dãmbala symbolisiert sowohl die Schlange als auch den Geist, der aus dem Wasser aufsteigt. Er materialisiert durch seine Inkarnation ein abstraktes Verständnis des Kolonialrechts, welches die Dichotomie zwischen Herr und Sklave, Opfer und Täter, Kolonist und Kolonisierten zerstört, wie Dayan ausführt. So nachvollziehbar ihre Interpretation auch ist, es stellt sich mir die Frage, wie die damaligen Vodou-Gläubigen in Haiti, mehrheitlich ungebildete, des Schreibens unkundige Sklaven, von der Lebensgeschichte des Heiligen Patricks erfahren konnten. Sie sahen zwar die Bilder und Statuen in den Kirchen und Kapellen auf den Plantagen, nahmen aber an Gottesdiensten in der Regel nicht teil. Außerdem muss trotz der Analogien beachtet werden, dass es sich bei dem Heiligen Patrick und Dãmbala um zwei getrennte Wesen handelt. Abgesehen von der kurzen physischen Existenz während der Inkorporation in einem menschlichen Körper, werden die *lwa* im Vodou nicht als physische Wesen betrachtet. Sie sind folglich grundlegend anders als die katholischen Heiligen, die als Menschen eine physische Existenz hatten. Die Bilder katholischer Heiliger in Vodou-Tempeln repräsentieren geistige Wesen ohne eigentliche physische Existenz. Im Bild der Jungfrau Maria sehen Vodou-Gläubige Erzulie, eine sehr beliebte *lwa*, die Schönheit verkörpert und mit Liebe und Mütterlichkeit assoziiert wird. Und das Bild vom Heiligen Patrick symbolisiert Dãmbala, verantwortlich für

Glück und Wohlstand. In jeder Situation wissen die Gläubigen genau, ob sie nun den *lwa* oder den katholischen Heiligen ansprechen. Trotz der ikonografischen Mischung sind beide spirituellen Wesen voneinander unabhängig. Die Korrespondenz zwischen den afrikanischen und den christlichen Elementen symbolisiert eine tiefe Intimität zwischen den beiden Kategorien, aber keine hierarchische Machtbeziehung zwischen einem übergeordneten Christentum und einem untergeordneten Afrika. Die Heiligen verdecken auch nicht die afrikanischen Götter und Geister, sondern sie führen einen Dialog miteinander, den Pierre Pluchon grundsätzlich als eine kreolische Praktik beschreibt (zitiert nach Dayan 2003: 49). Afroamerikanische Religionen sind weder aus der Mischung von zwei Systemen entstanden noch in einem statischen Augenblick festgefahren. Sie basieren auf einer konstanten Neuanordnung von Elementen, je nach den Vorstellungen und Bedürfnissen der Anhänger, die mit unterschiedlichen Stimmen reden und sich mitunter sogar widersprechen. Auf diese Weise entwickelt sich eine afrokubanische Religion, die lange unter dem Namen Santería bekannt war, derzeit in verschiedene Richtungen. Kubanische und puertoricanische Gläubige betonen weiterhin die Kraft der Heiligen (daher der Name Santería – die Verehrung der Heiligen), während US-Amerikaner afrikanischer Herkunft die Orishas in den Mittelpunkt rücken und damit auf die Wurzeln der Yoruba-Religion zurückgreifen. Letztendlich ist dies aber einerlei. Es wird hier nicht eigentlich um die Bezeichnung oder um religiöse Kategorien gestritten, sondern vielmehr um die Macht der Priester. Die Gläubigen gehen mit diesen Streitigkeiten ungezwungener um als die Wissenschaftler, die gerne ein harmonisches Bild von der Religion, die sie erforschen, zeichnen möchten. Diese Harmonie entspricht aber nicht der Realität, die überaus polyfon (Schmidt 2002) und widersprüchlich sein kann.[10]

Religionen in säkularen Gesellschaften

Die Ausbreitung der europäischen Moderne verursachte nicht nur die beschriebenen gewalttätigen Auseinandersetzung zwischen Peripherie und Zentrum in den Randgebieten, deren Folgen die Darstellungsweise von Religionen, die Inhalte der Glaubenssysteme wie auch die Rezeption bis heute beeinflussen. Sie hat auch weitere Auswirkungen auf das Miteinander von Kulturen und Religionen, die oberflächlich betrachtet weniger gewalttätig erscheinen, aber unsere Gesellschaften grundlegend beeinflussen. In diesem Abschnitt betrachte ich Religion im Kontext von Modernisierung und diskutiere die Bedeutung, die Religionen in säkularen Gesellschaften haben. Dabei gehe ich hier vor allem auf die Säkularisierungsdebatte ein, bevor ich im nächsten Abschnitt die Rolle der Religion für die Identitätskonstruktion, vor allem im Kontext der Migration, untersuche.

Wir charakterisieren unsere industrialisierten Gesellschaften in der Regel als säkularisiert und gehen davon aus, dass Religionen im öffentlichen Leben keine Rolle mehr spielen, da die Gesellschaften auf der Trennung von Religion und Staat basieren. Das ist zumindest die weit verbreitete Grundannahme. Ein genauer Blick zeigt aber, dass der Säkularisierungsprozess keineswegs so geradlinig verläuft wie angenommen. Mit Säkularisierung wird im Allgemeinen, jedoch nicht immer, der Verlust an Macht, Prestige und Popularität von Religion bezeichnet, der die westlichen Gesellschaften auszeichnet. Nach der Säkularisierungsthese ist dieser Prozess keineswegs eine zufällige, sondern unbeabsichtigte Folge einer Vielfalt von komplexen Sozialveränderungen und – wie Steve Bruce schreibt – unwiderrufbar (Bruce 2006: 428).[11] Religionssoziologen untersuchen seit Beginn des 20. Jahrhunderts die Ursachen dieses Prozesses und haben eine Vielfalt von Erklärungen ermittelt, die Bruce das Säkularisierungsparadigma nennt (2006: 414). Ich stelle eine Auswahl dessen vor, bevor ich zeige, dass Religion auch in säkularen Gesellschaften soziale Funktionen erfüllen kann.

Peter Berger führt zwei unterschiedliche Argumente an, die aneinander gebunden sind (in *The Sacred Canopy,* 1967, auf Deutsch 1988). Er beginnt mit dem Gottesbild im Judentum und im Christentum. Nach Berger hat der Monotheismus die Rationalisierung des Westens herbeigeführt, denn während der polytheistische Kosmos direkte Interaktionen zwischen Menschen und Göttern ermöglichte, konnte der jüdische Gott nicht manipuliert werden, da er in der Ferne lokalisiert wurde. Die Welt, die er geschaffen hatte, besaß eine feste Ordnung, und die Menschen mussten lernen, seinen Geboten zu folgen. Berger sah diese Rationalisierung allerdings durch die katholische Kirche unterminiert, da der Kosmos zunehmend mit Engeln und halbgöttlichen Wesen ausgeschmückt wurde. Damit wurde der Grundsatz, dass das menschliche Verhalten durch einen ethischen Code reguliert wird, geschwächt. Hier setzt nun Bergers zweites Argument an, denn er schreibt, dass die Reformation mit ihrer antiritualistischen Haltung eine Kehrtwende bewirkte. Anstatt Gott mittels Ritualen und Sakramenten zu manipulieren, stellte die Reformation die ethische Rationalisierung wieder her (Bruce 2006: 414). Die Folge war, dass die Ethik vom Glauben an ein übernatürliches Wesen abgelöst wurde und sich alternative Rechtfertigungen als Basis für unsere säkulare Gesellschaft entwickelten.

Ein weiterer Faktor war die protestantische Ethik, auf die Max Weber (1864–1920) in *Die protestantische Ethik und der ‚Geist' des Kapitalismus* (1904/1905) einging. Weber wies darauf hin, dass die Reformation neue

Verhaltensweisen, vor allem gegenüber der Arbeit und der Akkumulation von Kapital, hervorbrachte. Während vorher fromme Menschen der Welt entrückt und in ein Kloster oder eine Einsiedelei eingetreten waren, befürworteten führende Vertreter der Reformation weltzugewandte Verhaltensweisen, um Gott zu dienen. So wurden die Menschen angehalten, ein christliches Leben zu führen und durch Fleiß der Versuchung zu widerstehen. Weber argumentiert, dass solche Lebensweisen dem aufkommenden rationalen Kapitalismus dienlich waren. Bruce schließt daraus, dass Wohlstand Religiosität schwächt (Bruce 2006: 416).

Der Aufstieg des Kapitalismus führte zur zunehmenden Industrialisierung der Gesellschaften. Die dadurch entwickelten Spezialisierungen bedingten, dass viele Aufgaben, die ursprünglich die Kirchen erfüllten, von anderen Institutionen übernommen wurden (Erziehung, Gesundheitswesen etc.). Dadurch verloren die Kirchen immer mehr an Einfluss.[12] Bryan Wilson nennt diesen Prozess, durch den die Menschen den Kontakt zur Religion verloren, *socielization* (Wilson 1966). Er argumentierte, dass Religion früher eine zentrale Rolle gespielt hatte, diese aber nun, im 20. Jahrhundert, verloren habe ("religious thinking, practice and institutions lose social significance", Wilson 1966: 14). Wilson schloss sich in dieser Hinsicht Weber an und sah die Säkularisierung hauptsächlich als ein Kennzeichen christlicher, vor allem protestantischer Staaten, wenngleich andere Länder, wie beispielsweise Japan, ebenfalls dieser Entwicklung folgten. Wilson charakterisierte den Westen als zunehmend rational denkend, was er als eine Folge des Modernisierungsprozesses ansah. Dadurch würde Religion ins Abseits gedrängt und aus dem öffentlichen Leben ausgeschlossen (siehe Fox 2005: 295). Wilson verband den Säkularisierungsprozess mit einer zunehmend mobilen, urbanen und unpersönlichen Gesellschaft, wobei es allerdings zu unterschiedlichen Entwicklungen kommen kann, wie Wilson anhand der Gegenüberstellung von den USA und Großbritannien verdeutlichte.

Die soziale Fragmentisierung der europäischen Gesellschaften hat allerdings auch noch eine andere Auswirkung, nämlich den Wandel der Religion selbst. Die Individualisierung förderte die fortschreitenden Kirchenteilungen, die wiederum zur Entwicklung neuer Glaubenssysteme und Erlösungswege führten. Während die Kirchenhierarchie die soziale Pyramide der feudalen Gesellschaft repräsentierte, bevorzugte die anwachsende Schicht von autonomen Bauern und Unternehmern eine demokratischere Religion und schloss sich mehr und mehr den Presbyterianern, Baptisten und Quäkern an (Bruce 2006: 417).

Die Industrialisierung führte außerdem zu einem Zuwachs an Ungleichheit, und die soziale Distanz zwischen den Schichten wurde stetig größer. Allerdings weist Bruce darauf hin, dass sich gleichzeitig die Haltung durchsetzte,

Menschen seien gleichwertig. Eine Person konnte unterschiedliche Positionen innerhalb der Gesellschaftshierachie einnehmen und dadurch unterschiedliches Prestige besitzen, wie Bruce an folgendem Beispiel illustriert: Während ein Minenarbeiter an seiner Arbeitstelle ausgebeutet und unterdrückt wurde, konnte er am Wochenende als Prediger dennoch eine angesehene soziale Position einnehmen.

Neben der Industrialisierung unterstützte die Modernisierung die zunehmende Säkularisierung, vor allem aufgrund der steigenden kulturellen Diversität. Bruce nennt drei Faktoren, welche die Diversität hervorriefen: die Migration, die Ausweitung der Nationalstaaten und die Klassenbildung aufgrund der wirtschaftlichen Modernisierung. Während Nationalstaaten versuchten, eine gemeinsame nationale Identität zu kreieren, wuchs gleichzeitig die religiöse und kulturelle Vielfalt in den Gesellschaften. Die Folge war, dass sich die Staaten zunehmend neutral verhalten mussten. Die religiösen, etablierten Institutionen wurden entweder abgeschafft oder neutralisiert. Kirchen erhielten zwar eine größere spirituelle Freiheit, rückten aber an den Rand des öffentlichen Lebens und verloren daher an Einfluss auf die Bevölkerung (Bruce 2006: 420). Religion wurde, wie Thomas Luckmann schreibt, zu einer Erscheinung der „Privatsphäre" (1991: 146). Gleichzeitig begann sich eine tolerantere Weltauffassung durchzusetzen und die Gesellschaften wurden in ihren Ansichten gegenüber anderen Glaubensvorstellungen pluraler und offener. Diese Toleranz allerdings schwächte erneut die Stellung der Religion und der Kirchen, so dass die Säkularisierung westlicher Gesellschaften heute nach Bruce nicht mehr rückgängig gemacht werden kann. Bruce argumentiert, dass Religion einen Platz in der Gesellschaft lediglich behaupten kann, wenn sie fähig ist, ein Gemeinschaftsgefühl zu entwickeln, dass nicht nur auf einer Verbindung der Menschen zum Übernatürlichen besteht, sondern die Individuen miteinander in Beziehung setzt (2006: 425). Als Beispiel führt Bruce den Kulturwandel, vor allem im Kontext der Migration, und die Bewahrung der Gruppenidentität, beispielsweise in Konfliktsituationen, an. Peter Berger sieht darin Anzeichen einer De-Säkularisierung der Gesellschaft, wobei er das Wiedererstarken der Religion vor allem in den USA festmacht (er erwähnt aber auch andere Länder) (Berger 2002: 292).

Die vorgestellten religionssoziologischen Erklärungen des Säkularisierungsprozesses blicken ausschließlich auf westliche Gesellschaften, hauptsächlich Nord- und Mitteleuropa. Religion steht gleichbedeutend für Christentum. Andere, ebenfalls industrialisierte Gesellschaften in Asien oder Südamerika wurden bei diesen Analysen ignoriert. Erst in den letzten Jahren verändert sich diese Grundhaltung. Judith Fox verweist als mögliche Ursache der Veränderung auf einen zunehmenden geschlechtersensiblen Zugang, welcher die steigende Abwendung von männlich-zentrierten, öffentlichen Religionen bewirkt haben könnte. "Individuals have moved towards private religious activity that is more 'female' in character, reflecting the increased value attached to 'the feminine' in the West" (Fox 2005: 302–303). So spekulativ diese These auch erscheinen mag, sie ist dennoch kaum weniger plausibel als einige der anderen Thesen, wie Fox schreibt. Mit Bezug auf Karl Poppers Astrologiebeispiel argumentiert sie, dass – folgt man Popper – weder die Astrologie noch die Säkularisierungstheorie als wissenschaftliche Theorie gelten können (2005: 303). Dennoch bedeute das nicht, dass die Säkularisierungstheorie völlig falsch sei, sondern lediglich, dass sie nicht überprüft werden könne.

Spätestens an dieser Stelle werden sich die Leser fragen, was das Ganze mit der Religionsethnologie zu tun habe. Da unser traditionelles Arbeitsgebiet außerhalb Europas liegt, begegnen uns in der Regel andere Gesellschaftstypen. Allerdings haben auch Brasilien, China, Japan, Südkorea sowie neuerdings auch Indien industrielle Gesellschaften. Anstatt aber der europäischen Entwicklung zu folgen, schreitet der Modernisierungsprozess in diesen Ländern auf einem anderen Pfad voran. Während Religionssoziologen heute die Zunahme von New-Age-Bewegungen im Westen untersuchen (z. B. Bruce 2002) und bei Säkularisierungsstudien zwischen institutionellen und nicht institutionellen Religionen trennen (Säkularisierung wird nun mit der Abnahme der Bedeutung religiöser Institutionen und der Zunahme individualisierter spiritueller Bewegungen verbunden), hinterfragen Ethnologen die Säkularisierungsthese bzw. die Bedeutung von Säkularisierung an sich. Wegweisend in dieser Debatte ist erneut Talal Asad, der bereits mit seiner ethnologischen Kritik am Religionsbegriff wichtige Impulse gab. Nach Asad reagieren Religionsforscher auf das Wiedererstarken der Religion sehr unterschiedlich. Zum einen werde dieses Wiederaufkommen begrüßt, da Religion eine dringend benötigte moralische Dimension in unsere Gesellschaften bringe. Zum anderen allerdings werde dieses Phänomen mit Sorge betrachtet, da es mit einer zunehmenden Irrationalität und Intoleranz einhergehe (Asad 2003: 1). So wird Religion zwar schon lange als Ursache von Gewalt angesehen; seit dem 11. September 2001 jedoch wird religiöse Gewalt nun meistens mit Islam gleichgesetzt, mitunter sogar mi dem Terror an sich. Alle anderen Formen von Terrorakten werden einfach ignoriert. Nach Asad basiert der Diskurs, der die Wurzeln des islamischen Terrorismus in den islamischen Schriften sieht, auf zwei Faktoren: Zum einen wird argumentiert, dass Muslime vom Koran geleitet und beeinflusst werden, und zum anderen, dass Christen und Juden die Bibel so interpretieren können, wie sie wollen (Asad 2003: 10–11). Diese Argumentationskette geht von zwei gegensätzlichen Positionen aus. Im ersten Fall wird der Text als bestimmend angesehen und mit der Macht versehen,

Glaubensvorstellungen auf die Leser übertragen zu können. Und im zweiten Fall werden die Leser als aktiv Handelnde betrachtet, welche die Bedeutung des Textes nach den sozialen Bedingungen konstruieren können, wobei der Text als passiv angesehen wird. Solche widersprüchlichen Grundannahmen unterstützen nur den orientalistischen Diskurs, wie Asad schreibt, helfen aber nicht weiter. Asad argumentiert, dass das Problem bereits im Verständnis von Modernität liege. Zwar betonten nun immer mehr den heterogenen Charakter unserer Gesellschaft, gingen aber weiterhin von einem integrierenden Wesen der Modernität aus. Wichtig sei dagegen zu untersuchen, wie die Idee der westlichen Moderne zu einem hegemonischen Konzept, zu einem politischen Ziel wurde, und welche Folgen dieser Anspruch hat.

In *Formations of the Secular* (2003) beschreibt Asad nun mit seiner *Anthropology of Secularism* ein neues Arbeitsfeld der Ethnologie. Er argumentiert, dass es wichtig für das Verstehen von Religion sowie für das Verstehen anderer Kulturen sei, auch das Säkulare zu untersuchen (2003: 22). Natürlich ist Asad nicht der erste Ethnologe, der sich mit dem Säkularen beschäftigt. Michael Taussig beispielsweise untersucht politische Institutionen und zeigt, dass auch moderne Staaten keineswegs grundlegend säkular sind (z. B. in *The Nervous System*, 1992). Asad betont allerdings, dass diese Studien keinesfalls das Säkulare an sich untersuchen, sondern versuchen, mythisches Denken in säkularen Gesellschaften zu ermitteln, d. h. der Fokus liegt auf der Untersuchung des Mythos und nicht auf der Untersuchung des Säkularen. Asad geht einen anderen Weg.

Das Wort Säkularismus wurde 1851 von George Jacob Holyoake eingeführt. Er wollte damit eine anti-theistische Alternative zum Atheismus-Konzept anbieten, da er Säkularismus nicht auf Atheismus aufbauen wollte, um liberale Theisten nicht auszuschließen (Asad 2003: 23–24, Fußnote 6). Asad definiert säkular als ein Konzept, dass bestimmte Verhaltensweisen, Wissen und Sensibilitäten gegenüber dem modernen Leben zusammenbringt. Säkular löst daher nicht Religion ab oder bricht mit dem Religiösen. Anstatt es als das Gegenteil von Religion zu beschreiben, können sich Religion und Säkulares auch überlappen. Asad betrachtet Säkularismus als politische Doktrin, die anderen Kulturen aufgezwungen wurde bzw. wird. So entwickelten sich traditionelle Kulturen nicht zu modernen Kulturen, sondern würden gezwungen oder überredet, sich selbst zu verändern (2003: 154). Es sei daher auch zu simpel, im Kern der Säkularisierung lediglich den Schutz der zivilen Freiheit vor religiöser Tyrannei zu verorten.

Asad kritisiert die Säkularisierungsthese, da sich die Kategorien Politik und Religion gegenseitig bedingen, wie er im Kontext der Formation des modernen Nationalismus zeigt. Gerade der Nationalstaat benötige klar definierte

Markierungen, die er klassifizieren und regulieren könne, wie beispielsweise Religion, Erziehung, Gesundheit, Freizeit, Arbeit, Gesetz und Krieg (Asad 2003: 201). Religion ist somit ein per Gesetz definierter Bereich in der Gesellschaft. Obwohl Religion durch das Säkulare als fremd und gegensätzlich betrachtet wird, wird sie gleichzeitig durch das Säkulare generiert. Asad definiert einen Staat als säkular, wenn dieser von der Grundhaltung ausgeht, dass Glaubenssysteme nicht gezwungen werden können. Religion bleibt solange von den politischen Autoritäten unbeachtet, wie sie im privaten Bereich verweilt, wobei allerdings die individuelle Freiheit es erlaubt, sich öffentlich zur Religion zu bekennen, sofern es nicht den öffentlichen Frieden bedroht (Asad 2003: 205). Bezugnehmend auf Ägypten charakterisiert Asad den säkularen Staat nicht als religiös indifferent, sondern als „a complex arrangement of legal reasoning, moral practice, and political authority" (Asad 2003: 255). Asad zeigt somit, dass die Ethnologie des Säkularen durchaus eine wichtige Erweiterung des ethnologischen Themenrepertoires bedeutet, jedenfalls sofern wir Säkularisierung nicht mehr als Gegenpart zur Religion betrachten – und Religion nicht mehr mit Christentum gleichsetzen.

Religionen, Migration und Identität

Bereits Émile Durkheim, für den Religion aus dem Sozialen erwuchs, wies auf die gruppenbewahrende Funktion von Religion hin. Durkheim schrieb, dass Religion nie ihre soziale Bedeutung verlieren würde, denn es sei etwas Ewiges in Religionen enthalten, das alle Einzelsymbole überleben werde (Durkheim 1994: 571). Religion werde fortbestehen, da sie eine wichtige Funktion für die Gesellschaft ausübe. Während Durkheim sich für den Gruppenzusammenhalt interessierte, geht es mir in diesem Abschnitt um die Bedeutung der Religion für die Identitätskonstruktion – speziell im Kontext der Migration.

Bevor ich beginnen kann, muss ich einige Begriffe klären, denn gerade in der Religionsforschung werden Migration, Diaspora und Transnationalismus gerne vermischt. Die drei Begriffe bezeichnen verwandte, aber nicht identische Konzepte. Migration bedeutet die Wanderung von einem Ort zum anderen und die Eingliederung in ein neues soziales Umfeld, wobei aus Migranten Angehörige einer (oft ethnischen) Minderheit werden. Die Migration beschränkt sich keinesfalls auf Ortsveränderungen, vielmehr hat sie „gravierende soziale Einschnitte" für die Individuen, die Gruppen, die Ziel- sowie die Herkunftsgesellschaft zur Folge (Treibel 1990: 13). Die Wanderungen der Tupi-Guaraní oder gar die nomadischen Wanderungen fallen in der Regel nicht unter Migration, da die Eingliederung in ein neues Umfeld fehlt. Bei Nomaden gehört die Wanderung zum Grundmuster der Kultur, während Migranten als „eigentlich sesshaft" betrachtet werden.

Die ersten Migrationsforscher untersuchten die Motive der Wanderbewegungen (*push and pull*-Modelle) und das soziale Umfeld der Einwanderer. Die Forscher gingen davon aus, dass sich die Einwanderer letztendlich anpassen und in ihre neue Umgebung eingliedern würden. Diese Annahme hat sich allerdings schnell als zu übereilt erwiesen. Die Ethnologie untersucht dagegen in der Regel den Umgang mit der Fremde und die Kulturveränderungen aufgrund der Wanderung. Als Ausgangspunkt wird heute nicht mehr eine ursprüngliche, rein statisch gesehene Homogenität angenommen, sondern eine sich immer schon dynamisch wandelnde Kultur, in der kulturelle, religiöse oder ethnische Identität bedeutet, „immer vorläufige, revidierbare und revisionsbedürftige Vorstellungen von sich selbst" zu finden (Schiffauer 1991: 293).

Anfang der 1990er Jahre wandelte sich der Fokus in der Ethnologie. Statt die Gemeinschaft der Migranten lediglich in der Zielgesellschaft zu untersuchen, wurde die Herkunftsgesellschaft hinzugezogen. In diesem Kontext wurde der Begriff Transnationalismus als Kennzeichen einer komplexen, kontinuierlichen Hin-und-Her-Bewegung entwickelt. Eine transnationale Gemeinschaft bezeichnet somit einen virtuellen Ort, bestehend aus Mitgliedern im Heimatland und Migranten außerhalb, der aber für die Menschen überaus real ist (z. B. Georges 1990 oder Schiller-Fouron 1999). Ein wichtiger Moment für die transnationale Gemeinde ist beispielsweise die Feier zu Ehren des heiligen Schutzpatrons eines Dorfes. Solche religiösen Feste können gewissermaßen als Spiegelbild einer transnationalen Gemeinschaft betrachtet werden (siehe auch Schmidt 1998).

Diaspora bezeichnet eine bestimmte Form der Migration. Ursprünglich wurde Diaspora lediglich auf eine zerstreute Gemeinschaft angewendet, die aus dem Herkunftsland vertrieben wurde. William Safran beschreibt Diaspora als „the exile of the Jews from their historic homeland and their dispersion throughout many lands, signifying as well the oppression and moral degradation implied by that dispersion" (1991: 83). Mit der Zeit wurde Diaspora aber auf immer mehr Gruppen angewendet (zuerst wurde von der afrikanischen Diaspora gesprochen, dann von der karibischen Diaspora), so dass eine erweiterte Definition notwendig wurde. James Clifford bezeichnet als Hauptkriterien für Diaspora: „a history of dispersal, myths/memories of the homeland, alienation in the host country, desire for eventual return, ongoing support of the homeland, and a collective identity importantly defined by this relationship" (Clifford 1994: 305). Robin Cohen schließt sich dieser Beschreibung an und widerspricht der Übertragung auf jede Form der Migration. In Anlehnung an Safran listet Cohen neun Kriterien auf, die seiner Ansicht nach eine Diaspora auszeichnen, u. a. Vertreibung oder expansionsartige Auswanderung, kollektive Erinnerung an das Heimatland, Idealisierung, Rückkehrabsicht, stark entwickeltes ethnisches Gruppenbewusstsein, gestörtes Verhältnis zur Gastgesellschaft, Solidarität zu anderen Mitgliedern und eine kreative Lebensweise in einer pluraler Gesellschaft (Cohen 1997: 26, siehe auch Schmidt 2002: 35-39). Religion ist dabei, wie Manfred Kremser schreibt, ein wichtiger Faktor für die Kontinuität der Kulturen und macht die institutionelle Neugruppierung in der Diaspora möglich (Kremser 1992: 51).

Ein relativ neuer Begriff in der Debatte ist nun Diaspora-Religion. Ninian Smart (1987) argumentiert, dass die immer günstigeren Langstreckenflüge sogar armen Religionsgemeinschaften gestatten würden, Kontakt zu den Epizentren ihrer Religion aufrechtzuerhalten. Dadurch würden sich diese Religionen, die eigentlich eine eher lokale Bedeutung hatten, nun zu globalen oder Weltreligionen entwickeln. Cohen widerspricht Smarts Vorschlag, diese Entwicklung ebenfalls als Diaspora zu bezeichnen. Zwar könnten Religionen durchaus ein zusätzliches Bindemittel für die Schaffung eines Diaspora-Bewusstseins darstellen, aber „they do not constitute diasporas in and of themselves" (1997: 189). Es gebe zwar eine enge Verbindung zwischen Glauben und Ethnizität, aber auch säkulare Mitglieder seien Bestandteil der Diaspora. Cohen geht in seiner Kritik an Smart von der oben kritisierten Gegenüberstellung von Religion und Säkularem aus und reduziert Diaspora mehr oder weniger auf den Faktor der geografischen Zerstreuung. Er bestreitet, dass der Protestantismus aufgrund der zahlreichen unabhängigen territorialen Formen (wie z.B. die anglikanische Kirche in England) eine Weltreligion im Sinne einer weltweit praktizierten Religion sei (1997: 207, Fußnote 3). Diese Eingrenzung stellt sich allerdings zunehmend als Zwangsjacke heraus und nicht nur Smart verwendet Diaspora nun im Religionskontext. Wie McLoughlin schreibt, sind Diaspora-Religionen heute ein weit verbreitetes Phänomen. Er sieht die Beschäftigung mit ihnen als eine Auseinandersetzung mit der eigenen Familiengeschichte, oder zumindest mit der Familiengeschichte von Nachbarn oder anderen Personen, mit denen wir tagtäglich zu tun haben (2005: 528–529). Der Begriff Diaspora-Religion bezieht sich nicht nur auf ethnische Minoritäten aus Asien, Afrika oder dem Nahen Osten, sondern schließt irische Katholiken (im Fall von McLoughlin) oder katholische Ostpreußen (im Fall des Nachkriegsdeutschlands) ein. Paul C. Johnson kennzeichnet *diasporic religion* in seiner Studie über die Religion der Garinagu (Black Caribs) in Honduras und der Bronx in New York City anhand „memories about space" und „how those memories arise *in* space" (2007: 2). Er zeigt mit seiner Charakterisierung somit, dass eine Diaspora-Religion nicht nur durch die Erinnerung an das Herkunftsland, sondern auch durch die Erfahrung im Gastland geprägt ist. Das Resultat ist nicht nur ein transnationaler, sondern vielmehr ein globaler Horizont.

McLoughlin verortet die zunehmende Beschäftigung mit der Diaspora ebenfalls in der globalen Postmoderne. Die Globalisierung hat dazu beigetragen, die Kultur vom Territorium loszulösen. Kulturen wurden zunehmend von einer strikten Anbindung an eine Lokalität, Region oder gar von Vorstellungen über einen Ursprung abgetrennt. Statt Kulturen essentialistisch zu definieren und anhand fester Kriterien zu beschreiben, wird Kultur nun als dynamische und heterogene Praktik verstanden, sogar als Kultur in Bewegung (siehe Clifford 1994). Im gleichen Ausmaß veränderte sich das Verständnis von Identität, die heute ebenfalls als konstruiert und in Bewegung befindlich angesehen wird. McLoughlin spricht von multiplen und von „criss-crossing" Identitäten, die in der Auseinandersetzung mit den Zuschreibungen der Anderen konstruiert und stetig revidiert werden (2005: 534, bezugnehmend auf Gerd Baumann 1996). Feste Identitäten wurden hybridisiert, kreolisiert oder postmodern dekonstruiert, je nach theoretischem Diskurs. Diese Zersplitterungen können bei einigen Trägern dieser Identitäten Angst und Unsicherheit bewirken. Besonders in der Diaspora kann Hybridität, wie McLoughlin schreibt, in Form von Transgression, Zweifel, Krisis und Verfremdung erfahren werden. Und genau hier kann Religion beispielsweise mit einer nostalgischen Betonung der „Erinnerungsketten" (Hervieu-Léger) helfen und Sicherheit anbieten.

In diesem Prozess wird mitunter eine der multiplen Identitäten betont, um eine politische Stimme in der Diaspora zu finden (siehe Stuart Hall). Das bedeutet aber nicht die Rückkehr zur Vergangenheit oder eine einfache Reproduktion der traditionellen Kultur, wie McLoughlin betont. Vielmehr handelt es sich hierbei um einen komplexen Vorgang, um ein „dynamic remaking of cultural distinctiveness in a new context" (2005: 535). Diese gemeinsame Identität wird anhand der Grenzen zu anderen Gruppen markiert, wobei Sprache, Bräuche und Religion eine wichtige Rolle in diesem Prozess spielen.

Die Aushandlung der Grenzen zwischen ethnischen Gruppen nennen wir Ethnizität. Während ursprünglich Ethnizität mit ethnischer Identität gleichgesetzt und essentialistisch definiert wurde, wird seit den 1970er Jahren Ethnizität in einer formalistischen Weise verstanden, d. h. nicht der Inhalt, sondern die symbolische Form hält die Mitglieder zusammen, wobei die Bedeutung der Symbole wandelbar ist. Weltweit wurde seitdem untersucht, wo ethnische Grenzen gezogen werden und anhand welcher Kriterien. Religion als Grenzkriterium, das anfangs ignoriert wurde, gewann erst in den 1990er Jahren an Bedeutung (siehe u. a. Schmidt 1995). Dies geschah dann allerdings mit steigender Intensität aufgrund aktueller gewalttätiger Auseinandersetzungen, wie beispielsweise beim Auseinanderbrechen Jugoslawiens. John Hinnells nahm infolgedessen in einer überarbeiteten Neuauflage seines Handbuchs *The New Penguin Handbook of Living Religions* Diaspora-Religionen auf, da religiöse und kulturelle Unterschiede in pluralen Gesellschaften an Gewicht gewinnen und untersucht werden müssen (Hinnells 1998: 1).[13] Religion modifiziert oder stabilisiert die Unterschiede, die sie nicht verhindern kann (Mol 1976: 3). Religion ist aber nicht nur ein zusätzliches Bindemittel zur Schaffung von Diaspora-Bewusstsein (Cohen), sondern mitunter kann sie auch Ethnizität unterminieren und ein multi-ethnisches Netzwerk konstruieren, das den territorialen Bezug sprengt (McLoughlin 2005: 542). Wie können wir beispielsweise die Ausbreitung des Buddhismus im Westen interpretieren, als Diaspora oder religiösen Transnationalismus? Und was ist der Unterschied zur südasiatischen Migration, die heute meistens als Hindu-Diaspora beschrieben wird (siehe z. B. Vertovec 2000)? Wenngleich wir noch um genaue Terminologien streiten, kann heute die Bedeutung von Religion bei der Identitätskonstruktion nicht mehr ignoriert werden. Graham Harvey und Charles Thompson zeigen uns in ihrem Sammelwerk (2005), dass indigene Kulturen und Diaspora keine so antagonistischen Begriffe sind, wie lange angenommen.

Religionen im 21. Jahrhundert: Fundamentalismus und Neue Religiöse Bewegungen

Im letzten Abschnitt untersuche ich zwei religiöse Phänomene, die säkulare Gesellschaften weltweit zunehmend beeinflussen, und zwar nicht nur im Westen. Damit will ich natürlich nicht andeuten, dass die beiden Phänomene verwandt wären. Ich sehe beide lediglich als (unterschiedliche) Reaktionen auf die Säkularisierung der Gesellschaften. Religion wird häufig als anti-global beschrieben und mit der Kultur und der Politik anti-urbaner Dörfer identifiziert, wie Mark Juergensmeyer kritisiert (2005: 4). Aber obwohl Religion mitunter diese Rolle einnimmt, kann sie auch die Grundlage für die Globalisierung schaffen und alternative Visionen globaler Entwicklungen produzieren. Juergensmeyer bezeichnet diese Reaktion als religiöse Ambivalenz auf die globale Zivilgesellschaft (so der Titel seiner Einleitung). Auch die Diaspora, auf die ich im vorherigen Abschnitt eingegangen bin, ist Teil der Globalisierung, und Diaspora-Religionen repräsentieren eine Antwort darauf. Bevor ich beginne, muss allerdings zunächst der Begriff Globalisierung erklärt werden.

Peter Berger benennt die jedem zugängliche globale Kommunikationsmöglichkeit aufgrund einer sprunghaft angestiegenen technischen Entwicklung als Hauptkennzeichen der Globalisierung ("Globalization means, among other things, a quantitative and qualitative jump in the capacity of just about anybody with the necessary technical equipment to communicate globally." Berger 2005: 13). In diesem Sinne repräsentieren auch die Anti-Globalisierungskämpfer eine Form der Globalisierung, da auch sie ihren Protest weltweit mittels Internet koordinieren. Es muss aus diesem Grund, wie Berger an anderer Stelle betont, von vielen Globalisierungen gesprochen werden (in *Many Globalizations: Cultural Diversity in the Contemporary World*, ein 2002 von Berger und Huntington herausgegebenes Sammelwerk). Auch Religion stellt eine Form der Globalisierung dar, wie die Ausbreitung der Pfingstbewegung illustriert (siehe z.B. die Arbeiten von David Martin). Aber auch in meinem eigenen Arbeitsbereich kann ich die religiöse Globalisierung beobachten, denn afrokaribische Religionen wie die kubanische Santería verwenden das Internet zur weltweiten Ausbreitung (siehe Kremser 2003). Wenngleich die Qualität religiöser Erfahrungen via Internet von einigen Kollegen bezweifelt wird, nutzen immer mehr Ifá- und Ocha-Priester das Web zur Kommunikation mit den Mitgliedern ihrer Tempel. Bisweilen wird sogar die Teilnahme an Gemeinschaftsritualen durch das Internet ermöglicht.

Die Debatte um Globalisierung wird überwiegend aus westlicher Perspektive geführt. Demnach wird Globalisierung als im Zuge der Modernisierung möglich werdende Ausdehnung über nationale Grenzen hinweg gekennzeichnet, wobei jedoch Modernisierung mit Erfahrungen im Westen gleichgesetzt wird. Erfahrungen in Brasilien, Mexiko und Indien werden ignoriert. Wir müssen uns allerdings von homogenen Kategorien verabschieden, wie bereits die Debatte um Kolonisten und Kolonisierte am Anfang des Kapitels gezeigt hat. Das gleiche gilt für Grenzen, seien es nun nationale, ethnische oder religiöse. Kategorien wie Christ oder Muslim können viele Facetten aufweisen. David Lehmann widerspricht in seiner Kritik an der westlichen Debatte nun vehement der Vorstellung, dass Globalisierung Grenzen abschaffe und zur Homogenisierung führe. Ganz im Gegenteil: Globalisierung „is not only about sameness, or about homogenization and the destruction of cultural boundaries; on the contrary it generates a proliferation of new and reformulated and cross-cutting boundaries in the spheres of culture, ethnicity, language and religion – and religion plays as prominent role in this process“ (Lehmann 2002: 311). Er argumentiert, dass Religionen Grenzen durchbrechen und im gleichen Augenblick neue schaffen, denn „religions ancient and modern, monotheist, polytheist and totemic, with their apparatus of ritual practices and internal, proprietorial, self-sufficient codes, are demarcators and markers of difference rather than similarity and homogeneity“ (2002: 300). Religionsgemeinschaften können nicht existieren, ohne sich abzugrenzen, denn jede Religionsgemeinschaft trennt zwischen Gläubigen und Ungläubigen. Aber diese Grenzziehung folgt nicht einfachen monolithischen Faktoren. Religion ist für die Gläubigen kein abstraktes Glaubenssystem, das sich über die Reflexion der Glaubensprinzipien entwickelt. Religion ist ein Netzwerk symbolischer Systeme, welche

Identität vermitteln und soziale, ethnische und andere Grenzen markieren. Die Aufgabe der Wissenschaftler ist es nun, zu verstehen, wie diese Grenzen geschaffen werden. Die Alternative sind Missverständnisse und eventuell sogar das Ausbrechen von Gewalt.

Vor diesem Hintergrund blicke ich im Folgenden auf die Debatte um den religiösen Fundamentalismus. Der Begriff Fundamentalismus wurde, wie ich bereits im ersten Teil des Buches erwähnte, Anfang des 20. Jahrhundert durch eine kleine religiöse Gruppe in den USA geprägt, die unter dem Titel *The Fundamentals: A Testimony to the Truth* Pamphlete über ihre Glaubensinhalte veröffentlichte. 1920 wurden die Mitglieder dieser Gruppe dann von Curtis Lee Laws als Fundamentalisten bezeichnet, da sie nicht nur predigten, sondern bereit seien, für die Fundamente des Christentums zu kämpfen (Munson 2005: 342, mit Verweis auf Beale 1986). Im Zuge der iranischen Revolution wurde der Begriff dann erstmals 1981 auf Muslime angewendet (von Anthony Burgess in einem Beitrag für die Zeitung *Observer*), und heute wird Fundamentalismus – zumindest in der breiten Bevölkerung – scheinbar mit dem Terror islamischer Extremisten gleichgesetzt. Religionssoziologen wie Peter Berger und Steve Bruce kritisieren diese Perspektive, denn anstatt zu untersuchen, warum einige Menschen ihren traditionellen Glauben auf diese Weise verteidigten, sollte eher untersucht werden, warum viele liberale Akademiker dieses Verhalten merkwürdig finden (zitiert bei Munson 2005: 337). Bruce geht sogar soweit, Fundamentalisten als normal zu bezeichnen – was heute als extremistisch kategorisiert werde, sei schließlich vor 200 Jahren üblich gewesen. Fundamentalismus ist nach Bruce „a rational response of traditionally religious people to social, political and economic changes that downgrade and constrain the role of religion in the public world" (Bruce 2000: 117). Er betrachtet Fundamentalismus somit als rationale Reaktion auf die Säkularisierung der Gesellschaften. In diesem Sinne argumentiert Abdullahi Ahmed An-Na'him, dass islamische fundamentalistische Bewegungen soziale Bewegungen seien, d. h. „indigenous, spontaneous response to profound social, political and economic crisis, rather than either pre-dominant among Islamic societies at any given point in time, or permanent where it does occur" (An-Na'him 2003: 25). An-Na'him zeigt weiter auf, dass der amerikanische protestantische Fundamentalismus genügend Ähnlichkeiten mit den islamischen Bewegungen hat. Er benennt u. a. den Widerstand gegen die Modernisierung und Liberalisierung der Gesellschaft sowie die Bibelkritik und die Verteidigung einer bestimmten ererbten Religiosität, die auf einer wörtlichen Auslegung der protestantischen Glaubensgrundsätze basiert. Er folgert daraus, dass es kein Widerspruch sei, die christliche Kategorie auf islamische Bewegungen zu übertragen (2003: 28). Dennoch ist die Verwendung des Begriffs, wie Gerrie ter Haar schreibt, nicht unumstritten, nicht nur wegen des christlichen Ursprungs. Der Begriff wurde von den Gläubigen selbst geschaffen, d. h. es handelte sich um eine Eigenbezeichnung einer kleinen Religionsgemeinschaft in den USA. Heute wird Fundamentalismus allerdings von außen auf Gruppen und Bewegungen angewendet, die sich gegen diese Bezeichnung und die damit verbundenen Implikationen wehren (ter Haar 2003: 2). In diesem Sinne bezeichnet Edward Said Fundamentalismus als ein Un-Wort (non-subject), mithilfe dessen westliche Imperialisten den Widerstand gegen die Fremdbesetzung im Mittleren Osten diskreditieren wollen (zitiert in Munson 2005: 339). Es werden aus diesem Grund auch die Begriffe Islamismus und Islamist verwendet.

Trotz dieser Kritik wird Fundamentalismus heute in der Regel auf weltweite und überaus unterschiedliche Bewegungen angewendet, und verschieden definiert. Die Definition von Martin E. Marty und R. Scott Appelby, die Anfang der 1990er Jahre ein mehrbändiges Werk über Fundamentalismus herausgaben, wird sehr häufig zitiert. Im ersten Band bieten sie folgende provisorische Definition von Fundamentalismus an:

> "a tendency, a habit of mind, found within religious communities and movements, which manifests itself as a strategy, or set of strategies, by which beleaguered believers attempt to preserve their distinctive identity as a people or group. Feeling this identity to be at risk in the contemporary era, they fortify it by a selective retrieval of doctrines, beliefs, and practices from a sacred past. These retrieved 'fundamentals' are redefined, modified, and sanctioned in a spirit of shrewd pragmatism: they are to serve as a bulwark against the encroachment of outsiders who threaten to draws the believers unto a syncretistic, areligious, or irreligious cultural milieu" (Marty und Appleby 1991: 835).

Harry Munson kritisiert (2005: 339), dass diese weitgefasste Definition viele wichtige Kennzeichen der unterschiedlichen Bewegungen, die von Marty und Appleby selbst behandelt werden, außer Acht lässt.

Sogar in dem von Gerrie ter Haar und James Busuttil herausgegebenen Sammelwerk über den religiösen Fundamentalismus definiert jeder Autor und jede Autorin Fundamentalismus etwas anders, wie ter Harr schreibt, obwohl übereinstimmend alle Wert auf die Kontextualisierung des Begriffs legen. Fundamentalistische Bewegungen werden in der Einleitung von ter Haar als soziale Bewegungen beschrieben, die sowohl Produkt als auch Träger von Sozialwandel sind (ter Haar 2003: 4, in Anlehnung an An-Na'him). Somit ist nicht die Religion, sondern sind die sozialen Bedingungen entscheidend für die Entwicklung von Fundamentalismus, so dass selbst Bezeichnungen wie buddhistischer Fundamentalismus möglich sind. Ein weiterer Schlüsselaspekt im Diskurs über Fundamentalismus ist die Gewalt. Obwohl viele fundamentalistische Bewegungen eigentlich nicht an sich gewalttätig sind, wird die militante Grundeinstellung oftmals von außen mit Gewalttaten gleichgesetzt. Außerdem listet ter Haar noch folgende Kennzeichen auf: Fundamentalistische Bewegungen würden ideologisch auf die Vergangenheit blicken, sozial auf alternative Strukturen und kulturell auf Identität (2003: 5).

Munson arbeitet mit einer stärker begrenzten Definition von Fundamentalismus, die nur Bewegungen einbezieht, „if they insist on strict conformity to sacred scripture and a moral code ostensible based on it" (2005: 340). Bei Verletzung dieser traditionellen Werte äußern die Bewegungen ihre moralische Entrüstung, ähnlich einiger politischer Formen von religiösem Konservatismus. Letztere bestehen allerdings nicht auf der strikten Konformität mit der heiligen Schrift, so dass Munson sie nicht als fundamentalistische Bewegung kategorisiert.[14] Außerdem sei, laut Munson, für die Attraktivität der Bewegungen wichtig, dass fundamentalistische Bewegungen auch säkulare Klagen äußern und sich gegen politische, soziale oder nationale Missstände wehren würden. Dieser letzte Aspekt mag auch erklären, warum sich so viele Frauen fundamentalistischen Bewegungen anschließen, d. h. Bewegungen, die eine (milde ausgedrückt) überaus „konservative" Auffassung zur Geschlechtergleichheit haben. So zeigt Alice Shalvi in ihrer Diskussion über die unterschiedlichen Frauenrollen in Israel, dass Frauen in Bereichen, welche von der Religion beherrscht sind, keineswegs autonom und gleichwertig behandelt werden, so wie es eigentlich der zivile Staat Israel vorschreibt. Dennoch haben es Frauen verstanden, aus der Exklusion einen Vorteil zu ziehen. Beschränkt auf das Haus (nicht nur aufgrund der zahlreichen Schwangerschaften) sind orthodoxe Frauen in Israel heute oftmals besser ausgebildet als die Männer, da sie nicht auf die traditionellen Schriften beschränkt sind, sondern mittels moderner Technologien weltweit kommunizieren und so von zu Hause aus arbeiten können. Trotz dieser Entwicklung schätzen die Frauen ihren spirituellen Wert weiterhin geringer ein als den ihrer Ehemänner. Shalvi schreibt, dass „their pride is precisely in that they are enabling that study [der Männer] to take place undisturbed and uninterrupted by material concerns and the exigencies of everyday family responsibilities" (Shalvi 2003: 81). Etwas Ähnliches berichtet Sharifan Zaleha Binti Syed Hassan über Frauen in Malaysia, wo sie trotz des Islamismus relativ frei leben und nicht auf den privaten Sektor beschränkt sind. Dennoch haben auch viele Frauen in Malaysia die Kopfbedeckung als Ausdruck ihrer islamischen Identität übernommen (2003: 62–64).[15]

Anstatt fundamentalistische Bewegungen als Gegenbewegung zur Säkularisierung zu betrachten (und damit als Bewegung gegen die Gleichstellung der Geschlechter), sieht Munson Fundamentalismus losgelöst von Säkularisierung und Modernisierung, da nicht nur säkulare Phänomene als Bedrohung der moralischen Werte angesehen werden können, sondern auch die Religionszugehörigkeit anderer.[16] Mit Hinweis auf den christlichen Fundamentalismus in den USA beschreibt Munson den politischen Aktivismus der evangelikalen Fundamentalisten, die auf beiden Seiten des Antisklaverei-Kampfes und anderer Konflikte stritten, sich allerdings bis Ende der 1970er Jahre aus der politischen Arena weitgehend fernhielten (Munson 2005: 343). Erst nach weit reichenden Reformen 1979 näherten sich die Fundamentalisten dem politischen Machtzentrum (d. h. der Republikanischen Partei, damals vertreten durch Ronald Reagan) an. Feminismus, die Abschaffung des Schulgebets, die Einführung der Sexualkunde in den Schulen und vieles andere wurden als Bedrohung der nationalen moralischen Integrität betrachtet, und es wurde dagegen zum Kampf aufgerufen. Wenngleich diese Ablehnung ziviler Grundprinzipien als Reaktion gegen Modernisierung und Säkularisierung gedeutet wird, verweist Munson darauf, dass es aus der Sicht der Mitstreiter nicht gegen die Modernisierung ging, sondern um den Schutz der Nation. Ähnliches gilt für die jüdischen orthodoxen Bewegungen in Israel, die ebenfalls als fundamentalistisch bezeichnet werden. Von einigen Gruppen wie den Ultra-Orthodoxen abgesehen, die jegliche Verwicklung mit dem modernen Staat Israel ablehnen, leben die Angehörigen der orthodoxen Bewegung sowohl in Israel als auch in der Diaspora durchaus im Einklang mit dem modernen Staat, den sie vor „Fehlern", wie beispielsweise der Zusammenarbeit mit Palästina, abhalten wollen (Munson 2005: 344–347).

Hiermit komme ich zum islamischen Fundamentalismus, der heute oft als paradigmatische Form des Fundamentalismus behandelt und mit Bildern von Terrorattentaten assoziiert wird. Wenngleich auch amerikanische Fundamentalisten gewalttätig ihre Interessen durchzusetzen versuchen und jüdische Zionisten u. a. Yitzhak Rabin ermordeten, ist das Ausmaß an Gewalttaten islamischer Fundamentalisten unübertroffen. Das bedeutet aber nicht, wie Munson betont, dass der Islam gewalttätiger als das Christentum wäre. Die Geschichte des Christentums ist voll von heiligen Kriegen, Massakern und anderen Gewalttaten. Munson erklärt die Tatsache, dass Gewalt mehr von militanten islamischen Gruppen eingesetzt wird als von christlichen und jüdischen Gruppen, mit der sozialen und politischen Situation in der islamischen Welt (Munson 2005: 347). Außerdem ist der islamische Fundamentalismus im Unterschied zum christlichen nach Munson dadurch gekennzeichnet, dass messianistischen und apokalyptischen Themen geringere Bedeutung zukommt und besonders im 20. Jahrhundert eine anti-imperialistische Tendenz dominiert. Letzteres hat zur Folge, dass die Gewalttaten als religiös motiviert identifiziert werden, der Kampf somit zu einem Religionskrieg wird. Die Unterscheidung zwischen Gläubigen und Ungläubigen wurde, wie Munson schreibt, mit der Unterscheidung zwischen Kolonisierten und Kolonisten,

Unterdrückern und Unterdrückten vermischt. Letztendlich führt Munson die zunehmende Ausgrenzung religiöser Minderheiten in der islamischen Welt auf diese Dichotomisierung zurück, da sich der Kampf nun gegen alle Ungläubigen richte. In diesem Sinne ist auch die Glorifizierung von Osama bin Laden zu sehen, da er als anti-imperialistischer Held gefeiert wird, als der Einzige, der den USA entgegentritt (Munson 2005: 350). Auch Carrie Rosefksi Wickham interpretiert den Islamismus nicht als eine Gegenbewegung, sondern sieht ihn eher als eine Alternative zur westlichen Globalisierung. Einige Islamisten würden versuchen, die Moderne auf islamischen Grundlagen zu erschaffen, wobei islamische Kernaspekte erhalten blieben, während andere verändert würden (Wickham 2005: 162). Insgesamt zeigt bereits ein oberflächlicher Blick ins Internet, dass fundamentalistische Bewegungen bei weitem nicht alle Aspekte der Globalisierung ablehnen. Insbesondere die islamistische Bewegung, aber auch andere fundamentalistische Gruppen nutzen beispielsweise das Internet perfekt für die Verbreitung ihrer Glaubensgrundsätze und kommunizieren weltweit mit ihren Mitgliedern mittels modernster Technologien.

Ein anderer Bereich, der ebenfalls eindrucksvoll im Internet vertreten ist und oft als eine Gegenbewegung zur Säkularisierung gedeutet wird, sind die Neuen Religiösen Bewegungen (New Religious Movements, kurz NRM genannt), in Deutschland mitunter auch als Jugendreligionen[17] bezeichnet, obwohl keineswegs ausschließlich Jugendliche den Bewegungen beitreten. Aber auch die englische Bezeichnung ist umstritten, wenngleich sie in der Wissenschaft heute üblicherweise verwendet wird.

Unter der Bezeichnung Neue Religiöse Bewegungen werden in der Regel Gruppen aufgeführt, die erst nach dem Zweiten Weltkrieg in Europa und Nordamerika bekannt wurden (meistens in den 1960er Jahren), auch wenn ihre Gründung sehr viel länger zurückliegt. Für Japan wird in der Regel zwischen NRM und NNRM (oder Neo-NRM) unterschieden, erstere entstanden als direkte Reaktion auf den Zweiten Weltkrieg (d. h. früher als im Westen), letztere in den 1970er Jahren. Eileen Barker[18] ergänzt das chronologische Kriterium mit einer inhaltlichen Beschreibung der Religionen, denn sie bezeichnet als NRM lediglich Gruppen, die nicht nur theologische Angaben über die Existenz und Natur übernatürlicher Wesen anbieten, sondern auch Antworten auf Fragen liefern, die üblicherweise von Religionen beantwortet werden, wie beispielsweise: Gibt es einen Gott? Wer bin ich? Wie kann ich in meinem Leben Bedeutung finden? Gibt es ein Leben nach dem Tod? Ist ein Mensch mehr als ein physischer Körper? (Barker 2001: 16). Damit werden bestimmte Bewegungen, die eher einem Trend folgen, ausgeschlossen (z. B. Anhänger der *Matrix*, eine Gruppe, die sich im Anschluss an die Filmtrilogie bildete, oder Anhänger der Yedis, die im letzten Zensus in Großbritannien auf sich aufmerksam machten).

Der Begriff NRM wurde geprägt, um die negative Konnotationen von Kult – unter diese Bezeichnung fielen die Gruppen vormals – aufzuheben. Aber trotz der Neubezeichnung werden diese religiösen Bewegungen in der breiten Öffentlichkeit noch immer als Kulte deklariert und mit Gehirnwäsche, Indoktrination und dergleichen in Verbindung gebracht. Es gibt bisher kaum ethnologische Studien über Neue Religiöse Bewegungen, allerdings einige sehr gute religionssoziologische und religionswissenschaftliche. Diese Vernachlässigung durch die Ethnologie ist bedauerlich, vor allem weil die Bewegungen keineswegs auf Europa beschränkt sind. Gerade in Japan sind Neue Religiöse Bewegungen sehr verbreitet, aber auch in Afrika und Südamerika gewinnen sie an Anhängerschaft. Außerdem kann ihre ethnologische Erforschung ebenfalls in Europa interessante Ergebnisse bringen.

Die Forschung über Neue Religiöse Bewegungen stand, wie Judith Fox meint, lange in der Tradition von Max Weber, vor allem seiner Studie zur charismatischen Autorität (in *Wirtschaft und Gesellschaft*, 1921). Im Anschluss an Weber interpretierte Bryan Wilson, einer der ersten Religionssoziologen, der über NRM arbeitete, die Bewegungen als Ausdruck der privaten Form von Religion, die an Bedeutung gewinne, während gleichzeitig Religion aus dem öffentlichen Bereich der Gesellschaft verschwinde. Nach Wilson erscheinen NRM vor allem in Zeiten politischer oder sozialer Unruhen, wie auch nach einer militärischen Besetzung. Roy Wallis, ein Schüler von Wilson, ordnete die Bewegungen nach drei Typen und charakterisierte diese als weltabgewandt, weltzugewandt und weltentgegenkommend (in Wallis 1984). Kritiker allerdings beklagen, dass diese Typologie nur auf einem einzigen Faktor basiert und die Vielfalt der religiösen Erscheinungen nicht berücksichtigt (Fox 2005: 329). Eine andere Richtung in der Wissenschaft untersucht die Bewegungen in der Tradition von Durkheim, d. h. sie blickt auf ihre Funktion für die Gesellschaft. Religiöse Alternativen wie die NRM gewährleisten die Stabilität der Gesellschaft. In Zeiten sozialen Wandels entstehen deshalb täglich neue Religionen. Fox bemerkt, dass die überaus monolithische Darstellungsweise von Neuen Religiösen Bewegungen – entweder wurden die Mitglieder als passive Opfer oder als aktiv Suchende beschrieben – neuerdings durch immer heterogenere Studien ersetzt wird (2005: 334). Neue Untersuchungen beschreiben nicht nur die Vielfalt im Vergleich unterschiedlicher Gruppen, sondern auch innerhalb einzelner Gruppen. Interessante Ergebnisse kann auch die zunehmende Präsenz von Mitgliedern Neuer Religiöser Bewegungen in der Wissenschaft bringen, denn wir treffen heute bereits die zweite und mitunter sogar die dritte Generation von Mitgliedern einer Bewegung an.

Elisabeth Arweck ordnet die Neuen Religiösen Bewegungen in sieben Typen: 1) durch östliche Traditionen inspiriert (z. B. ISKCON), 2) aus dem christlichen Kontext erwachsen (z. B. Unification Church); 3) einem bestimmten Land (wie Japan) entstammend (z. B. Sōko Gakkai); 4) mit esoterischen Lehren (z. B. Eckankar); 5) mit Selbsthilfekonzepten (z. B. Silva Mind Control), 6) mit Fokus auf überirdische Wesen und Ufologie (z. B. Raël); und 7) aus der New-Age-Bewegung stammend (z. B. CUT) (Arweck 2002: 265). Diese Aufzählung deutet bereits eine Vielfalt der Phänomene an, die nur schwer mit wissenschaftlichen Kategorien zu fassen ist. Aber dennoch gibt es Versuche, sie übergreifend zu beschreiben. So begannen viele Neue Religiöse Bewegungen als Sozialbewegungen mit einer begrenzten Gemeinschaft, einer festen Hierarchie und einem System von Glaubensvorstellungen und Lehren, die von den Anführern formuliert und aufgeschrieben wurden. Diese Lehren wurden mitunter eklektisch anderen Traditionen entnommen. NRM sind aber nicht durch eine Abspaltung entstanden, die übliche Entstehungsweise neuer Bewegungen. Auch bei dieser relativ breitausgelegten Beschreibung Arwecks muss berücksichtigt werden, dass es zu jeder Kategorie Ausnahmen gibt.

Barker schätzt, dass es über 2000 aktive Neue Religiöse Bewegungen in Europa gibt (Barker 2001: 16). Außerdem nennt sie (mit Hinweis auf verschiedene Quellen) folgende Schätzungen für andere Regionen der Welt: fast 1000 in den USA, zwischen 800 und einigen Tausend in Japan, und etwa 10.000 neue Religionen bei tribalen Ethnien in Amerika, Asien, Afrika und der Pazifikregion. Dem kann noch eine Zahl für Deutschland hinzugefügt werden: Arweck schreibt, dass sich laut einem Bericht der Enquête-Kommission des Deutschen Bundestages 8–9 Millionen Menschen als Mitglied einer Neuen Religiösen Bewegung (non-mainstream religious group) zurechnen, und weitere 1,2 Millionen an verschiedenen Kursen teilnehmen (Arweck 2002: 275). Solche Zahlen sind zwar eindrucksvoll, sagen ansonsten jedoch wenig aus. Genaue statistische Angaben sind unmöglich zu ermitteln, da NRM in der Regel keine Selbstbezeichnung ist, sondern von außen auf Gruppen angewendet wird, die sich mitunter gegen diese Kategorisierung wehren. Sind beispielsweise alle New-Age-Bewegungen Neue Religiöse Bewegungen, oder nur einige von ihnen? Und wie sieht es mit den Neuen Heiden aus, von denen einige die Einordnung als Religion oder religiös ablehnen würden? Und wie verhält es sich mit Okkultismus oder den Anthroposophen – werden sie als NRM gezählt oder nicht? Es scheint keine Einigung darüber in Sicht.

Als Kennzeichen von NRM wird mitunter eine relativ kleine Zahl an Mitgliedern genannt (weniger als 300, und nur einige größere mit einer Mitgliederzahl von einigen Zehntausend) (Fox 2005: 327, siehe auch Barker 2001: 17), andere Studien berichten allerdings von größeren Mitgliedschaften (siehe Arweck 2002: 274–275), beispielsweise bei ISKCON (früher als Hare-Krishna-Bewegung bekannt) oder der Unification Church (früher allgemein als Moon-Sekte oder Moonies bekannt). Das Problem ist hier, dass oft unklar ist, wer als Mitglied zählt und wer nicht. Es gibt verschiedene Grade der Mitgliedschaft, von Menschen, die ihr Leben der Bewegung widmen bis hin zu Personen, die lediglich an einigen Kursen und Abendveranstaltungen teilnehmen. Einige Studien zählen lediglich die „Eingeweihten", während andere auch die Kursteilnehmer einbeziehen. Und auch die Gruppen selbst verfolgen verschiedene Ziele bei der Angabe der Mitgliedschaft. Einige wollen so groß wie möglich auftreten, andere dagegen unauffällig klein. Bisweilen zählen sogar Personen, die lediglich einmal an einer Veranstaltung teilgenommen haben, als Mitglieder (Barker 2001: 17–18).

Arweck nennt als wichtigsten Aspekt der NRM deren Umgang mit der Gesellschaft, d. h. mit der Moderne. Sie beschreibt NRM einerseits als Protestbewegung gegen Materialismus und Kapitalismus, als Zeichen einer selbst beeinflussbaren Begrenzung der Säkularisierung (Arweck 2002: 265). Die neuen Religionen fördern oftmals einen einfachen Lebensstil, sind gemeinschaftsorientiert, gegen Drogenmissbrauch und bieten somit, wie Arweck schreibt, eine Alternative zum Lebensstil der kapitalistischen Mainstream-Gesellschaft. Auf der anderen Seite allerdings beziehen die neuen Religionen die Moderne nachdrücklich mit ein, wie ich anfangs schon mit dem Hinweis auf die Internet-Nutzung erwähnte. NRM scheinen neue Technologien, vor allem Kommunikationsmedien, aber auch Verkehrsmöglichkeiten, mit Begeisterung zu nutzen. Das Internet bietet neue Wege des Wissensaustauschs sowie der Werbung neuer Mitglieder. So sind auch die Mitglieder in der Regel gut ausgebildet, relativ jung und idealistisch, lieben das Reisen und entstammen oft der Mittelklasse (zumindest im Westen). Trotz des Protests gegen bestimmte Aspekte der Moderne betrachtet Arweck NRM aus diesem Grund als einen Teil der Moderne.

Dennoch fällt auf, wie negativ Neue Religiöse Bewegungen beschrieben werden, vor allem in der breiten Öffentlichkeit. Das Bild, das über NRM verbreitet wird, ist oftmals dominiert von Gewalttaten gegen Außenstehende sowie gegen Mitglieder – vor allem gegen Frauen –, Gehirnwäsche – hier vor allem bei Jugendlichen – und Kommerzialisierung. Eileen Barkers Studie *The Making of a Moonie* (1984) zielte genau gegen diese Ängste, denn Barker beschreibt darin den Konversionsprozess zur Unification Church und widerlegt anhand zahlreicher Beispiele Gerüchte über Gehirnwäsche und über das gewaltsame Verhindern von Austritten. Dennoch bestehen die Gerüchte weiter.

Das Problem ist, dass die Gruppen, die als NRM bezeichnet werden, überaus unterschiedlich sind. Und Schlagzeilen machen natürlich nur die aufsehenerregenden Gewalttaten, wie beispielsweise der Massenselbstmord in Jonestown,

Guayana 1978, 1993 in Waco, Texas, und 1994 gleichzeitig in der Schweiz und Kanada oder der Anschlag in Tokyo durch die Aum Shinrikyō 1995. Es gibt noch mehr Beispiele (siehe Arwick 2002: 268), die in der Tat eine hohe Gewaltbereitschaft demonstrieren. Gerade am Ende des 20. Jahrhunderts führte die Angst vor dem Weltuntergang viele Gruppen zu Gewaltausbrüchen, gegen sich selbst oder gegen andere. Das bedeutet aber nicht, dass alle Gruppen zur Gewalt bereit sind. Die gewaltbereiten repräsentieren lediglich eine Minderheit unter den NRM, aber eine medienwirksame.

Die Position der Frauen ist innerhalb der Neuen Religiösen Bewegungen ebenso heterogen, Elizabeth Puttick kennzeichnet sie sogar als paradox (2001:143). Wenngleich viele der Neuen Religiösen Bewegungen mit patriarchalischen Hierarchien und weiblicher Anhängerschaft beschrieben werden, fällt auf, wie häufig die Bewegungen über eine weibliche Leitung verfügen, mitunter auch charismatische Anführerinnen bzw. Gründerinnen (Arweck 2002: 270). So bieten einige Gruppen ihren weiblichen Mitgliedern einen Weg zur Entdeckung der weiblichen Spiritualität, während in anderen Gruppen Frauen sexuell missbraucht werden (Puttick 2001: 146-149). Dennoch sind Frauen in vielen Gemeinschaften überdurchschnittlich stark vertreten, sowohl in den konservativen als auch in den feministischen. Einige Gruppen befürworten zwar ein traditionelles Familienkonzept, in dem Frauen hierarchisch untergeordnet sind, sie vermitteln ihnen jedoch aufgrund der Zuweisung eines festen Platzes eine Art von Sicherheit, die in Zeiten allgemeiner Unsicherheit anziehend wirken kann. Andere Gruppen betonen dagegen die persönliche Entwicklung und gewinnen auf diese Weise weibliche Mitglieder vor allem unter den beruflich erfolgreichen Frauen (Puttick 2001: 159–160).

Damit beende ich meine Ausführungen über Religion und Gesellschaft. Anhand der ausgewählten Phänomene habe ich die Variationsvielfalt veranschaulicht, auf welche Weise Religionen mit Gesellschaften interagieren. Es wurde deutlich, wie bedeutsam eine genaue Kontextualisierung der religiösen Phänomene, sowohl historisch als auch kulturell, ist. Die beschriebenen Eigenheiten können nicht einer einzigen Kategorie untergeordnet werden. Es bedarf einer differenzierten Auseinandersetzung mit der Gesellschaft, zu der sie gehören. Meine Ausführungen haben daneben auch gezeigt, zu welch wichtigen Einsichten ethnologische Studien in diesen Bereichen führen. Insbesondere in der Auseinandersetzung mit Religion und Gesellschaft sehe ich ein vielfältiges Forschungsgebiet zukünftiger Ethnologen und Ethnologinnen. Ich möchte diesbezüglich am Ende noch einmal die Worte von Jane Harrison wiederholen: “What a people does in relation to its gods must always be one clue, and perhaps the safest, to what it thinks” (Harrison 1903: 7, zitiert in Firth 1996: 111). So wie Harrison versuchte, eine Brücke zwischen den

Altertumswissenschaften und der Ethnologie zu schlagen, versuche ich, den Weg für eine interdisziplinäre Forschung über Religion und Gesellschaft zu bereiten, zu der die Ethnologie sehr vieles beizutragen hat.

Anmerkungen

1 Siehe auch die Arbeiten von Neil Whitehead über den amerikanischen Kannibalismus (z. B. Whitehead 1984, 2000).

2 Auf dieser Basis wurden beispielsweise die indigenen Bevölkerungen der karibischen Inseln in Arawak und Karib unterschieden: Arawaks waren die friedvollen, Karibs die gewalttätigen Kannibalen (siehe Whitehead 1984: 69, Drummond 1977: 78). Diese Unterscheidung war so erfolgreich, dass sie sogar in das Handbook of South American Indians Eingang fand (siehe Rouse 1948).

3 Monika Wehrheim-Peuker verbindet Hulmes Diskurs über Kannibalismus mit dem europäischen Diskurs über Hexerei und verweist auf eine inhaltliche Entsprechung zwischen dem amerikanischen Kannibalen und der europäischen Hexe als Symbole des Unbekannten, das die europäische (männliche) Hegemonie bedroht (1998: 188).

4 Inwieweit allerdings die Verknüpfung von Haitianern und HIV darauf zurückgeht, kann nur spekuliert werden. Bei einem Vortrag habe ich Harold Jaffe, der als Mitglied des U.S. Centre for Disease Controll zu der Arbeitsgruppe gehörte, die Aids identifiziert hat, nach den Gründen gefragt. Er führte aus, dass sich unter den ersten Toten relativ viele Haitianer befanden. Daher sah sich die Arbeitsgruppe 1982 genötigt, Haitianer – neben Homosexuellen und Drogenabhängigen – auf die Liste der gefährdeten Personengruppen zu setzen. Wenngleich er die Folgen bedauerte (neben gesellschaftlicher Ausgrenzung auch Inhaftierung und Absonderung), verteidigte er die damalige Entscheidung als auf Statistiken basierend. Ende der 1980er Jahre wurde dann ermittelt, dass Aids über Touristen nach Haiti gebracht worden war, die Ausweitung somit in die andere Richtung verlief (siehe Schmidt 2006, mit Verweis auf Farmer 1992 und Tuschinsky 1995: 508–509).

5 Z. B. Hoffmann 1996. Dennoch feierte der Staat 1991 das 200-jährige Jubiläum der Zeremonie mit einem offiziellen Staatsakt zum Gedenken an den erfolgreichen Sklavenaufstand (siehe auch Schmidt 2007).

6 Siehe beispielsweise Monika Wehrheim-Peuker 1998 über die französische Eroberung Amerikas, interessant ist an dieser Stelle vor allem ihre Gegenüberstellung kalvinistischer und katholischer Texte.

7 Die folgenden Ausführungen basieren auf einem Vortrag, den ich 2006 in Washington bei der Tagung der American Academy of Religion hielt.

8 Siehe auch die Übertragung ihrer Idee auf Europa in Davie 2000.

9 Siehe Leopold/Jensen 2004 für einen Überblick über die Debatte um Synkretismus.

10 Siehe auch Taussig 1997. In The Magic of the State (1997) beschreibt Taussig eine überaus heterogene Mischung, in die eine Abbildung von Jesus auf der Rückseite eines Medaillons genauso integriert wurde wie die Statue eines lächelnden Buddhas, Büsten von US-amerikanischen Indianern sowie von dem Befreier Simon Bolivar und vielen mehr (1997: 24–25). Der Widerspruch scheint bei Taussigs Beschreibung des venezuelanischen Maria-Lioza-Kults im Zentrum zu stehen.

11 Einige Religionssoziologen widersprechen aber dieser These und kennzeichnen den Säkularisierungsprozess vielmehr als ein „Auf und Ab“; alte Religionen sterben und neue entstehen.

12 Siehe auch Ferdinand Tönnies 1991 (1935).

13 McLoughlin allerdings widerspricht dieser Zeitlinie und betont, dass bereits früher Religionswissenschaftler die Religionen der Migranten untersucht haben. Er verweist dabei u. a. auf Kim Knott und ihr Community Religions Projekt, das sie seit Mitte der 1980er Jahre an der University of Leeds durchführt. Wenngleich McLoughlin natürlich Recht hat, wenn er Knotts Arbeit als Beispiel für frühe Studien angibt, fällt dennoch auf, wie lange Ethnizitätsuntersuchungen Religion als Grenzfaktor ignorierten. Religion wurde als Thema der Religionswissenschaft angesehen, aber nicht als Thema genereller sozialwissenschaftlicher Studien. Als ich in den 1990er Jahren nach theoretischen Analysen zum Thema Ethnizität und Religion suchte, fand ich, abgesehen von den Arbeiten von Hans Mol, Religion nur ab und an beiläufig behandelt (Schmidt 1995: 343–355). Ich möchte mich übrigens noch bei Kim Knott dafür entschuldigen, dass ich sie in meinem Buch 1995 als Mann behandelt habe – ein geradezu klassisches kulturelles Missverständnis.

14 Genauso schließt er Hindu-Fundamentalismus aus (2005: 351).

15 In anderen Ländern erlaubt das Tragen der Kopf- oder Körperbedeckung Frauen den Zugang zum öffentlichen Leben (ter Haar 2003: 11, mit Verweis auf Tozy 1996).

16 Munson verweist auf nordirische Protestanten (Protestant Unionism), deren Angst vor Identitätsverlust gegenüber den katholischen Iren 1979 zum Wahlerfolg des fundamentalistischen Reverend Ian Paisley führte, sowie auf die militante Sikh-Bewegung in Indien, deren fundamentalistische Dimension ebenfalls einer nationalistischen untergeordnet war (Munson 2005: 341).

17 Zur Debatte um die umstrittene Verwendung des Begriffs siehe Usarski 1999. Der Autor zeigt darin, wie der im Westen kreierte Begriff nach der Wiedervereinigung auf den Osten übertragen wurde und dort zu einem „moralischen Kreuzzug" führte, ohne Verständnis für die Realität und ohne jüngere Studien zu berücksichtigen.

18 Barker ist Gründerin und Direktorin des Information Network Focus on Religious Movements (INFORM) mit Sitz an der London School of Economics. Es handelt sich bei INFORM um eine wohltätige Einrichtung, die Informationen über neue religiöse Bewegungen sammelt und anbietet.

Weiterführende Literatur

An dieser Stelle folgen wiederum einige neuere Werke, die sich mit den vorgestellten Themen beschäftigen. Ich liste vor allem Sammelwerke auf, deren Autoren Ansätze unterschiedlicher Disziplinen vorstellen.

Barnes, Linda L. und Sered, Susan S. (Hrsg.). 2005. *Religion and Healing in America.* Oxford: Oxford University Press.
Therapieangebote stellen häufig für neue Religionen die erste Möglichkeit dar, Kontakt aufzunehmen. Diese Sammlung von Artikeln zeigt die Vielfalt von religiösen Phänomenen in Verbindung zur Heilung – von spiritueller Heilung über Dimensionen islamischer Heilung, Schamanismusangeboten bis Vodou, Wicca und vielem mehr.

Comaroff, Jean und John Comaroff (Hrsg.). 1993. *Modernity and its Malcontents: Ritual and Power in Postcolonial Africa.* Chicago: Chicago University Press.

Dieses Buch enthält interessante Beiträge zum Thema Religion und Macht im postkolonialen Afrika. Unter anderem geht es um Hexerei und die Vermarktung von Religion. Viele der Themen, die von den Autoren angesprochen werden, können auch auf andere Regionen übertragen werden, so dass dieser Band auch für die Religionsforschung außerhalb Afrikas interessant ist.

Davie, Grace, Paul Hellas und Linda Woodhead (Hrsg.). 2003. *Predicting Religion. Christian, Secular and Alternative Futures*. Aldershot: Ashgate.
Wenngleich die meisten Beiträge dieses Sammelbandes Großbritannien behandeln, sprechen sie dennoch viele Themen an, welche auch die Entwicklung von Religionen in anderen Gesellschaften betreffen. Es geht beispielsweise um Neues Heidentum, Religion im Cyberspace, Astrologie, aber auch um die Quäker und um Personen, die nicht zu einer Kirche gehören, sich dennoch als spirituell bezeichnen.

Deegalle, Mahinda (Hrsg.). 2006. *Buddhism, Conflict and Violence in Modern Sri Lanka*. London: Routledge.
Dieses Sammelwerk ist ein gutes Beispiel für eine interdisziplinäre Kooperation im Bereich der Religionsforschung. Mit Schwerpunkt auf Sri Lanka diskutieren die Autoren in ihren Beiträgen unterschiedliche Antworten auf die Frage nach einer möglichen Lösung der andauernden Krise in Sri Lanka sowie die Rolle, die die Religion in diesem Konflikt spielt.

Haar, Gerrie ter und James J. Busuttil (Hrsg.). 2003. *The Freedom to do God's Will: Religious Fundamentalism and Social Change*. London/New York: Routledge.
Dieses Buch präsentiert zehn Beiträge über fundamentalistische Bewegungen unterschiedlichster Traditionen (u. a. von Mormonen, Buddhisten, Hindus, Muslimen und Christen). Ein Augenmerk ist dabei auf die Position von Frauen sowie auf den Umgang mit dem sozialen Wandel gerichtet.

Harvey, Graham und Charles D. Thompson (Hrsg.). 2005. *Indigenous Diasporas and Dislocations*. Aldershot: Ashgate.
In zehn Kapiteln behandeln die Autoren unterschiedliche Probleme, wie beispielsweise die mobile Identität der Mapuche, die Diaspora der Maori, die Umsiedlung der Haudenosaunee, aber auch die Indigenisierung afroamerikanischer Religionen wie des Candomblé. Die Anwendung des Diaspora-Konzepts auf indigene Kulturen ist überaus gelungen und bietet interessante Ansatzpunkte für Forschungen.

Johnson, Paul C. 2007. *Diaspora Conversions: Black Carib Religion and the Recovery of Africa*. Berkeley: University of California Press.
Diese Monografie verbindet in ausgezeichneter Weise Theorie und Ethnografie. Der Autor beschreibt die Entstehung einer Diaspora-Religion anhand seiner jahrelangen Untersuchungen in Honduras und in New York. Seine anschauliche Darstellung von Ritualen im Herkunftsland und im Gastland illustrieren die Dynamik der Religion und sind hervorragende Beispiele für Ritualstudien.

Matory, J. Lorand. 2005. *Black Atlantic Religion: Tradition, Transnationalism, and Matriarchy in the Afro-Brazilian Candomblé*. Princeton: Princeton University Press.
Der Autor verbindet in dieser Arbeit die afrobrasilianische Religion Candomblé mit der Debatte um Transnationalismus und Kreolisierung. Hauptaugenmerk ist die Auseinandersetzung mit der US-amerikanischen Anthropologin Ruth Landes und ihrem Einfluss auf die Interpretation des Candomblé.

Vertovec, Steven. 1992. *Hindu Trinidad: Religion, Ethnicity and Socio-Economic Change.* London: Macmillan Caribbean.
Vertovec, Steven. 2000. *Hindu Diaspora Comparative Patterns.* (Global Diasporas) London: Routledge.
Beide Bücher bieten zusammen einen anschaulichen Überblick über die Hindu-Diaspora. Ausgehend von seiner Studie über Trinidad blickt der Autor im zweiten Buch auf verschiedene Hindu-Gemeinden und diskutiert das Diaspora-Konzept hinsichtlich der Hindu-Gemeinschaften.

Anhang

Glossar

Ahn verstorbene Person, die zu Lebzeiten bereits große Bedeutung in ihrer Gruppe erlangte, so dass ihr Ansehen über den Tod hinaus bestehen bleibt bzw. noch anwächst; in der Regel wird einer Person der Ahnenstatus in einer besonderen Zeremonie nach ihrem Tod verliehen und besteht, solange die religiöse Verehrung andauert. Ahnen werden regelmäßig konsultiert und sind ihrer Gruppe über Generationen verbunden.

Animismus Glaube an die Beseeltheit von Lebewesen, abgeleitet vom lateinischen *anima* für Seele, aus wissenschaftshistorischer Sicht lange Zeit als minderwertige und simple Vorform von Religion betrachtet, erfährt der Begriff seit kurzem ein Revival und wird wieder zur Kennzeichnung einer bestimmten Glaubensvorstellung verwendet, allerdings nicht für eine autonome Religion, sondern für einen bestimmten Teil verschiedener Glaubenssysteme.

Besessenheit religiöser Ausnahmezustand des Menschen, in dem das Ich temporär ausgeschaltet oder überlagert und der Körper von einem übermenschlichen Wesen (Geist oder Gott) kontrolliert wird; aufgrund der negativen Konnotation des Begriffs heute auch mit (religiöser) Manifestation des Geistes oder Gottes im Körper umschrieben.

Communitas von Victor Turner geprägter Begriff für eine Gemeinschaft aus Personen in einer liminalen Phase; der egalitäre und strukturlose Zusammenschluss repräsentiert die Anti-Struktur der Gesellschaft.

Divination *siehe* Orakel

Ekstase religiöser Ausnahmezustand des Menschen, oftmals assoziiert mit dem temporären Verlassen des menschlichen Körpers durch die Seele aufgrund religiöser Verzückung, Rausch, Schreck oder anderer Ursachen oder aber mit der Inbesitznahme des menschlichen Körpers durch einen Geist oder Gott; früher meistens von der Geisterbesessenheit unterschieden, heute aber als Oberbegriff weitgehend akzeptiert.

emisch/etisch Begriffe zur Kennzeichnung unterschiedlicher Untersuchungsweisen, die analog zu den von Kenneth Pike 1954 geprägten linguistischen Bezeichnungen *phonemic* und *phonetic* formuliert wurden; emische Kennzeichen haben eine besondere Bedeutung in einer Kultur, während etische Elemente kulturübergreifende Bedeutung haben; entsprechend wird heute bei der Darstellungsweise zwischen einer Innenansicht (emisch) und einer Außenansicht (etisch) unterschieden.

etisch *siehe* emisch

Fetisch abgeleitet von dem Begriff *feitiço* (Portugiesisch für „nachgemacht"), mit dem portugiesische Reisende westafrikanische Figuren und Masken bezeichneten; 1757 von Charles de Brosses als *fétiche* zur Bezeichnung von Objekten religiöser Verehrung neu kreiert; heute nicht mehr verwendet, da nicht das Objekt, sondern der in ihm wohnende Geist verehrt wird.

Fetischismus Verehrung eines Objekts, oft als krankhaft bezeichnet.

Fundamentalismus religiöse Ausrichtung, die sich auf einen bestimmten religiösen Text, eine bestimmte Auslegung des Textes oder eine bestimmte Lehre bezieht und diese Grundlagen vehement, mitunter gewaltsam, verteidigt.

Gebet meistens die mündliche Botschaft eines Menschen an ein übernatürliches Wesen (Geist, Gott), von Marcel Mauss als mündliche Rite klassifiziert, die zuweilen physische Bewegungen einschließt.

Geist überirdisches Wesen mit übermenschlicher Kraft, welches das Schicksal der Menschen und anderer Lebewesen beeinflussen kann.

Glauben religiöse Überzeugung; in der Religionsethnologie lange zugunsten der Religionsausübung vernachlässigter Forschungsbereich; umschließt Weltbild, Mythen und Moralkonzepte; allgemein für Vorstellungen verwendet, die als wahr erachtet werden und mit denen die Gläubigen ihr Verhältnis zur übernatürlichen Welt (Gott, Geister) beschreiben.

Gott übermenschliches Wesen, von dem sich die Menschen abhängig fühlen; in monotheistischen Religionen als allmächtiges, höchstes Wesen verehrt, während in polytheistischen Religionen mehrere Götter gleichzeitig verehrt werden, die als übermächtig, aber nicht allmächtig gedacht werden.

Heilige Kern der Glaubensvorstellungen, oft in Opposition zum Alltag gedacht (sakral/profan); jedoch auf viele traditionelle Religionen nicht anwendbar.

Hexerei im christlichen Europa mit negativer Konnotation versehene Bezeichnung für unerklärbare Zauberhandlungen, die oftmals auf einen dämonischen Ursprung zurückgeführt werden; außerhalb Europas meistens Teil der traditionellen Glaubensvorstellungen zur Erklärung rätselhafter Ereignisse.

Initiation Übergangsritus, Weihe zu einem besonderen Status, einer gesonderten Gruppe oder Lebensphase.

Kardezismus im 19. Jahrhundert in Frankreich durch Allan Kardec entstandene Form des Spiritismus, welche den Glauben an die Existenz der Totengeister mit dem Glauben an die Reinkarnation verband, d. h. mit der Möglichkeit, dass Geister sich zyklisch an Körper binden und in dieser physischen Phase durch moralische Lebensführung ihr Karma verbessern und in eine bessere Welt aufsteigen.

Kult nach festen Riten geregelte Verehrung eines übernatürlichen Wesens (Gott, Geist); später übertragen auf neue Religionsbewegungen, aufgrund der negativen Konnotation allerdings von den Gläubigen abgelehnt.

Kulturheros mythische Gestalt, die den Menschen bestimmte Kulturerscheinungen, wie beispielsweise Feuer, brachte.

Liminal von Arnold van Gennep 1909 geprägter Begriff zur Kennzeichnung der Schwellenphase im Übergangsritual (abgeleitet von *limen*, lateinisch für Grenze).

Liminalität von Victor Turner geprägter Begriff als zentrales Kennzeichen der Communitas, basierend auf van Genneps Theorie der Übergangsriten.

Lwa (loa) übernatürliche Wesen im haitianischen Vodou, oft mit Geist oder auch Gott übersetzt; eingeteilt in mehrere Gruppen mit jeweils spezifischen Ritualen; die meisten werden von westafrikanischen Geistern hergeleitet, einige von indianischen Vorstellungen aus der Karibik oder von besonderen menschlichen Vorfahren (in der Regel Kämpfer gegen die Sklaverei oder den Kolonialismus).

Magie Zauberkunst, früher als Vorstadium der Religion betrachtet und oftmals weiterhin als minderwertiges System von Religion unterschieden, wenngleich eine Trennung in der religiösen Praxis nicht möglich ist; Josef Franz Thiel trennt Religion von Magie anhand der Haltung der Gläubigen gegenüber den übernatürlichen Wesen: während sich die Gläubigen in der Religion der übernatürlichen Macht unterwerfen, versuchen die Menschen mithilfe magischer Handlungen, diese Macht nach ihren eigenen Wünschen zu manipulieren.

Mana unpersönliche Kraft, die getrennt von einem physischen Wesen existiert und auf Menschen positiv und negativ wirken kann; erstmals 1879 beschrieben von R. H. Codrington als zentrales Kriterium der melanesischen Religion; oftmals verbunden mit besonderen Naturerscheinungen, wie z. B. besonders geformten Felsen, Quellen oder besonderen Pflanzen.

Monotheismus Glaube an die Existenz eines allmächtigen Gottes, mitunter verbunden mit dem Glauben an weitere übernatürliche Wesen, die allerdings nicht als allmächtig betrachtet werden und ebenfalls von der Gnade des allmächtigen Gottes abhängig sind.

Mystik religiöse Erfahrung, gedacht in Form einer innerlichen Versenkung oder Verschmelzung mit dem übernatürlichen Wesen, oft als geheim betrachtet.

Mythe Überlieferungen, die Geschichten über Götter, Geister oder den Ursprung eines Ritus, der Schöpfung des Kosmos oder bestimmter Moralvorstellungen berichten und auf diese Weise die Glaubensvorstellungen festlegen.

Mythos abgeleitet vom griechischen Mythos wird damit eine Mythe oder das abstrakte Gesamtwerk (basierend auf Elementen aus allen Mythen der Ethnie) bezeichnet.

Naturreligion *siehe* traditionelle Religion

Neue Religiöse Bewegung [oft mit der englischen Abkürzung **NRM** für **New Religious Movement** versehen] Religionen, die im Westen erst nach dem Zweiten Weltkrieg bekannt wurden, meistens kleine Gemeinschaften, die sich um charismatische Personen herum gruppieren und die vor allem junge Menschen anziehen.

Numinos von Rudolf Otto geprägter Begriff für das Heilige.

Obeah afrojamaikanische Tradition.

Opfer Gabe an übernatürliche Mächte, meistens physische Objekte, aber auch immaterielle Gaben wie Dienstleistungen oder Verzicht auf Essen; oft im Rahmen vorgegebener Kulthandlungen erbracht.

Orakel [**Divination**] Weissagung, oft rätselhafte Auskunft übernatürlicher Mächte über das Schicksal oder die Ursache von Problemen mittels Orakelspezialisten, z. B. Priestern oder Schamanen; je nach Traditionen werden unterschiedliche Divinationstechniken verwendet (Karten, Innereien von Tieren oder direkte Kommunikation mit dem Geist oder Gott während der sogenannten Besessenheit).

Oricha [**Orixá** auf Portugiesisch, **Orisha** auf Englisch] übernatürliches Wesen in afrokubanischen und afrobrasilianischen Religionen, oft als Gott übersetzt; Begriff geht auf die Bezeichnung für Götter in der westafrikanischen Yoruba-Religion zurück; beeinflussen das Schicksal der Menschen und stehen im Zentrum der Religionen.

Paideuma (Griechisch für Bildung), von Leo Frobenius geprägter Kernbegriff der Frankfurter Kulturmorphologie zur Kennzeichnung der „Kulturseele" bzw. Gestalt einer Kultur, losgelöst von den Menschen.

Paraphernalia materielle Ausstattung bzw. Zubehör

Polytheismus Glaube an die Existenz mehrerer Götter, die miteinander in Beziehung stehen und das Schicksal der Menschen und anderer Lebewesen beeinflussen.

Priester religiöser Spezialist, der eine Mittlerfunktion zwischen Menschen und den übernatürlichen Mächten ausübt und dafür speziell ausgebildet und geweiht wurde; für den Vollzug der zentralen Kulthandlungen zuständig.

Rite/Ritus religiöse Zeremonie, deren Ablauf einer festgelegten Ordnung folgt und regelmäßig wiederholt wird.

Ritual Gesamtheit der festgelegten, gleich bleibenden und wiederholenden Zeremonien, heute allerdings oftmals synonym für Riten verwendet.

Santería [Religion der Orichas] Afrokubanische Religion, entstanden nach dem Ende der Sklaverei aus einer Mischung von populären katholischen Elementen und der westafrikanischen Yoruba-Religion sowie anderen Elementen westafrikanischer und indianischer Religionen; heute in der Regel unterschieden in Regla Ocha und Regla Ifá.

Säkularismus durch die Abkehr von der Religion gekennzeichnete Phase.

Schamane Mittler zwischen der Welt der Menschen und der übernatürlichen Welt, welche mittels Ekstase erreichbar ist; Begriff stammt aus dem sibirischen Tungusischen, wird heute aber meist weltweit angewendet; Personen, die zum Schamanen berufen werden, gehen in der Regel bei einem Schamanen in die Lehre und können nach der Initiation von Menschen konsultiert werden, d. h. die Ekstase wird stets zum Wohl der Gemeinschaft begangen.

Schamanismus lange als eigenständige Religionsform bezeichnet, gilt er heute als Kennzeichen unterschiedlicher Religionen, in denen besonders ausgebildete Personen zwischen Menschen und übernatürlichen Wesen (Geistern, Göttern) vermitteln, indem ihre Seele den Körper verlässt und auf eine Himmelsreise geht (meistens als Ekstase bezeichnet).

Seele der für unsterblich gehaltene und körperlose Teil eines Menschen, bisweilen unterteilt in mehrere Formen (z. B. kleine Seele und große Seele); je nach Vorstellung verlässt die Seele den Körper nach dem Tod und geht in eine übernatürliche Ebene des Kosmos über bzw. kann mitunter wiedergeboren werden, d. h. wieder an einen Körper gebunden werden.

Spiritualität Oberbegriff für religiöse Erfahrungen, allerdings nicht auf bestimmte Religionen begrenzt, sondern bezieht andere Vorstellungen, die auf einer Erfahrung mit dem Übernatürlichen basieren, mit ein.

Spiritismus Glaube an die Existenz von Totengeistern und die Möglichkeit, mit ihnen in Kommunikation treten zu können; entstanden im 19. Jahrhundert in Europa und dann verbreitet in Amerika, in Lateinamerika vor allem in der Form des französischen Kardezismus.

Sünde Verstoß gegen ein religiöses Gebot, das vor allem im Christentum einen zentralen Platz einnimmt.

Survival kulturelle Überbleibsel früherer menschlicher Entwicklungsstufen (nach der evolutionistischen Theorie von Edward B. Tylor).

Symbol Zeichen, Merkmal, Sinnbild

Synkretismus Vermischung mehrerer Systeme zu einem neuen Gebilde, oft im christlichen Kontext verwendet für die Vermischung des Christentums mit anderen, meistens als minderwertig angesehenen indigenen Religionen; aufgrund der negativen Konnotation heute in der Regel nur unter Vorbehalt anwendbar.

Tabu [auch **Taboo**] religiöses Gebot, abgeleitet von dem polynesischen *tapu* für besondere, ausschließlich für den Herrscher bestimmte Objekte, Lebewesen oder Orte, heute jedoch weltweit angewendet für Bereiche, die als heilig betrachtet werden und deshalb nicht berührt werden dürfen.

Taufe Übergangsritus, durch den eine Person (oft ein Kind) Mitglied einer Religionsgemeinschaft wird.

Tempel religiöser Raum oder Gebäude für religiöse Zwecke, der oftmals einer übernatürlichen Macht geweiht ist und in dem die religiösen Zeremonien vollzogen werden.

Totem tierisches oder pflanzliches Wesen oder Naturerscheinung, das von einer Gruppe von Menschen als verwandt betrachtet und verehrt wird; abgeleitet von der nordamerikanischen Algonkin-Sprache wird der Begriff seit dem 19. Jahrhundert weltweit auf Sozialverbände übertragen.

Totemismus verwandtschaftliche Verbindung zwischen einem Menschen oder einer Gruppe von Menschen und einem Totem (Tier, Pflanze oder Naturerscheinung), wissenschaftshistorisch lange als Ursprung der Religion und vor allem als Kennzeichen australischer Religionen betrachtet, gilt er seit Lévi-Strauss als soziales Ordnungssystem, das zur Aufteilung in exogame Heiratseinheiten dient.

Traditionelle Religion [oft auch unter der Bezeichnung **Naturreligion**, **autochtone Religion**, **schriftlose Religion**, **indigene Religion** bekannt] in der Regel lokal begrenzte Religion, deren Traditionen lange Zeit oral tradiert wurden (oder noch immer werden), die keine religiösen Institutionen und Hierarchien ausgebildet haben und die in der Regel die Konversion und damit einhergehend die Missionierung durch Andersgläubige ablehnen; aufgrund der zunehmenden Globalisierung im 20. und 21. Jahrhundert verändern sich viele traditionelle Religionen derzeit radikal und können oft nicht mehr als lokal begrenzt oder schriftlos gekennzeichnet werden.

Trance religiöser Ausnahmezustand eines Menschen, in dem die Person der Welt entrückt ist und sich je nach Religion in einem schlafähnlichen Zustand befindet: die Person verschmilzt mit einer übernatürlichen Macht, gerät in Ekstase oder in einen Zustand der religiösen Erkenntnis.

Trickster schelmhafte widersprüchliche mythische Gestalt, die durch Zufall, Versehen oder Boshaftigkeit Unglück bewirkt; abgeleitet aus dem nordamerikanischen Kontext ist dieser Typ weltweit verbreitet, gilt mitunter auch als Kulturheros.

Übergangsritus von Arnold van Gennep erstmals ausführlich beschriebener, in drei Phasen verlaufender Ritus, mit dem der Übergang von einem sozialen Status in einen anderen zeremoniell begangen wird; eine Person passiert im Leben zahlreiche Übergangsrituale, die meistens von religiösen Kulthandlungen begleitet werden; das zentrale Ritual in allen Religionen ist die Aufnahme in eine Religionsgemeinschaft, aber auch Geburt, Tod und andere Phasen werden mit Übergangsriten markiert.

Vodou (Wodu) haitianische Religion, die Elemente aus westafrikanischen Religionen mit einzelnen katholischen Elementen verbindet; nach dem Ende der Sklaverei entwickelte sich ein komplexes System bestehend aus Priestern, einem Pantheon aus Geistern (lwa) und detaillierten Ritualen, das heute zunehmend auch Personen außerhalb Haitis anspricht.

Weltenbaum in vielen Religionen vorgestellte Verbindung zwischen den verschiedenen Ebenen des Kosmos, oft in Form eines Baumes oder einer Säule gedacht und im Tempel durch ein entsprechendes Objekt symbolisiert, in dessen Nähe wichtige Rituale durchgeführt werden.

Zivilreligion von Jean-Jacques Rousseau kreierter Begriff, der 1967 von Robert Bellah zur Kennzeichnung der US-amerikanischen Gesellschaft ausgebaut wurde; nach Bellah bietet die Zivilreligion den USA ein einheitliches nationalistisches Konzept unter einem Gottesbegriff, der nicht christlich, sondern eher unitaristisch gedacht ist und eine religiöse Legitimation des Staates anbietet.

Zombie Begriff aus dem haitianischen Vodou für Menschen, deren Seele gestohlen wurde, und die aufgrund dessen willenlos wurden.

Bibliografie

Ahmed, Durre S. 1997. Women, Psychology and Religion. In: *Women and Religion: Debates on a Search,* hrsg. von der Heinrich Böll Foundation. Lahore: Heinrich Böll Foundation, S. 23–45.

Alexander, Bobby. 1997. Ritual and current studies of ritual: Overview. In: *Anthropology of Religion: A handbook,* hrsg. von Stephen Glazier. Westport: Greenwood Press, S. 139–160.

Alexander, Philip S. 2005. Mysticism. In: *The Oxford Handbook of Jewish Studies*, hrsg. von Martin Goodman. Oxford: Oxford University Press, S.705–732.

Allen, Catherine J. 2003 (1988). *The Hold Life Has: Coca and Cultural Identity in an Andean Community.* Washington/London: Smithsonian Institution.

Ammermann, Nancy. 2003. Re-awakening a sleeping giant: Christian fundamentalists in late twentieth-century US society. In: *The Freedom to Do God's Will: Religious Fundamentalism and Social Change*, hrsg. von Gerrie ter Haar und James J. Busuttil. London: Routledge, S. 89–110.

An-Na'him, Abdullahi Ahmend. 2003. Islamic Fundamentalism and Social Change: Neither the 'End of History' Nor a 'Clash of Civilizations'. In: *The Freedom to Do God's Will: Religious Fundamentalism and Social Change*, hrsg. von Gerrie ter Haar und James J. Busuttil. London: Routledge, S. 25–48.

Arnal, William E. 2000. Definition. In: *Guide to the Study of Religion*, hrsg. von Willi Braun und Russell T. McCutcheon. London: Cassell, S. 21–34.

Arweck, Elisabeth. 2002. New Religious Movements. In: *Religions in the Modern World,* hrsg. von Linda Woodhead et al. London: Routledge, S. 264–288.

Asad, Talal. 1993. *Genealogies of Religion: Discipline and Reasons of Power in Christianity and Islam.* Baltimore: Hopkins.

Asad, Talal. 2003. *Formations of the Secular. Christianity, Islam, Modernity.* Stanford: Stanford University Press.

Bachofen, Johann Jakob. 1993 (1861). *Das Mutterrecht. Eine Untersuchung über die Gynaikokratie der alten Welt nach ihrer religiösen und rechtlichen Natur.* Frankfurt am Main: Suhrkamp.

Baer, Gerhard. 1984. *Die Religion der Matsigenka, Ost-Peru. Monographie zu Kultur und Religion eines Indianervolkes des Oberen Amazonas.* Basel: Wepf.

Bamberger, Joan. 1974. The Myth of Matriarchy: Why men rule in primitive society. In: *Woman Culture and Society*, hrsg. von Michelle Z. Rosaldo und Louise Lamphere. Stanford: Stanford University Press, S. 263–280.

Barker, Eileen. 1984. *The Making of a Moonie.* Oxford: Blackwell.

Barker, Eileen. 2001 (1999). New Religious Movements: Their Incidence and Significance. In: *New Religious Movements: Challenge and Response*, hrsg. von Bryan Wilson und Jamie Cresswell. London: Routledge, S. 15–31.

Barley, Nigel. 1990 (1986). *Traumatische Tropen: Notizen aus meiner Lehmhütte*. Stuttgart: Klett-Cotta.

Barner, Wilfried, Anke Detken und Jörg Wesche. 2003. Einleitung: Mythos und Mythentheorie. In: *Texte zur modernen Mythentheorie*, hrsg. von Wilfried Barner, Anke Detken und Jörg Wesche. Stuttgart: Reclam, S. 8–23.

Barnes, Linda L. und Susan S. Sered (Hrsg.). 2005. *Religion and Healing in America*. Oxford: Oxford University Press.

Bartra, Roger. 1997. *The artificial savage: modern myths of the wild man*. Ann Arbor: The University of Michigan Press.

Bastide, Roger. 1960. *Les religions africaines au Brésil*. Paris: Presses universitaires de France.

Bastide, Roger. 1967. *Les Amériques noires: Les civilisations africaines dans le Nouveau Monde*. Paris: Payot.

Bastide, Roger. 1970. Mémoire collective et sociologie du bricolage. In: *L'Année Sociologique* 3. Série, Vol. 21, S. 65–108.

Bauman, Richard. 1977. Verbal Art as Performance. In: *American Anthropologist*, Vol. 77, S. 290–311.

Baumann, Gerd. 1996. *Contesting culture: discourses of identity in multi-ethnic London*. Cambridge: Cambridge University Press.

Baumann, Gerd. 2000. Das Rätsel der multikulturellen Gsellschaft: Neue Wege durch den ethnologischen Dreischritt. In: *Die offenen Grenzen der Ethnologie: Schlaglichter auf ein sich wandelndes Fach, Klaus E. Müller zum 65. Geburtstag,* hrsg. von Sylvia M. Schomburg–Scherff und Beatrix Heintze. Frankfurt am Main: Lembeck, S. 157–169.

Beale, D.O. 1986. *In Pursiut of Purity: American Fundamentalism since 1850*. Greenville: Unusual Publications.

Beer, Bettina (Hrsg.). 2003. *Methoden und Techniken der Feldforschung*. Berlin: Reimer Verlag.

Behrend, Heike. 1993. *Alice und die Geister. Krieg im Norden Ugandas*. München: Trickster.

Bell, Catherine. 1992. *Ritual Theory, Ritual Practice*. New York: Oxford University Press.

Bell, Catherine. 1997. *Ritual: Perspectives and Dimensions*. Oxford: Oxford University Press.

Bell, Catherine. 2006. Ritual. In: *The Blackwell Companion to the Study of Religion*, hrsg. von Robert A. Segal. Oxford: Blackwell, S. 397–411.

Bennett, Lynn. 1983. *Dangerous Wives and Sacred Sisters. Social and Symbolic Roles of High-Caste Women in Nepal*. New York: Columbia University Press.

Berger, Peter. 1988 (1967). *Zur Dialektik von Religion und Gesellschaft: Elemente einer soziologischen Theorie*. Frankfurt am Main: Fischer.

Berger, Peter. 2002. Secularization and De-Secularization. In: *Religions in the Modern World,* hrsg. von Linda Woodhead et al. London: Routledge, S. 291–298.

Berger, Peter. 2005. Religion and Global Civil Society. In: *Religion in Global Civil Society*, hrsg. von Mark Juergensmeyer. Oxford: Oxford University Press, S. 11–22.

Berger, Peter L. und Samuel P. Huntington (Hrsg.). 2002. *Many Globalizations: Cultural Diversity in the Contemporary World*. Oxford: Oxford University Press.

Bião, Armindo. 1996. Questions posées a la théorie: une approche bahianaise de l'ethnoscénologie. In: *La scène et la terre: questions d'ethnoscénologie,* hrsg. von Maison des Cultures du Monde. Paris: Babel, S. 145–152.

Blain, Jenny. 2002. *Nine Worlds of Seid-Magic: Ecstasy and Neo-Shamanism in North European Paganism*. London/New York: Routledge.

Bloch, Maurice. 1986. *From Blessing to Violence*. Cambridge: Cambridge University Press.

Blumenberg, Hans. 1979. *Arbeit am Mythos*. Frankfurt am Main: Suhrkamp.

Boas, Franz. 1982 (1940). *Race, Language and Culture*. Chicago: University of Chicago Press.

Boddy, Janice. 1989. *Wombs and Alien Spirits: women, men, and the Zar cult in Northern Sudan*. Madison: University of Wisconsin Press.

Boddy, Janice. 2004. Spirit Possession Revisited: Beyond Instrumentality. In: *Annual Review of Anthropology*, Vol. 23, S. 407–434.

Bourdieu, Pierre. 1987 (1980). *Sozialer Sinn: Kritik der theoretischen Vernunft*. Frankfurt am Main: Suhrkamp.

Boyer, Pascal. 1994. *The Naturalness of Religious Ideas: A Cognitive Theory of Religions*. Berkeley: University of California Press.

Bowie, Fiona. 2006 (2000). *The Anthropology of Religion* (2. Auflage). Oxford: Blackwell.

Bowie, Fiona. 2000. *The Anthropology of Religion*. Oxford: Blackwell.

Braun, Willi. 2000. Religion. In: *Guide to the Study of Religion*, hrsg. von Willi Braun und Russell T. McCutcheon. London: Cassell, S. 3–18.

Braun, Willi und Russell T. McCutcheon (Hrsg.). 2000. *Guide to the Study of Religion*. London: Cassell.

Brown, Karen McCarthy. 2001 (1991). *Mama Lola: A Vodou Priestess in Brooklyn*. Updates and Expanded Edition. Berkeley/Los Angeles: University of California Press [die Erstauflage erschien auf Deutsch unter dem gleichlautenden Titel 2000 bei der Europäischen Verlagsanstalt].

Brown, Karen McCarthy. 2005 (1999). Writing about 'the Other'. In: *The Insider/Outsider Problem in the Study of Religion*, hrsg. von Russel T. McCutcheon. London: Cassell, S. 350–353.

Bruce, Steve. 2000. *Fundamentalism*. Cambridge: Polity Press.

Bruce, Steve. 2002. *God is Dead: Secularization in the West*. Oxford: Blackwell.

Bruce, Steve. 2006. Secularization. In: *The Blackwell Companion to the Study of Religion*, hrsg. von Robert A. Segal. Oxford: Blackwell, S. 413–429.

Bruner, Edward M. 1986. Experience and its Expressions. In: *The Anthropolgy of Experience*, hrsg. von Victor W. Truner und Edward M. Bruner. Urbana: University of Illinois Press, S. 3–30.

Bynum, Caroline Walker. 1991. *Fragmentation and Redemption: Essays on Gender and the Human Body in Medieval Religion*. New York: Zone Books.

Bystřina, Ivan. 1991. Das Erbe des Schamanismus in Palästina. In: *Hungrige Geister und rastlose Seelen: Texte zur Schamanismusforschung*, hrsg. von Michael Kuper. Berlin: Reimer, S. 181–213.

Campbell, Joseph. 1993 (1949). *The hero with a thousand faces*. London: Fontana [auf Deutsch erschienen unter dem Titel *Der Heros in tausend Gestalten*. Frankfurt am Main: Suhrkamp, 1978].

Capone, Stefania. 1999. *La quête de l'Afrique dans le candomblé. Pouvoir et tradition au Brésil*, Paris: Karthala [erscheint 2009 auf Englisch unter dem Titel: *Searching for Africa in Brazil. Power and tradition in Candomblé*].

Capone, Stefania. 2005. *Les Yoruba du Nouveau Monde. Religion, ethnicité et nationalisme noir aux États-Unis*. Paris: Karthala.

Carneiro, Edison. 1961. *Candomblés da Bahia*. (3. Auflage), Rio de Janeiro: Conquista.

Carrette, Jeremy und Richard King. 2005. *Selling Spirituality: The Silent Takeover of Religion*. London: Routledge.

Castaneda, Carlos. 1976 (1968). *The Teachings of Don Juan*. Harmondsworth: Penguin.

Charlesworth, Max. 1997. *Religious Inventions*. Cambridge: Cambridge University Press.

Charlesworth, Max. 2005. Introduction. In: *Aboriginal Religions in Australia: An Anthology of Recent Writings,* hrsg. von Max Charlesworth, Françoise Dussart und Howard Morphy. Aldershot: Ashgate, S. 1–27.

Civrieux, Marc de. 1980 (1970). *Watunna: An Orinoco Creation Cycle*. San Francisco: North Point Press.

Clifford, James. 1994. Diasporas. In: *Cultural Anthropology*, Vol. 9 (3), S. 302–338.

Clifford, James. 1997. Spatial practices: fieldwork, travel, and the disciplining of anthropology. In: *Anthropological locations: boundaries and grounds of a field science*, hrsg. von Akhil Gupta und James Ferguson. Berkeley/Los Angeles: University of California Press, S. 185–222.

Coakley, Sarah. 1997. Introduction: Religion and the Body. In: *Religion and the Body*, hrsg. von Sarah Coakley. Cambridge: Cambridge University Press, S. 1–12.

Coakley, Sarah (Hrsg.). 1997. *Religion and the Body*. Cambridge: Cambridge University Press.

Cohen, Robin. 1997. *Global Diasporas: an introduction*. Seattle: University of Washington Press.

Coleman, Simon und John Eade. 2004. Introduction. Reframing Pilgrimage. In: *Reframing Pilgrimage: Cultures in Motion,* hrsg. von Simon Coleman und John Eade. London: Routledge, S. 1–25.

Coleman, Simon und Peter Collins (Hrsg.). 2004. *Religion, Identity and Change: Perspectives on Global Transformations*. Hants/Burlington: Ashgate.

Comaroff, Jean und John Comaroff. 1991. *Of Revelation and Revolution: Christianity, Colonialism, and Consciousness in South Africa, Volume 1*. Chicago: University of Chicago Press.

Comaroff, Jean und John Comaroff. 1992. *Ethnography and the Historical Imagination*. Boulder: Westview Press.

Comaroff, Jean und John Comaroff (Hrsg.). 1993. *Modernity and its Malcontents: Ritual and Power in Postcolonial Africa*. Chicago: Chicago University Press.

Da Matta, Roberto. 1991 (1979). *Carnivals, rogues, and heroes: an interpretation of the Brazilian dilemma*. Notre Dame/London: University of Notre Dame Press.

Dalmas, Antoine. 1814. *Histoire de la révolution de Saint-Domingue*. Paris: Mame Frères.

Dammann, Rüdiger. 1992. Die Entdeckung des inneren und des äußeren Auslands. In: *Kea*, Vol. 4, S. 21–38.

Davie, Grace. 2000. *Religion in Modern Europe. A Memory Mutates*. Oxford: Oxford University Press.

Davie, Grace, Paul Hellas und Linda Woodhead (Hrsg.). 2003. *Predicting Religion. Christian, Secular and Alternative Futures*. Aldershot: Ashgate.

Darwin, Charles. 1871. *The Descent of Man, and Selection in Relation to Sex*. London: John Murray.

Dawkins, Richard. 2006. *The God Delusion*. London: Bantam Press.

Dayan, Joan. 2003. Querying the Spirit: The Rules of the Haitian lwa. In: *Colonial Saints: discovering the Holy in the Americas, 1500–1800*, hrsg. von Allan Greer und Jodi Bilinkopf. New York/London: Routledge, S. 31–50.

Deegalle, Mahinda (Hrsg.). 2006. *Buddhism, Conflict and Violence in Modern Sri Lanka*. London: Routledge.

Deflem, Mathieu. 1991. Ritual, Anti-Structure, and Religion. In: *Journal for the Scientific Study of Religion,* Vol. 30 (1), S. 1–25.

Douglas, Mary. 1966. *Purity and Danger: An Analysis of Concepts of Pollution and Taboo*. London: Routledge & Kegan Paul. [auf Deutsch erschien unter dem Titel *Reinheit und Gefährdung: Eine Studie zu Vorstellungen von Verunreinung und Tabu*. Brown: Reimer, 1985; Frankfurt am Main: Suhrkamp-Taschenbuch, 1988].

Douglas, Mary. 1993 (1970). *Ritual, Tabu und Körpersymbolik: Sozialanthropologische Studien in Industriegesellschaft und Stammeskultur*. Frankfurt am Main: Fischer.

Driver, Tom F. 1998. *Liberating Rites: Understanding the Transformative Power of Ritual.* Boulder: Westview Press

Drotbohm, Heike. 2005. *Geister in der Diaspora: Haitianische Diskurse über Geschlechter, Jugend und Macht in Montreal, Kanada.* Marburg: Curupira.

Drummond. Lee. 1977. On being Carib. In: *Carib-speaking Indians: Culture, Society and Language,* hrsg. von Ellen Basso. Tuscon: University of Arizona Press, S. 76–88.

Duerr, Hans Peter (Hrsg.). 1985 (1980). *Der Wissenschaftler und das Irrationale. Erster Band: Beiträge aus Ethnologie und Anthropologie I.* Frankfurt am Main: Syndikat.

Durkheim, Émile. 1994. *Die elementaren Formen des religiösen Lebens.* Frankfurt am Main: Suhrkamp [*Les formes élémentaires de la vie religieuse: Le système totémique en Australie.* Paris: Félix Alcan, 1912].

Eade, John und Michael Sallnow (Hrsg.). 1991. *Contesting the Sacred: The Anthropology of Christian Pilgrimage.* London: Routledge.

Edgerton, Robert B. 1992. *Sick societies: challenging the myth of primitive harmony.* New York: Free Press.

Edgerton, Robert B. 2000. Traditional Belief and Practices - Are Some Better than Others? In: *Culture Matters,* hrsg. von Lawrence E. Harrison und Samuel P. Huntington. New York: Basic Books, S. 126–140.

Eliade, Mircea. 1954. *Die Religionen und das Heilige. Elemente der Religionsgeschichte.* Salzburg: Müller Verlag.

Eliade, Mircea. 1994 (1951). *Schamanismus und archaische Ekstasetechnik.* Frankfurt am Main: Suhrkamp.

Eller, Jack David. 2007. *Introducing Anthropology of Religion: Culture to the Ultimate.* New York/London: Routledge.

Evans-Pritchard, Edward E. 1981. *Theorien über primitive Religionen.* Frankfurt am Main: Suhrkamp [im Orginal erschienen 1965 unter dem Titel *Theories of Primitive Religion.* Oxford: Clarendon Press].

Evans-Pritchard, Edward E. 1937. *Witchcraft, Oracles and Magic among the Azande.* Oxford: Clarendon Press [auf Deutsch: *Hexerei, Orakel und Magie bei den Zande.* Frankfurt am Main: Suhrkamp, 1988].

Evans-Pritchard, Edward E. 1956. *Nuer Religion.* Oxford: Oxford University Press.

Farmer, Paul. 1992. *AIDS and Accusation: Haiti and the Geography of Blame.* Berkeley: University of California Press.

Favret-Saada, Jeanne. 1979. *Die Wörter, der Zauber, der Tod: Der Hexenglaube im Hainland von Westfrankreich.* Frankfurt am Main: Suhrkamp [*Les mots, la mort, les sorts,* Paris: Gallimard, 1985 (Taschenbuchausgabe)].

Favret-Saada, Jeanne. 1981. *Corps pour corps: Enquête sur la sorcellerie dans le Bocage (Poche).* Paris: Gallimard.

Figueredo Ferretti, Sérgio. 1995. *Repensando o Sincretismo.* São Paulo: Ed. da Universidad de São Paulo.

Findeisen, Hans. 1983. *Die Schamanen: Jagdhelfer und Ratgeber, Seelenfahrer , Künder und Heiler.* Köln: Diederichs.

Firth, Raymond. 1973. *Symbols: Public and Private.* London: Allen & Unwin.

Firth, Raymond. 2004 (1996). *Religion: A Humanist Interpretation.* London/New York: Routledge.

Fox, Judith. 2005. Secularization. In: *The Routledge Companion to the Study of Religion,* hrsg. von Joseph R. Hinnells. London: Routledge, S. 291–305.

Fox, Judith. 2005. New Religious Movements. In: *The Routledge Companion to the Study of Religion,* hrsg. von Joseph R. Hinnells. London: Routledge, S. 323–337.

Frazer, James G. 1922 (1890). *The Golden Bough: A Study of Magic and Religion*. London: Macmillan.

Freud, Sigmund. 1913. *Totem und Tabu. Einige Übereinstimmungen im Seelenleben der Wilden und der Neurotiker*. Wien/Leipzig: Heller.

Freud, Sigmund. 1927. *Die Zukunft einer Illusion*. Wien: Internationaler Psychoanalytischer Verlag.

Frobenius, Leo. 1993 (1933). *Kulturgeschichte Afrikas: Prolegomena zu einer historischen Gestaltlehre*. Wuppertal: Hammer Verlag.

García Canclini, Néstor. 1982. *Las culturas populares en el capitalismo*. La Habana: Ed. Casa de las Américas.

Geertz, Armin. 2004. Definition, Categorization and Indecision: Or, How to Get on with the Study of Religion. In: *Unterwegs. Neue Pfade in der Religionswissenschaft: Festschrift für Michael Pye zum 65. Geburtstag*, hrsg. von Christoph Kleine, Monika Schrimpf und Katja Triplett. München: Biblion Verlag, S. 109–118.

Geertz, Clifford. 1991 (1973). *Dichte Beschreibung: Beiträge zum Verstehen kultureller Systeme*. Frankfurt am Main: Suhrkamp [*Interpretation of Cultures*. London: Hutchinson/New York: Basic Books, 1973].

Geertz, Clifford. 1968. *Islam Observed: Religious development in Morocco and Indonesia*. New Haven: Yale University Press [auf Deutsch erschienen 1988 unter dem *Titel Religiöse Entwicklungen im Islam. Beobachtet in Marokko und Indonesien*. Frankfurt am Main: Suhrkamp].

Geertz, Clifford. 1960. *The Religion of Java*. Illinois: The Free Press of Glencoe.

Geertz, Clifford. 1966. Religion as a cultural system. In: *Anthropological Approaches to the Study of Religion*, hrsg. von M. Banton. Edinburgh: Travistock Publications, S. 1–46 [auf Deutsch enthalten in Geertz 1991].

Geertz, Clifford. 1993 (1988). *Die künstlichen Wilden: der Anthropologe als Schriftsteller*. Frankfurt am Main: Fischer Taschenbuch Verlag.

Gellner, David. 1999. Anthropological Approaches. In: *Approaches to the Study of Religion*, hrsg. von Peter Connolly. London: Cassells, S. 10–41.

Gellner, David. 2004. Review Article: Hinduism. None, one or many? In: *Social Anthropology*, Vol. 12 (3), S. 367–371.

Gellner, Ernst. 1970. Concepts and Society. In: *Rationality*, hrsg. von Bryan R. Wilson. Oxford: Blackwell, S. 18–49.

Georges, Eugenia. 1990. *The making of a transnational community: migration, development, and cultural change in the Dominican Republic*. New York: Columbia University Press.

Gilroy, Paul. 1993. *The Black Atlantic: Modernity and Double Consciousness*. Cambridge: Harvard University Press.

Girard, René. 1972. *La violence et le sacré*. Paris: Grasset. [auf Deutsch erschienen 1994 unter dem Titel *Das Heilige und die Gewalt*, Frankfurt am Main: Fischer].

Götz, Nicola H. 1995. *Obeah – Hexerei in der Karibik – zwischen Macht und Ohnmacht*. Frankfurt am Main: Peter Lang Verlag.

Greifeld, Katharina und Bettina E. Schmidt. 2003. Medizinische Systeme Süd- und Afroamerikas. In: *Ritual und Heilung: Eine Einführung in die Medizinethnologie*, hrsg. von Katharina Greifeld. Berlin: Reimer Verlag, S. 105–132.

Gupta, Akhil und James Ferguson. 1997. Discipline and practice: „the field" as site, method, and location in anthropology. In: *Anthropological locations: boundaries and grounds of a field science*, hrsg. von Akhil Gupta und James Ferguson. Berkeley/Los Angeles: University of California Press, S. 1–46.

Haar, Gerrie ter. 2003. Religious Fundamentalism and Social Change: A Comparative Inquiry.

In: *The Freedom to Do God's Will: Religious Fundamentalism and Social Change*, hrsg. von Gerrie ter Haar und James J. Busuttil. London: Routledge, S. 1–24.

Haar, Gerrie ter und James J. Busuttil (Hrsg.). 2003. *The Freedom to Do God's Will: Religious Fundamentalism and Social Change*. London: Routledge.

Hackett, Rosalind I. J. 2005. Anthropology of Religion. In: *The Routledge Companion to the Study of Religion*, hrsg. von John R. Hinnells. London: Routledge, S. 144–163.

Halbwachs, Maurice. 1985. *Das Gedächtnis und seine sozialen Bedingungen*. Frankfurt am Main: Suhrkamp.

Halifax, Joan. 1991. *Shamanic Voices: A Survey of Visionary Narratives*. New York: Penguin.

Hannerz, Ulf. 1980. *Exploring the City: inquiries toward an urban anthropology*. New York: Columbia University Press.

Harner, Michael. 1990 (1980). *The Way of the Shaman*. New York: Harper & Collins.

Harris, Marvin. 1975. *Cows, Pigs, Wars and Witches*. London: Hutchison.

Harrison, Jane E. 1903. *Prolegomena to the Study of Greek Religion*. Cambridge: Cambridge University Press.

Harvey, Graham. 1997. *Listening People, Speaking Earth: Contemporary Paganism*. London: Hurst & Company.

Harvey, Graham. 2003. Guesthood as Ethical Decolonising Research Method. In: *Numen*, Vol. 50, S. 125–146.

Harvey, Graham. 2005. *Animism: Respecting the Living World*. London: Hurst & Company.

Harvey, Graham und Charles D. Thompson (Hrsg.). 2005. *Indigenous Diasporas and Dislocations*. Aldershot: Ashgate.

Hervieu-Léger, Danièle. 2000 (1993). *Religion as a Chain of Memory*. Cambridge: Polity Press.

Hinnells, John. 1998. Introduction to the New Handbook. In: *The New Penguin Handbook of Living Religions*, hrsg. von John Hinnells. (überarbeitete Neuauflage). London: Penguin, S. 1–2.

Hinnells, John (Hrsg.). 2005. *The Routledge Companion to the Study of Religion* Oxford: Routledge.

Hobsbawm, Eric und Terence Ranger (Hrsg.). 1984 (1983). *The Invention of Tradition*. Cambridge: Cambridge University Press.

Hock, Klaus. 2006 (2002). *Einführung in die Religionswissenschaft*. Darmstadt: Wissenschaftliche Buchgesellschaft.

Hoffmann, Léon-François. 1996. Myth, History and Literature: The Bois-Caïman Ceremony. In: *Ay BoBo- afro-karibische Religionen, Zweite Internationale Tagung der Gesellschaft für Karibikforschung Wien 1990, Teil 2: Voodoo*, hrsg. von Manfred Kremser. Wien: WUV-Universitäts-Verlag, S. 35–50.

Houk, James T. 1992. *The Orisha Religion in Trinidad: A study of culture process and transformation*. Ph. D. thesis, Tulane University.

Houk, James T. 1995. *Spirits, blood, and drums: the Orisha religion in Trinidad*. Philadelphia: Temple University Press.

Hughes-Freeland, Felecia und Mary M. Crain. 1998. Introduction. In: *Recasting Ritual: Performance, Media, Identity*. London: Routledge, S. 1–20.

Hulme, Peter. 1986. *Colonial Encounters: Europe and the Native Caribbean, 1492–1797*. London: Methuen.

Hultkranz, Åke. 1992. *Shamanic Healing and Ritual Drama: Health and Medicine in Native American Religious Traditions*. New York: Crossroad.

Huntington, Samuel P. 1996. *The Clash of Civilizations and the Remaking of World Order*. New York: Simon & Schuster.

Hüwelmeier, Gertrud. 2004. *Närrinnen Gottes. Lebenswelten von Ordensfrauen*. Münster: Waxmann.

Illius, Bruno. 1988. Die 'Große Boa'. Kunst und Kosmologie der Shipibo-Conibo. In: *Die Mythen Sehen: Bilder und Zeichen vom Amazonas*, hrsg. von Mark Münzel. Frankfurt am Main: Musuem für Völkerkunde, S. 705–728

Illius, Bruno. 2005. 'Töpfe von allerley Gestalt…': Fragen zur Frankfurter Shipibo-Sammlung. In: *Augenblicke: Keramik der Moche und Shipibo, Peru*, hrsg. von Mona Suhrbier und Gerda Kroeber-Wolf. Frankfurt am Main: Museum der Weltkulturen, S. 27–46.

Jakobson, Merete Demant. 1999. *Shamanism: traditional and contemporary approaches to the mastery of spirits and healing*. New York: Berghahn Books.

James, Wendy. 2005 (2003). *The Ceremonial Animal: A New Portrait of Anthropology*. Oxford: Oxford University Press.

James, William. 1968 (1902). *The Varieties of Religious Experience: A Study in Human Nature*. London: Collins [auf Deutsch erschienen 1979 unter dem Titel *Die Vielfalt religiöser Erfahrung: eine Studie über die menschlische Natur.* Olten: Walter].

Jensen, Adolf E. 1939. *Hainuwele. Volkserzählungen von der Molukken-Insel Ceram*. Frankfurt am Main: Klostermann.

Jensen, Adolf E. 1992 (1951). *Mythos und Kult bei Naturvölkern. Religionswissenschaftliche Betrachtungen*. München: dtv.

Johnson, Paul C. 2005 (2002). *Secrets, Gossip, and Gods: The Transformation of Brazilian Candomble*. Oxford: Oxford University Press.

Johnson, Paul C. 2007. *Diaspora Conversions: Black Carib Religion and the Recovery of Africa*. Berkeley: University of California Press.

Juergensmeyer, Mark. 2005. Introduction: Religious Ambivalence to Global Civil Society. In: *Religion in Global Civil Society*, hrsg. von Mark Juergensmeyer. Oxford: Oxford University Press, S. 3–10.

Kalweit, Holger. 1988 (1984). *Die Welt der Schamanen: Traumzeit und innerer Raum*. Frankfurt am Main: Fischer.

Kalweit, Holger. 1998. Dunkeltherapie – Eine traditonelle Selbstbefreiungsmethode und ihre Verwendung in der modernen Praxis. In: *Ethnotherapien* (Curare Sonderband), hrsg. von Chrstine E. Gottschalk-Batschkus und Christian Rätsch. Berlin: VWB, S. 223–227.

Kalweit, Holger. 2002. Vom Schamanentum zur modernen Naturtherapie. In: *Handbuch der Ethnotherapien,* hrsg. von Chrstine E. Gottschalk-Batschkus und Joy C. Green. Hamburg: BoD, S. 37–44.

Kassam, Tazim R. 2003. Teaching Religion in the Twenty-First Century. In: *Teaching Islam*, hrsg. von Brannon M. Wheller. Oxford: Oxford University Press, S. 191–215

Keller, Mary. 2002. *The Hammer and the Flute: Women, Power, and Spirit Possession*. Baltimore: John Hopkins University Press.

Khan, Aisha. 2004. *Callaloo Nation: Metaphors of Race and Religious Identity among South Asians in Trinidad*. Durham/London: Duke University Press.

King, Richard. 1999. *Orientalism and Religion: Postcolonial Theory, India and the Mystic East*. New Delhi: Oxford University Press.

King, Richard. 2005. Orientalism and the Study of Religions. In: *The Routledge Companion to the Study of Religion*, hrsg. von Joseph R. Hinnells. London: Routledge, S. 275–290.

King, Ursula und Tina Beattie (Hrsg.). 2004. *Gender, Religion and Diversity: Cross-Cultural Perspectives*. London: Continuum.

Kippenberg, Hans G. und Kocku von Stuckrad. 2003. *Einführung in die Religionswissenschaft: Gegenstände und Begriffe*. München: Beck.

Knott, Kim. 2005. Insider/Outsider Perspectives. In: *The Routledge Companion to the Study of Religion*, hrsg. von Joseph R. Hinnells. London: Routledge, S. 243–258.

Köpping, Klaus-Peter. 1998. Inszenierung und Transgression in Ritual und Theater – Grenzprobleme der performativen Ethnologie. In: *Ethnologie und Inszenierung: Ansätze zur Theaterethnologie*, hrsg. von Mark Münzel und Bettina E. Schmidt. Marburg: Förderverein Völkerkunde in Marburg, S. 45–85.

Kohl, Karl-Heinz. 1988. Ein verlorener Gegenstand? Zur Widerstandsfähigkeit autochthoner Religionen gegenüber dem Vordringen der Weltreligionen. In: *Religionswissenschaft*, hrsg. von Helmut Zinser. Berlin: Reimer, S. 252–273.

Kohl, Karl-Heinz. 1993. *Ethnologie – die Wissenschaft vom kulturell Fremden: eine Einführung*. München: Beck.

Kohl, Karl-Heinz. 1998. *Der Tod der Reisjungfrau: Mythen, Kulte und Allianzen in einer ostindonesischen Lokalkultur* (Religionsethnologische Studien des Frobenius-Instituts Frankfurt am Main, 1). Stuttgart: Kohlhammer.

Kohl, Karl-Heinz. 2000. Prozesse kultureller Selbstbehauptung und die Rolle der Ethnologie. In: *Die offenen Grenzen der Ethnologie: Schlaglichter auf ein sich wandelndes Fach, Klaus E. Müller zum 65. Geburtstag*, hrsg. von Sylvia M. Schomburg-Scherff und Beatrix Heintze. Frankfurt am Main: Lembeck, S. 68–82.

Kramer, Fritz. 1987. *Der Rote Fes. Über Besessenheit und Kunst in Afrika*. Frankfurt am Main: Athenäum.

Kramer, Fritz. 2000. Ritual. *Wörterbuch der Ethnologie* (zweite erweiterte Auflage), hrsg. von Bernhard Streck. Wuppertal: Hammer, S. 210–213.

Kremser, Manfred. 1992. Kontinuität religiöser Kultur in der afrikanischen Diaspora. In: *Mitteilungen der Anthropologischen Gesellschaft in Wien*, Vol. 122, S. 51–63.

Kremser, Manfred. 1998. Von der Feldforschung zur Felder-Forschung. In: *Ethnohistorie: Rekonstruktion und Kulturkritik. Eine Einführung*, hrsg. von Karl R. Wernhart und Werner Zips. Wien: Promedias, S. 135–144.

Kremser, Manfred. 2003. Afrikas Digitale Diaspora Religionen – Das Ringen um religiöse Kultur und Identität im Cyberspace. In: *Afrikanische Diaspora: Out of Africa – Into New Worlds*, hrsg. von Werner Zips. Münster: Lit, S. 447–456.

Küpper, Arne. 2003. Jean-Pierre Vernant. Das mythologische Problem. In: *Texte zur modernen Mythentheorie*, hrsg. von Wilfried Barner, Anke Detken und Jörg Wesche. Stuttgart: Reclam, S. 239–241.

Kunin, Seth. 2003. *Religion – The Modern Theories*. Edinburgh: Edinburgh University Press.

Lambek, Michael. 1980. Spirits and Spouses: Possession as a System of Communication among the Malgasy Speakers of Mayotte. In: *American Ethnologist*, Vol. 7 (2), S. 318–331.

Lambek, Michael (Hrsg.). 2002. *A Reader in the Anthropology of Religion*. Malden/Oxford: Blackwell Publishing.

Landes, Ruth. 1947. *The City of Women*. New York: MacMillan.

Lang, Andrew. 1898. *The Making of Religion*. London: Longmans/Green.

Langer, Susanne K. 1942. *Philosophy in a new key: A study in the symbolism of reason, rite, and art*. Cambridge: Harvard University Press [auf Deutsch erschienen 1965 unter dem Titel *Philosophie auf neuem Wege: Das Symbol im Denken, im Ritus und in der Kunst*. Frankfurt am Main: S. Fischer].

Leach, Edmund. 1976. *Culture and Communication*. Cambridge: Cambridge University Press [auf Deutsch unter dem Titel *Kultur und Kommunikation: zur Logik symbolischer Zusammenhänge*. Frankfurt am Main: Suhrkamp, 1978].

Leach, Edmund. 1991. *Lévi-Strauss zur Einführung*. Hamburg: Junius.

Lehmann, David. 2002. Religion and Globalization. In: *Religions in the Modern World*, hrsg. von Linda Woodhead et al. London: Routledge, S. 299–315.

Leopold, Anita M. und Jeppe S. Jensen (Hrsg.). 2004. *Syncretism in Religion: A Reader*. London: Equinox.

Lévi-Strauss, Claude. 1989. *Traurige Tropen*. Frankfurt am Main: Suhrkamp [*Tristes Tropiques*, Paris: Librarie Plon, 1955].

Lévi-Strauss, Claude. 1991. *Das Wilde Denken*. Frankfurt am Main: Suhrkamp [*La pensée sauvage*, Paris: 1962].

Lévi-Strauss, Claude. 1965. *Das Ende des Totemismus*. Frankfurt am Main: Suhrkamp [*Le Totémisme aujourd'hui*, Paris: Presses universitaires de France, 1962].

Lévi-Strauss, Claude. 1981. *Die elementaren Strukturen der Verwandtschaft*. Frankfurt am Main: Suhrkamp [*Les structures e´le´mentaires de la parente*, Paris: Presses universitaires de France, 1949].

Lévi-Strauss, Claude. 1964–1971. *Mythologiques*, Vol. 1–4. Paris: Plon [auf Deutsch unter dem Titel *Mythologica*, in 4 Bänden. Frankfurt am Main: Suhrkamp, 1971].

Lévi-Strauss, Claude. 1980. *Mythos und Bedeutung. Fünf Radiovorträge*. Frankfurt am Main; Suhrkamp.

Lévi-Strauss, Claude. 1991. *Strukturale Anthropologie I*. Frankfurt am Main: Suhrkamp [*Anthropologie structurale*, Paris: Librairie Plon, 1958].

Lévy-Bruhl, Lucien. 1922 (1910). *Les Fonctions mentales dans les socie´te´s infe´rieures*. Paris: F. Alcan [auf Deutsch erschienen unter dem Titel *Das Denken der Naturvölker*. Wien/Leipzig: Braumüller, 1921].

Lévy-Bruhl, Lucien. 1931. *Le surnaturel et la nature dans la mentalité primitive*. Paris: F. Alcan.

Lewis, Ioan M. 1971. *Ecstatic religion, an anthropological study of spirit possession and shamanism*. Harmondsworth: Penguin.

Lewis, Ioan M. 2003. *Ecstatic religion, an anthropological study of spirit possession and shamanism*. (dritte Auflage) London: Routledge.

Lienhardt, Godfrey. 1963 (1954). Modes of Thought. In: *The Institutions of Primitive Society*, hrsg. von Edward E. Evans-Pritchard et al. Oxford: Blackwell, S. 95–107.

Long, Charles H. 1986. *Signs, Symbols, and Images in the Interpretation of Religion*. Philadelphia: Fortress Press.

Lowie, Robert H. 1948 (1924). *Primitive Religion*. New York: Liveright.

Luckmann, Thomas. 1991. *Die unsichtbare Religion*. Frankfurt am Main: Suhrkamp.

Luig, Ute. 1995 (1990). Körpermetaphorik, Sexualität und Macht der Frauen. Das Beispiel der Baule in der Elfenbeinküste. In: *Frauenmacht ohne Herrschaft: Geschlechterverhältnisse in nichtpatriarchalischen Gesellschaften*, hrsg. von Ilse Lenz und Ute Luig. Frankfurt am Main: Fischer, S. 276–301.

Mader, Elke. 2001. Nua – Weibliche Identität in Mythos und Gesellschaft der Shuar und Achuar (Ecuador/Peru). In: *Körper, Religion und Macht*, hrsg. von Ulrike Davis-Sulikowski, Hildegard Diemberger, Andre Gingrich und Jürg Helbling. Frankfurt am Main: Campus, S. 331–358.

Main, Roderick. 2006. Psychology of Religion. In: *The Blackwell Companion to the Study of Religion*, hrsg. von Robert A. Segal. Oxford: Blackwell, S. 147–170.

Malinowski, Bronislaw. 1922. *Argonauts of the Western Pacific*. London: George Routledge & Sons [auf Deutsch erschienen 1979 unter der Titel *Argonauten des westlichen Pazifik*. Frankfurt am Main: Syndikat].

Malinowski, Bronislaw. 1935. *Coral Gardens and Their Magic*. London: Allen & Unwill [auf Deutsch erschienen 1981 unter der Titel *Korallengärten und ihre Magie*. Frankfurt am Main: Syndikat].

Malinowski, Bronislaw. 1974 (1948 in den USA). *Magic, Science and Religion, and other essays*. London: Souvenir Press [auf Deutsch erschienen 1983 unter dem Titel *Magie, Wissenschaft und Religion und andere Schriften*. Frankfurt am Main: Fischer].

Malinowski, Bronislaw. 1985 (1967). *Ein Tagebuch im strikten Sinn des Wortes, Neuguinea 1914–1918*. Frankfurt am Main: Syndikat.

Malinowski, Bronislaw. 1986. *Schriften zur Anthropologie*. Frankfurt am Main: Syndikat.

Marty, Martin E. und E. Scott Appelby. 1991. Conclusion: An Interim Report on a Hypothetical Family. In: *Fundamentalisms observed*, hrsg. von Martin E. Marty und R. Scott Appelby. Chicago: University of Chicago Press, S. 814–842.

Mathews, Freya. 1994 (1991). *The Ecological Self*. London: Routledge.

Matory, J. Lorand. 2005. *Black Atlantic Religion: Tradition, Transnationalism, and Matriarchy in the Afro-Brazilian Candomble*. Princeton: Princeton University Press.

Mauss, Marcel. 1935. Les Techniques du Corps. In: *Journal de psychologie normal et pathologique*, Vol. 32, S. 271–203 [auf Deutsch enthalten in *Soziologie und Anthropologie, Band 2*, München: Carl Hanser Verlag, 1975].

Mauss, Marcel. 1990. *The Gift: The form and reason for exchange in archaic societies, with a foreword by Mary Douglas*. London: Routledge.

McCarthy, Helen. 2004. Assaulting California's sacred mountains: Shamans vs. New Age merchants of Nirvana. In: *Beyond Primitivism: Indigenous Religious Traditions and Modernity*, hrsg. von Jacob K. Olupona. New York: Routledge, S. 172–178.

McClain, Carol Shepherd (Hrsg.). 1989. *Women as healers. Cross-cultural perspectives*. New Brunswick/London: Rutgers University Press.

McCutcheon, Russel T. 2005 (1999). General Introduction. In: *The Insider/Outsider Problem in the Study of Religion,* hrsg. von Russel T. McCutcheon. London: Cassell, S. 1–11.

McCutcheon, Russel T. 2005 (1999). Introduction (Part I). In: *The Insider/Outsider Problem in the Study of Religion,* hrsg. von Russel T. McCutcheon. London: Cassell, S. 15–22.

McCutcheon, Russell T. (Hrsg.). 1999. *The Insider/Outsider Problem in the Study of Religion*. London: Cassell.

McLoughlin, Seán. 2005. Migration, diaspora and transnationalism: transformations of religion and culture in a globalising age. In: *The Routledge Companion to the Study of Religion*, hrsg. von Joseph R. Hinnells. London: Routledge, S. 526–549.

Meier, Barbara. 2002. Accra als Zuflucht und Ort der Gefahr. In: *Stadt in Stücken,* hrsg. von Ulrike Krasberg und Bettina E. Schmidt. Marburg: Curupira, S. 205–225.

Merkur, Dan. 1998. The Exemplary Life. In: *What is Religion? Origins, Definitions, and Explanations*, hrsg. von Thomas A. Idinopulos und Brian G. Wilson. Leiden: Brill, S. 73–89.

Meyer, Birgit. 1999. *Translating the Devil. Religion and Modernity among the Ewe in Ghana*. Edinburgh: Edinburgh University Press.

Michaels, Axel (Hrsg.). 1997. *Klassiker der Religionswissenschaft: Von Friedrich Schleiermacher bis Mircea Eliade*. München: C. H. Beck.

Middleton, John. 1960. *Lugbara Religion: Ritual and Authority among an East African People*. London: Oxford University Press.

Middleton, John. 1967. Introduction. In: *Myth and Cosmos: Readings in Mythology and Symbolism*, hrsg. von John Middleton. Garden City, NY: The Natural History Press, S. IX–XI.

Mille, Richard de. 1985 (1980). Lotterrede über Castaneda. In: *Der Wissenschaftler und das Irrationale. Erster Band: Beiträge aus Ethnologie und Anthropologie I*, hrsg. von Hans Peter Duerr. Frankfurt am Main: Syndikat, S. 96–103.

Mischung, Roland und Klaus-Peter Köpping.1999. Rituas, Ritual. In: *Wörterbuch der Völkerkunde*, begründet von Walter Hirschberg, Redaktion: Wolfgang Müller. Neuausgabe. Berlin: Reimer Verlag, S. 316–317.

Mol, Hans. 1976. *Identity and the sacred: a sketch for a new social-scientific theory of religion*. Oxford: Blackwell.

Montes del Castillo, Ángel. 1989. *Simbolismo y Poder. Un Estudio Antropologico sobre Compadrazgo y Priostrazgo en una Comunidad Andina.* Barcelona: Ed. Anthropos.

Morris, Brian. 2006. *Religion and Anthropology: A Critical Introduction.* Cambridge: Cambridge University Press.

Morris, Brian. 1987. *Anthropological Studies of Religion: An Introductory Text.* Cambridge: Cambridge University Press.

Mulvaney, Derek J. 1985. *'So Much That is New' – Baldwin Spencer, 1860–1929.* Melbourne: Melbourne University Press, 1985.

Müller, Friedrich Max. 1873. *Introduction to the Science of Religion.* London: Longman, Green.

Münzel, Mark. 1972. Notas preliminares sôbre os Kaborí (Makú entre o Rio Negro e o Japurá). In: *Revista de Antropologia*, Vol. 17/20 (1), S. 137–181.

Münzel, Mark. 1987. Poesie oder mythische Deutung bei Waldindianern Südamerikas. In: *Komparatistische Hefte*, Jg. 1987, S. 127–134.

Münzel, Mark. 1992. Die Kreativität einer Guaraní-Mythe. In: *Mythen im Kontext*, hrsg. von Karl-Heinz Kohl. Frankfurt am Main: Campus, S. 79–105.

Münzel, Mark. 1994. The researcher as shaman. Field-work between musty mystification and true enchantment. In: *Anthropology and Ethics*, Vol. 3 (2), S. 133–153.

Münzel, Mark. 2000. Religion. In: *Wörterbuch der Ethnologie* (zweite erweiterte Auflage), hrsg. von Bernhard Streck. Wuppertal: Hammer, S. 207–210.

Münzel, Mark. 2000. Die schöne Ordnung und die schöne Unordnung der Welt. In: *Die offenen Grenzen der Ethnologie: Schlaglichter auf ein sich wandelndes Fach, Klaus E. Müller zum 65. Geburtstag*, hrsg. von Sylvia M. Schomburg-Scherff und Beatrix Heintze. Frankfurt am Main: Lembeck, S. 204–215.

Münzel, Mark und Bettina E. Schmidt (Hrsg.). 1998. *Ethnologie und Inszenierung: Ansätze zur Theaterethnologie.* Marburg: Förderverein Völkerkunde in Marburg.

Munson, Henry. 2005. Fundamentalism. In: *The Routledge Companion to the Study of Religion*, hrsg. von Joseph R. Hinnells. London: Routledge, S. 337–354.

Myerhoff, Barbara G. 1980 (1974). *Der Peyote-Kult.* München: Trikont.

Narayanan, Vasudha. 1999. Brimming with Bhakti, Embodiment of Shakti: Devotees, Deities, Performers, Reformers, and Other Women of Power in the Hindu Tradition. In: *Feminism and World Religions*, hrsg. von Aivind Sharma und Katherine K. Young. Albany: State University of New York Press, S. 25–77.

Nolan, Mary Lee und Sidney Nolan. 1989. *Christian Pilgrimage in Modern Western Europe.* Chapel Hill: University of North Carolina Press.

Nora, Pierre. 1998 (1984). *Zwischen Geschichte und Gedächtnis.* Frankfurt am Main: Fischer.

Nora, Pierre. 1998. *Realms of Memory: Rethinking the French Past, 3 vol.* (*Les Lieux de mémoire*). New York: Columbus University Press.

Nordstrom, Carolyn und Antonius C. G. M. Robben (Hrsg.). 1995. *Fieldwork under Fire: Contemporary Studies of Violence and Survival.* Berkeley: University of California Press.

Oppitz, Michael. 1991. Die magische Trommel rē. In: *Hungrige Geister und rastlose Seelen: Texte zur Schamanismusforschung*, hrsg. von Michael Kuper. Berlin: Reimer, S. 77–107.

Oro, Ari Pedro und Carlos Alberto Steil (Hrsg.). 1997. *Globalização e Religião.* Petropolis: Vozes.

Ortiz, Renato. 1991. *A Morte Branca do Feiticeiro Negro: Umbanda e Sociedade Brasileira.* (2. Auflage). São Paulo: Editora Brasiliense.

Otto, Rudolf. 1987 (1917). *Das Heilige. Über das Irrationale in der Idee des Göttlichen und sein Verhältnis zum Rationalen.* München: Beck.

Parés, Luis Nicolau. 2006. *A Formação do Camdomblé. História e Ritual da Nação Jeje na Bahia*. Campinas: Editora da Unicamp.

Pradier, Jean-Marie. 1996. Ethnoscénologie: La profondeur des émergences. In: *La scène et la terre: questions d'ethnoscénologie,* hrsg. von Maison des Cultures du Monde. Paris: Babel, S. 13–41.

Prandi, Reginaldo. 1991. *Os Candomblés de São Paulo*. São Paulo: HUCITEC.

Prinz, Ulrike. 1999. *Das Jacaré und die streitbaren Weiber: Poesie und Geschlechterkampf im östlichen Tiefland Südamerikas*. Marburg: Curupira.

Puttick, Elizabeth. 2001 (1999). Women in New Religious Movements. In: *New Religious Movements: Challenge and Response*, hrsg. von Bryan Wilson und Jamie Cresswell. London: Routledge, S. 143–162.

Pye, Michael. 2000. Participation, observation and reflection: an endless method. In: *Ethnography is a heavy rite: studies of comparative religion in Honor of Juha Pentikäinen,* hrsg. von Nils G. Holm. Åbo: Religionskapliga, S. 64–79.

Radcliffe-Brown, Alfred. 1933 (1922). *The Andaman Islanders*. Cambridge: Cambridge University Press.

Radcliffe-Brown, Alfred. 1952. *Structure and Function in Primitive Society: Essays and Addresses*. London: Routledge & Kegan Paul.

Radin, Paul. 1937. *Primitive Religion: Its Nature and Origin*. New York: Dover.

Rakelmann, Georgia A. 2005. Prozesse des Einzugs von Aids in die botswanische Alltagswelt: Von einer alochthonen zu einer einheimischen Krankheit. In: *Kulturelle Reaktionen auf Aids und HIV: Multidisziplinäre Blicke auf den Umgang mit Aids und HIV-infizierten Personen* (Curare, 28), hrsg. von Bettina E. Schmidt. Berlin: VWB, S. 137–151.

Rappaport, Roy. 1979. *Ecology, Meaning and Religion*. Berkeley: North Atlantic Books.

Reuter, Astrid. 2000. *Das wilde Heilige: Roger Bastide (1898–1974) und die Religionswissenschaft seiner Zeit*. Frankfurt am Main : Campus-Verlag.

Reynolds, Peter C. 1991. *Stealing Fire: The Atomic Bomb as Symbolic Body*. Palo Alto, CA: Iconic Anthropology Press.

Rodriguez Toulis, Nicole. 1997. *Believing Identity: Pentecostalism and the Mediation of Jamaican Ethnicity and Gender in England*. Oxford: Berg.

Rohr, Elisabeth. 1991 (1990). Der Traum vom Fliegen. Sektenmission in Südamerika. In: *Ethnopsychoanalyse I: Glaube. Magie, Religion*, hrsg. von Roland Apsel et al. Frankfurt am Main: Brandes & Apsel, S. 55–87.

Rose, Deborah Bird. 2005. Life and Land in Aboriginal Australia. In: *Aboriginal Religions in Australia: An Anthology of Recent Writings,* hrsg. von Max Charlesworth, Françoise Dussart und Howard Morphy. Aldershot: Ashgate, S. 205–215.

Rose, Deborah Bird. 1992. *Dingo Makes Us Human: Life and Land in an Aboriginal Australia*. Cambridge: Cambridge University Press.

Rouget, Gilbert. 1996. Questions posées a l'ethnoscénologie. In: *La scène et la terre: questions d'ethnoscénologie,* hrsg. von Maison des Cultures du Monde. Paris: Babel, S. 43–53.

Rouse, Irving. 1948. The West Indies. In: *Handbook of South American Indians, Vol.4: The Circum-Caribbean Tribes,* hrsg. von Julian Steward. New York: Smithsonian Institute, Bureau of American Ethnology, S. 495–565,

Safran, William. 1991. Diasporas in Modern Societies: myths of homeland and return: In: *Diaspora*, Vol. 1, S. 93–99.

Said, Edward. 2003 (1978). *Orientalism*. London: Penguin.

Saler, Benson. 2000. *Conceptualizing Religion*. New York/Oxford: Berghahn Books.

Saler, Benson. 1997. E.B. Tylor and the Anthropolgy of Religion. In: *Marburg Journal of Reli-*

gion Vol. 2 (1). www.uni-marburg.de/religionswissenschaft/journal/mjr/saler.html [Zugriff am 15.10.2004]

Samuel, Geoffrey. 1990. *Mind, Body and Culture: Anthropology and the Biological Interface.* Cambridge: Cambridge University Press.

Sánchez Cárdenas, Julio A. 1978. *La religion de los orichas. Creencias y ceremonias de un culto afro-caribeño.* (Colección Estudios Afrocaribeños) Hato Rey, P.R.: Ramallo Bros.

Sánchez Cárdenas, Julio A. 1986. Mis experiencias con el oráculo de Ifá: Sistema adivinatorui de los babalawos. In: *Revista/Review Interamericana*, Vol. 16, S. 7–27.

Sanday, Peggy Reeves. 1981. *Female power and male dominance: on the origins of sexual inequality.* Cambridge: Cambridge University Press.

Santos, Juana Elbein dos. 1976. *Os Nàgô e a Morte: Pàde, Àsèsè e o Culto Ègun na Bahia.* Petropolis: Vozes.

Sardan, Olivier de. 1992. Occultism and the Ethnographic ‚I': the exoticizing of magic from Durkheim to 'postmodern' anthropology. In: *Critique of Anthropology*, Vol. 12 (1), S. 5–25.

Schechner, Richard. 1990. *Theater-Anthropologie: Spiel und Ritual im Kulturvergleich.* Reinbek bei Hamburg: Rowohlt.

Scheper-Hughes, Nancy und Margaret M. Lock. 1987. The Mindful Body: A prolegomenon to future work in Medical Anthropology. In: *Medical Anthropological Quarterly*, Vol. 1 (1), S. 6–41.

Schiffauer, Werner. 1991. *Die Migranten aus Subau: Türken in Deutschland, eine Ethnographie.* Stuttgart: Klett-Cotta.

Schilbrack, Kevin (Hrsg.). 2004. *Thinking through Rituals: Philosophical Perspectives.* London: Routledge.

Schiller, Nina Glick und Georges E. Fouron. 1999. Terrains of blood and nation: Haitian transnational social fields. In: *Ethnic and Racial Studies*, Vol. 22 (2), S. 340–366.

Schlatter, Gerhard. 1989. *Mythos. Streifzüge durch Tradition und Gegenwart.* München: Trickster.

Schlehe, Judith. 1998. *Die Meereskönigin des Südens, Ratu Kidul. Geisterpolitik im javanischen Alltag.* Berlin: Dietrich Reimer Verlag.

Schmidt, Bettina E. 1995. *Von Geistern, Orichas und den Puertoricanern. Zur Verbindung von Religion und Ethnizität.* Marburg: Curupira.

Schmidt, Bettina E. 1999. Über die veränderte Rolle der Frauen bei den Festen im südlichen Hochland Ecuadors. In: *Religion und weibliche Identität: Interdisziplinäre Perspektiven auf Wirklichkeiten*, hrsg. von Ulrike Krasberg. Marburg: Curupira, S. 196–210.

Schmidt, Bettina E. 2000. Weihnachten und die Wallfahrt zur Jungfrau Maria: Kulturelle Inszenierung urbaner Feste in Ecuador und die Grenzen der Theaterethnologie. In: *Teufel und Heilige auf der Bühne: Religiosität und Freude bei Inszenierungen mestizischer Feste in Südamerika, mit einem Vorwort von Mark Münzel*, von Sol Montoya Bonilla und Bettina E. Schmidt. Marburg: Curupira, S. 81–161.

Schmidt, Bettina E. 2001. The Interpretation of Violent Worldviews: Cannibalism and other Violent Images of the Caribbean. In: *Anthropology of Violence and Conflict*, hrsg. von Bettina E. Schmidt und Ingo W. Schröder. London/New York: Routledge, S. 76–96.

Schmidt, Bettina E. 2002. *Karibische Diaspora in New York: Vom »Wilden Denken« zur »Polyphonen Kultur«.* Berlin: Dietrich Reimer Verlag.

Schmidt, Bettina E. 2002. Mambos, Mothers and Madrinas in New York City: Religion as a Means of Empowerment for Women from the Caribbean. In: *Wadabagei: A Journal of the Caribbean and its Diaspora,* Vol. 5 (1), S. 75–104.

Schmidt, Bettina E. 2002. La imagen violenta de Vodú. La xenofobia en la recepción de la religión haitiana en Nueva York. In: *Sphera Publica: Revista de Ciencias Sociales y de la Comunicación*, Vol. 3, S. 85–103.

Schmidt, Bettina E. 2004. Opfer an die Götter als Nährboden religiöser Konflikte: Zum religiösen Alltag afroamerikanischer Religionen in New York City. In: *Religiöse Minderheiten – Potentiale für Konflikt und Frieden*, hrsg. von Hans-Martin Barth und Christoph Elsas. Hamburg: E.B.-Verlag, S. 340–351.

Schmidt, Bettina E. 2004. 'Mit der U-Bahn ins Feld': Der Abschied von Malinowskis einsamer Insel. In: *Anthropos*, Vol. 99, S. 215–222.

Schmidt, Bettina E. 2005. Vodou-Medizin in New York City. Zur Relevanz religiöser Heilung in der Migration. In: *Curare, Zeitschrift für Ethnomedizin und transkulturelle Psychiatrie*, Vol. 27 (3), S. 201–208.

Schmidt, Bettina E. 2006. Editorial: Diskurse und Reaktionen auf Aids und HIV. In: *Curare, Zeitschrift für Ethnomedizin und transkulturelle Psychiatrie*, Vol. 28, 2+3, S. 123–129.

Schmidt, Bettina E. 2007. Misuse of a Religion: Vodou as Political Power Rooted in 'Magic' and 'Sorcery'. In: *Diskus, The Journal of the British Association for the Study of Religions*, vol. 8, www.basr.ac.uk/diskus/diskus8/schmidt.htlm

Schmidt, Wilhelm. 1926. *Der Ursprung der Gottesidee, Band I*. Münster: Aschendorfsche Verlagshandlung.

Seeber-Tegethoff, Mareile. 2005. *Grenzgänger zwischen Religion und Wissenschaft: Zu den vielfältigen Verflechtungen zwischen afrobrasilianischen terreiros und der sie erforschenden Anthropologie*. Marburg: Curupira.

Segal, Robert A. 1999. *Theorizing about Myth*. Amherst: University of Massachusetts Press.

Segal, Robert A. 2004. *Myth: A very short introduction*. Oxford: Oxford University Press.

Segal, Robert A. 2005. Myth and Ritual. In: *The Routledge Companion to the Study of Religion*, hrsg. von John R. Hinnells. London: Routledge, S. 355–378.

Segal, Robert A. 2006. Myth. In: *The Blackwell Companion to the Study of Religion*, hrsg. von Robert A. Segal. Oxford: Blackwell, S. 337–355.

Segal, Robert A. (Hrsg.). 2000. *Hero Myths: A Reader*. Oxford: Blackwell.

Segal, Robert A. (Hrsg.). 2006. *The Blackwell Companion to the Study of Religion*. Oxford: Blackwell.

Sered, Susan Starr. 1994. *Priestess, Mother, Sacred Sisters: Religions dominated by Women*. New York: Oxford University Press.

Shalvi, Alice. 2003. 'Renew our Days as of Old': Religious Fundamentalism and Social Change in the Modern Jewish State. In: *The Freedom to Do God's Will: Religious Fundamentalism and Social Change*, hrsg. von Gerrie ter Haar und James J. Busuttil. London: Routledge, S. 75–88.

Shirikogoroff, S. M. 1935. Psychomental Complex of the *Tungus*. London: Kegan Paul.

Smart, Ninian. 1993 (1989). *The World's Religions*. Cambridge: Cambridge University Press.

Smart, Ninian. 1987. The importance of Diasporas. In: *Gilgul: Essays on Transformation, Revolution and Permanence in the History of Religions*, hrsg. von S. Shaked, D. Shulman und G. G. Stroumsa. Leiden: Brill, S. 288–297.

Smith, David. 2002. Hinduism. In: *Religions in the Modern World*, hrsg. von Linda Woodhead et al. London: Routledge, S. 15–40.

Smith, Jonathan Z. 1982. *Imagining Religion*. Chicago: University of Chicago Press.

Smith, Linda Tuhiwai. 1999. *Decolonizing Methodologies: Research and Indigenous Peoples*. London/New York: Zed Books.

Smith, Wilfred Cantwell. 1978 (1963). *The Meaning and End of Religion*. London: SPCK.

Smith, W. Robertson. 1889. *Lectures on the Religion of the Semites*. Edinburgh: Black, [auf Deutsch erschienen 1899 unter dem Titel *Die Religion der Semiten*. Tübingen: Mohr].

Spencer, Herbert. 1876–1896. *The Principles of Sociology*. London: Williams & Norgate.

Spivak, Gayatri Chakravorty. 1988. Can the Subaltern Speak?. In: *Marxism and the Interpretation of Culture*, hrsg. von C. Nelson und L. Grossberg. Hamphire/London: MacMillan Ed., S. 271–313.

Staal, Frits. 1989. *Rules without Meaning: Rituals, Mantras and the Human Science*. Frankfurt am Main: Peter Lang Verlag.

Stagl, Justin. 1985. Feldforschung als Ideologie. In: *Feldforschung: Berichte zur Einführung in Probleme und Methoden*, hrsg. von Hans Fischer. Berlin: Reimer, S. 289–310.

Stagl, Justin. 1993 (1980). Malinowskis Paradigma. In: *Grundfragen der Ethnologie: Beiträge zur gegenwärtigen Theorie-Diskussion*, hrsg. von Wolfdietrich Schmied-Kowarzik und Justin Stagl. Berlin: Reimer, S. 93–105.

Stiles, Thomas W. 1996. *Almost Heaven: The fiesta cargo system among the Saraguro Quichuas in Ecuador and implications for contextualization in the Evangelical Church*. PhD thesis, Trinity International University.

Stolz, Alred. 1988. *Schamanen. Ekstase und Jenseitssymbolik*. Köln: Dumont.

Streck, Bernhard. 2000. Völkerpsychologie. In: *Wörterbuch der Ethnologie* (zweite erweiterte Auflage), hrsg. von Bernhard Streck. Wuppertal: Hammer, S. 278–282.

Strehlow, John. 2004. Reappraising Carl Strehlow: Through the Spencer-Strehlow Debate. In: *The Struggle for Souls and Science: Constructing the Fifth Continent: German Missionaries and Scientists in Australia* (Occasional Papers of the Strehlow Research Centre, 3). Alice Springs: Northern Territory Government, S. 59–91.

Strehlow, T. G. H. 1947. *Aranda Traditions*. Melbourne: University Press.

Strenski, Ivan. 2006. *Thinking about Religion: An Historical Introduction to Theories of Religion*. Oxford: Blackwell.

Strenski, Ivan (Hrsg.). 2006. *Thinking about Religion. A Reader*. Oxford: Blackwell.

Suhrbier, Birgit M. 1998. *Die Macht der Gegenstände: Menschen und ihre Objekte am oberen Xingú, Brasilien*. Marburg: Curupira.

Syed Hassan, Sharifan Zaleha Binti. 2003. Strategies for Public Participation: Women and Islamic Fundamentalism in Malaysia. In: *The Freedom to Do God's Will: Religious Fundamentalism and Social Change*, hrsg. von Gerrie ter Haar und James J. Busuttil. London: Routledge, S. 49–74.

Tausig, Michael. 1997. *The Magic of the State*. New York/London: Routledge.

Taussig, Michael T. 1992. *The Nervous System*. New York: Routledge.

Tedlock, Dennis. 1992. Ethnopoetics. In: *Folklore, Cultural Performance and Popular Entertainment*, hrsg. von Richard Bauman. Oxford: Oxford University Press, S. 81–85.

Thiel, Josef Franz. 1984. *Religionsethnologie: Grundbegriffe der Religionen schriftloser Völker*. Berlin: Reimer.

Thiele, Maria Elisabeth. 2006. *Trickster, Transvestiten und Ciganas: Pombagira und die Erotik in den Afrobrasilianischen Religionen*. Leipzig: Universitätsverlag.

Thrower, James.1999. *Religion – The Classic Theories*. Edinburgh: Edinburgh University Press.

Tönnies, Ferdinand. 1991 (1935). *Gemeinschaft und Gesellschaft: Grundbegriffe der reinen Soziologie*. Darmstadt: Wissenschaftliche Buchgesellschaft.

Treibel, Annette. 1990. *Migration in modernen Gesellschaften: soziale Folgen von Einwanderung und Gastarbeit*. Weinheim: Juventa.

Tuschinsky, Christine. 1995. Aids und Ethnologie: Welche Aufgabenfelder stellen sich aus medizinischer Perspektive? In: *Curare* 18 (2), S. 505–513.

Turnbull, Colin. 1976. *Wayward Servants: The Two Worlds of the African Pygmies*. Westport: Greenword Press.

Turner, Edith. 1992. *Experiencing Ritual: A new interpretation of African healing*. Philadelphia: University of Pennsylvania Press.

Turner, Victor W. 1966. *The Ritual Process: Structure and Anti-Structure*. London: Routledge & Kegan Paul [auf Deutsch: *Das Ritual: Struktur und Anti-Struktur*, Frankfurt am Main: Campus, 1989].

Turner, Victor W. 1982. *From Ritual to Theatre: The Human Seriousness of Play*. New York City: Performing Arts Journal Publications [auf Deutsch: *Vom Ritual zum Theater: der Ernst des menschlichen Spiels*, Frankfurt am Main: Ed. Qumran, 1989].

Turner, Victor W. 1996 (1957). *Schism and Continuity in an African Society. A Study of Ndembu Village Life* (Classic Reprints in Anthropology). Oxford/Washington: Berg.

Turner, Victor W. 1968. *The Drums of Affliction: A Study of Religious Processes among the Ndembu of Zambia*. Oxford: Clarendon Press.

Turner, Victor W. 1982 (1969). *The Forest of Symbols: Aspects of Ndembu Ritual*. Ithaca: Cornell University Press.

Turner, Victor W. 1986. Dewey, Dilthey, and Drama: An Essay in the Anthropology of Experience. In: *The Anthropolgy of Experience*, hrsg. von Victor W. Turner und Edward M. Bruner. Urbana: University of Illinois Press, S. 33–44.

Turner, Victor W. und Edith Turner. 1978. *Image and Pilgrimage on Christian Europe*. Oxford: Blackwell.

Turner, Victor W. und Edward M. Bruner (Hrsg.). 1986. *The Anthropology of Experience*. Urbana: University of Illinois Press.

Tweed, Thomas A. 1997. *Our Lady of the Exile: Diaspora Religion at a Cuban Catholic Shrine in Miami*. New York: Oxford University Press.

Tylor, Edward B. 1870 (1865). *Researches into the Early History of Mankind and the Development of Civilization*. London: Murray.

Tylor, Edward B. 1871. *Primitive Culture: Researches into the Development of Mythology, Philosophy, Religion, Art and Custom* (2 Volumes). London: Murray.

Uchtmann, Roger. 1991. Schamanisches Sein als dialektischer Modus. In: *Hungrige Geister und rastlose Seelen: Texte zur Schamanismusforschung*, hrsg. von Michael Kuper. Berlin: Reimer, S. 151–180.

van Gennep, Arnold. 1986 (1909) *Übergangsriten*. Frankfurt am Main: Campus.

Vélez, María Teresa. 2000. *Drumming for Gods: The Life and Tiems of Felipe García Villamil, Santero, Palero, and Abakuá*. Philadelphia: Temple University Press.

Veit, Walter F. 2004. Social Anthropology Versus Cultural Anthropology: Baldwin Walter Spencer and Carl Friedrich Theodor Strehlow in Central Australia. In: *The Struggle for Souls and Science: Constructing the Fifth Continent: German Missionaries and Scientists in Australia* (Occasional Papers of the Strehlow Research Centre, 3). Alice Springs: Northern Territory Government, S. 92–119.

Vernant, Jean-Pierre. 1984. Der reflektierte Mythos. In: *Mythos ohne Illusion. Claude Lévi-Strauss, Jean-Pierre Vernant und andere*. Frankfurt am Main: Suhrkamp, S. 7–11.

Verger, Pierre. 1997 (1981). *Orixás. Deuses iorubás na África e no Novo Mundo*. Salvador: Corrupio.

Vertovec, Steven. 1992. *Hindu Trinidad: Religion, Ethnicity and Socio-Economic Change*. London: Macmillan Caribbean.

Vertovec, Steven. 2000. *The Hindu diaspora: comparative patterns*. London: Routledge.

Verwey, Martine. 2001. Bikulturelle Gesundheitswerkstätten mit traumatisierten Flüchtlingen. In: *Trauma und Ressourcen* (Curare-Sonderband), hrsg. von Martine Verwey. Berlin: VWB, S. 253–294.

Viveiros de Castro, Eduardo B. 1992. *From the Enemy's Point of View: Humanity and Divinity in an Amazonian Society*. [*Araweté: Os deuses Canibais*]. Chicago: Chicago University Press, 1992.

Wallis, Roy. 1984. *The Elementary Forms of the New Religious Life*. London: Routledge.

Weber, Max. 1993 (1904/1905). *Die protestantische Ethik und der «Geist» des Kapitalismus*. Bodenheim: Athenäum Hain Hanstein.

Weber, Max. 1956 (1921). *Wirtschaft und Gesellschaft*. Tübingen: Mohr.

Wehrheim-Peuker, Monika. 1998. *Die gescheiterte Eroberung: eine diskursanalytische Betrachtung früher französischer Amerikatexte*. Tübingen: Gunter Narr Verlag.

Weiss, Gabriele. 1987. *Elementarreligionen: Eine Einführung in die Religionsethnologie*. Wien/New York: Springer Verlag.

Weiner, Annette B. 1976. *Women of Value Men of Renown: New Perspectives in Trobriand Exchange*. Austin/London: University of Texas Press.

Whitehead, Neil. 1984. Carib cannibalism, the historical evidence. In: *Journal de la Société des Américanistes*, Vol. 70, S. 69–88.

Whitehead, Neil. 2000. Hans Staden and the cultural politics of cannibalism. In: *Hispanic American Historical Review*, Vol. 80 (4), S. 721–751.

Whitt, Laurie Anne, Mere Roberts, Waerete Norman und Vicki Grieves. 2001. Indigenous Perspectives. In: *A Companion to Environmental Philosophy*, hrsg. von Dale Jamieson. Malden/Oxford: Blackwell, S. 3–20.

Wickham, Carrie Rosefsky. 2005. The Islamist Alternative to Globalization. In: *Religion in Global Civil Society*, hrsg. von Mark Juergensmeyer. Oxford: Oxford University Press, S. 149–170.

Wilson, Bryan. 1966. *Religion in Secular Society*. Harmondsworth: Penguin.

Worsley, Peter. 1957. *The Trumpet Shall Sound: A Study of 'Cargo' Cults in Melanesia*. London: MacGibbon & Kee.

Wundt, Wilhem. 1921 (1912). *Probleme der Völkerpsychologie*. Stuttgart: Kröner.

Zerries, Otto. 1954. *Wild- und Buschgeister in Südamerika. Eine Untersuchung jägerzeitliche Phänomene im Kulturbild südamerikanischer Indianer*. Wiesbaden: Steiner.

Zinser, Helmut. 1988. Ekstase und Entfremdung: Zur Analyse neuer ekstatischer Kultveranstaltungen. In: *Religionswissenschaft*, hrsg. von Helmut Zinser. Berlin: Reimer, S. 274–286.

Zinser, Helmut. 1991. Zur Faszination des Schamanismus. In: *Hungrige Geister und rastlose Seelen: Texte zur Schamanismusforschung*, hrsg. von Michael Kuper. Berlin: Reimer, S. 17–26.

Zinser, Helmut (Hrsg.). 1988. *Religionswissenschaft*. Berlin: Reimer.

Register